本书由广东省哲学社会科学“十四五”规划项目“‘粤西数谷’创新生态系统培育及治理研究：基于颠覆性创新的分析框架”（GD21YDXZGL03）；广东海洋大学科研启动经费资助项目“AI赋能下颠覆性创新生态系统演化机制及其协同治理研究”（060302092102）；广东海洋大学2022年度人文社会科学后期资助项目“数智赋能：后发企业颠覆性创新的价值逻辑与实现机制”（C22875）等项目资助出版。

数智赋能：后发企业颠覆性创新的价值逻辑与实现机制

Data-Intelligence Empowerment:
the Value Logic and Realization Mechanism
of Disruptive Innovation of Latecomer Firms

欧春尧 / 著

中国经济出版社
CHINA ECONOMIC PUBLISHING HOUSE
北 京

图书在版编目（CIP）数据

数智赋能：后发企业颠覆性创新的价值逻辑与实现机制／欧春尧著．--北京：中国经济出版社，2023.4

ISBN 978-7-5136-7268-9

Ⅰ．①数…　Ⅱ．①欧…　Ⅲ．①企业创新-研究　Ⅳ．①F273.1

中国国家版本馆 CIP 数据核字（2023）第 050874 号

责任编辑　叶亲忠
责任印制　马小宾
封面设计　华子设计

出版发行　中国经济出版社
印 刷 者　河北宝昌佳彩印刷有限公司
经 销 者　各地新华书店
开　　本　710mm×1000mm　1/16
印　　张　16.25
字　　数　260 千字
版　　次　2023 年 4 月第 1 版
印　　次　2023 年 4 月第 1 次
定　　价　88.00 元
广告经营许可证　京西工商广字第 8179 号

中国经济出版社　**网址** www.economyph.com　**社址** 北京市东城区安定门外大街 58 号　**邮编** 100011
本版图书如存在印装质量问题，请与本社销售中心联系调换（联系电话：010-57512564）

序　言 FOREWORD

颠覆性创新是指企业面向利基市场需求引入新的技术、产品或商业模式，不断变革生产流程、商业模式和价值网络等环节，由此逐步侵入主流市场并破坏在位者价值基础，给现有技术范式、产业格局和社会生活等带来巨大颠覆与深远影响的过程。随着新一轮科技革命蓬勃兴起，以绿色、智能、泛在为特征的智能技术群落逐项落地与聚变赋能，不断促进后发企业等创新主体技术范式变迁和价值创造模式变革以催生颠覆性创新，引起了社会各界的广泛关注。而随着主流产品价值基础和在位企业竞争优势被逐步破坏，颠覆性创新对现有产业技术体系与发展格局造成“归零效应”，为后发企业应对不确定情境下的诸多挑战创造了新的机遇，也对其提升价值优势并实现跨越式发展具有重大意义。因此，探讨后发企业颠覆性创新价值创造逻辑及实现机制等问题，不仅有助于丰富和扩展本土情境下颠覆性创新理论研究，为企业及政府颠覆性创新管理相关策略的制定提供理论依据，而且符合我国正确认识和培育发展颠覆性创新、在未来科技竞争中占据战略主动权的现实需求，具有重要的理论意义与实践价值。

本书以颠覆性创新为理论基础，基于价值创造视角，紧密围绕“后发企业颠覆性创新价值创造的内在逻辑与实现机制”这一核心问题，主要遵循理论研究、模型构建、案例分析等研究步骤，面向本土后发企业展开研究。首先，本书系统梳理了颠覆性创新及价值创造等相关研究成果，对所存在的理论“缺口”进行探讨，在此基础上选取物联网企业作为案例研究对象，梳理出“技术应用—价值创造—优势获取”这一逻辑主线，揭示了后发企业颠覆性创新价值创造的内在逻辑与优势获取过程，形成整体概念模型；其次，基于扎根理论方法对后发企业颠覆性创新价值形成机制及影响因素进行探索性研究，围绕技术范式转变、组织动态演化和价值网络创新等归纳出后发企业颠覆性创新的价值形成机制；再次，基于组态方法对后发企业颠覆性创新价值要素的聚合路径进行探讨，采用 fsQCA 分析不同维度影响因素对颠覆性创新价值聚合的综合影响及组态作用；最后，基于系统动力学对后发企业价值扩散效应与颠覆性创新优势演化过程进行动态仿真分析，重点探讨并检验价值扩散效应中市场机会识别、企业创新意愿与价值网络重构等主要参数变化对颠覆性创新的影响机制和作用程度，进一步解构价值扩散与优势演化的关系。

结合理论分析和案例研究结果，本书主要结论如下：①后发企业颠覆性创新价值创造是在系统内部和外部诸多要素相互作用下，不断创新企业内部价值主张、价值聚合和价值扩散的整个价值创造链条的动态过程，后发企业根据不同的场景需求以及内外部因素的影响，持续发挥颠覆性技术价值潜力来推动企业创造价值并获取优势；②后发企业颠覆性创新价值形成的关键在于促进技术范式转变与组织结构创新，充分发挥智能技术的赋能以及市场化应用优势，加快实现价值网络创新；③技术演化、组织变革和环境变化等相关因素会对后发企业颠覆性创新价值聚合产生组态影响，根据后发企业在技术创新、组织管理及环境应对等能力上的差异，采取更为合理的组态策略更有利于颠覆性创新的演化扩散；④后发企业颠覆性创新价值扩散是一个由技术、组织和环境等方面关键变量所构成的复杂系统，市场机会识别、企业创新意愿与价值网络重构等是影响颠覆性创新价值扩散与优势演化的重要因素，对于后发企业而言，加快实现价值共创或构建创新生态系统是推进颠覆性创新产生演化的重要方式。

本书对后发企业颠覆性创新价值创造过程进行理论分析，探讨后发企业获取颠覆性创新价值优势、实现跨越式发展的逻辑与过程，从新视角印证了部分文献对于颠覆性创新演化扩散的主要观点，体现了更为丰富的内涵与外延，弥补了本土情境下颠覆性创新价值创造与优势形成方面研究的不足，增加了颠覆性创新理论体系的系统性和深度。在实践上，由于我国人工智能行业发展具有超前性与典型性并处于与传统产业融合创新的关键阶段，本书重点开展本土情境下颠覆性创新理论研究和案例验证，丰富了颠覆性创新的概念内涵，对相关行业发展也具有重要的参考价值。

本书是在笔者的博士论文《后发企业颠覆性创新价值创造的内在逻辑与实现过程研究》基础上修改完善而来的。在从事相关课题研究及论文撰写的过程中，笔者得到了博导张光宇教授的深入指导，导师严谨的治学态度、深厚的理论素养、高远的学术情怀使我受益匪浅；还得到了广东工业大学管理学院、广东工业大学创新理论与创新管理研究中心领导老师的帮助。在后期文稿形成、完善及工作协调过程中，笔者得到了硕导宁凌教授的大力支持，以及杜军教授、张玉强教授、张艺教授、高秀丽副教授、周珊珊副教授、刘亮老师、龙志军老师、曹阳春博士的关心与帮助，同时还有广东海洋大学管理学院、广东海洋大学广东沿海经济带发展研究院的支持与指导，在此表示最真诚的感谢！

本书由广东省哲学社会科学“十四五”规划项目“‘粤西数谷’创新生态系统培育及治理研究：基于颠覆性创新的分析框架”（GD21YDXZGL03）、广东海洋大学科研启动经费资助项目“AI 赋能下颠覆性创新生态系统演化机制及其协同治理研究”（060302092102）、广东海洋大学 2022 年度人文社会科学后期资助项目“数智赋能：后发企业颠覆性创新的价值逻辑与实现机制”（C22875）等项目资助出版。在前期研究过程中，本书得到国家自然科学基金项目“颠覆性创新的技术演进特征与市场扩散效应研究：价值创造视角”（72074056）、国家自然科学基金项目“保护空间驱动新技术产业化的运作机制和效应评价：可持续转型视角”（71874037）和中国工程院咨询研究项目“颠覆性技术产生规律及识别、培育机制研究”（2019-XZ-40-02）的支持，在此一并表示感谢。

本书的撰写参考借鉴了国内外众多创新管理领域专家、学者的思想与观点，特在此表示诚挚的谢意。由于本人精力及能力有限，本书难免存在一定的不足之处，敬请广大读者批评指正！

欧春尧

2022 年 11 月于湛江

目 录 CONTENTS

第1章 颠覆性创新的价值与意义

1.1 研究背景

1.1.1 现实背景

(1) 颠覆性创新是行业企业乃至国家获得创新竞争优势的动力源泉

颠覆性创新（Disruptive Innovation）是新一轮科技革命与产业变革的重要突破口，对于提升企业自主创新能力以及核心竞争力具有十分重要的引擎作用。颠覆性创新对我国社会经济发展乃至世界科技形势的影响将会逐步加深，对行业企业或商业模式产生广泛而深刻的颠覆性影响，驱动社会主流技术或国家关键“卡脖子”技术升级跃迁，继而对国家产业体系或社会范式产生重大影响（汤志伟等，2021）。随着国际竞争越发激烈，世界各国高度重视这一历史发展机遇，纷纷对颠覆性创新进行超前设计和部署，重点识别预测颠覆性技术、着力探索颠覆性创新培育与发展。美国专门设立国防高级研究计划局（DARPA）、国防创新实验单元（DIUx）等颠覆性创新管理机制，将颠覆性创新纳入国家战略体系及国家发展路径（窦超等，2018）；日本围绕颠覆性创新部署 ImPACT 创新科技计划进一步强化产业技术创新能力；俄罗斯通过建立先期研究基金会（Fund for Perspective Research）来推进颠覆性技术研发转化等。

随着颠覆性创新理论的提出与发展，颠覆性创新逐步得到我国相关部门的充分重视，国家层面对颠覆性创新的战略支持为企业创新发展创造了条件。现如今我国正不断加大对颠覆性创新相关领域的推进力度：中央政策研究室率先开展了颠覆性创新的相关研讨和调研，科技部围绕“国家颠覆性创新战略问题与挑战”研究进行了规划，而在《国家创新驱动发展战略纲要》《“十三五”国家科技创新规划》等重要文件中，也对颠覆性创新的推进实施进行了相关部署，为我国实现创新驱动注入了强劲动力。党的十九大报告中多次提到颠覆性创新对于我国建设创新型国家的重要意义，不仅突出了颠覆性技术与传统技术研发的差异性，还强调必须围绕其设立完善的颠覆性技术管理机制，加速培育颠覆性技术创新，使其能够支持技术创新与产业变革，使得颠覆性创新受到前所未有的关注（张光宇等，2018）。各级政府高度重视颠覆性创新的培育与发展①，由北京市政府、科技部和北京新曦基金会等共同建立北京颠覆性技术创新基金，提出要尽快识别和培育一批颠覆性技术创新项目，为产业和社会发展带来新的机遇。

（2）*颠覆性创新成为不确定情境下企业跨越式发展的重要战略机遇*

在当前数字化转型、经济逆全球化的复杂背景下，我国科技企业成长面临着困难、风险和不确定性的诸多挑战，也使得中小企业生存发展更为艰难（王寅等，2020）。面对着极其残酷的新冠肺炎疫情考验以及越发紧张的国际局势，我国经济发展面临着极大考验：经济增长速度逐步放缓、技术升级迫在眉睫和外部环境变化难测，当前是我国应对各种风险挑战的关键时期，必须加快转变我国经济发展方式，重点推进创新驱动发展战略落实、促进我国自主创新能力提升，实现我国国民经济的创新发展（苏屹等，2019）。

在此特殊背景之下，企业尤其是后发企业面临着前所未有的困境，不少企业积极寻求新的发展路径，探索自身的可持续发展之路。颠覆性创新给产业发展带来了机遇与挑战，使其为企业乃至国家突破主流技术锁定、实现跨越式发展提供了机遇，有利于提高国家整体创新实力以及在世界科技竞争中的“变轨超车”（张光宇等，2018；陈红花等，2019）。因此，颠覆性创新在部分战略性新兴产业发展领域加速推进落实，对后发企业发展的影响逐步加深：《国家创新驱动发展战略纲要》也对培育发展重大颠覆性技术进行了相应部署；2019 年国务院政府工作报告指出将以“智能+”战略为指引，大力发展人工智能与实体经济融合创新、促进传统制造业转型升级，培育供给侧结构性改革新动能，加快创新型国家建设步伐（陈劲等，2020）。培育发展颠覆性创新，对于发展新业态新经济具有重大意义，为我国技术创新与后发赶超注入了强劲动力，将进一步加快产业转型升级进程，实现创新发展，这不仅体现了颠覆性创新对企业变革与社会经济发展的实践意义，也彰显了颠覆性

① 北京市科学技术委员会．北京颠覆性技术创新基金揭牌［EB/OL］. 2021-03-02. http://kw.beijing.gov.cn/art/2020/12/31/art_1138_576204.html.

创新的重要研究价值（杨桂菊等，2020）。

（3）数字化转型赋能使得后发企业成为颠覆性创新涌现的最佳土壤

数字经济发展的浪潮下技术革命正不断发生着新的变化，一是从互联网逐步拓展为物联网；二是从万物互联逐步发展为万物智能。随着以深度学习、生物识别和自动驾驶等为代表的智能技术聚变赋能，以创新、智能和泛在为特征的人工智能群体性技术革命正不断催生新业态新模式的颠覆性创新，为本土企业开展自主创新、谋求高质量发展指明了方向（Hang et al.，2011）。由于相关技术群落发展对社会影响的不断加深，后发企业的生存空间及外部环境也在逐步发生“颠覆性”转变，主要表现为企业经济向高速发展转变、企业发展情境向不确定性转变、市场拓展向非线性变化转变、企业竞争中“变轨超车”现象不断发生（李海舰等，2019）。

后发企业是指市场地位较低且以追赶为主要发展目标的中小企业，由于后发企业创新惯性较小，较易建立技术与组织的柔性衔接机制，这也使得后发企业组织形态受技术创新影响更深，新型组织管理模式以及价值网络关系的出现成为必然（Klenner et al.，2013）。换言之，后发企业的发展形态与合作模式也将顺应未来创新发展形势，为颠覆性创新培育提供绝佳的土壤与成长环境，其自身具有机会感知、资源协同、转化调整、柔性衔接和轻型发展等重要特征，并且能够通过自身管理模式变革或创新价值创造面对来自外部环境的不确定性与高风险性、转化技术发展的高度复杂性以及推动创新持续进行的积极性，以目标市场需求为导向，探索用户需求的“痛点”，预测可能存在的风险，是一种能够及时调整自身管理配置资源从而应对风险的柔性组织形态（Reinhardt et al.，2015；杨芳娟等，2019）。

1.1.2　理论背景

（1）颠覆性创新理论研究逐步拓展至价值创造与市场演化

“颠覆性创新”由美国哈佛商学院教授克莱顿·克里斯坦森（Clagton M. Christensen）于 1995 年首次提出。他指出颠覆性创新是一种另辟蹊径、对主流技术范式产生破坏性效应的创新过程，可能是来源于全新的技术应用，也可能是基于现有技术范式跨学科、跨领域的组合应用（Bower and Christensen，1995；Christensen，1997）。

颠覆性创新打破了人们对传统创新范式的思维定式与认知，为促进传统技术跨越式发展和产业转型升级提供了新的思路，然而以微信、数码相机和新能源汽车为代表的颠覆性技术发展历程表明，颠覆性创新发展过程较为复杂，主要由多类型主体参与、因素协同及过程衔接，不同发展环境、不同产业类型及不同演化路径的颠覆性技术具有不同的发展特征及识别条件（Wan et al.，2015；欧春尧等，2020），如何在颠覆性创新的产生及演化问题研究中体现价值组合及价值潜力的差异性，是进一步深化对颠覆性创新产生演化理论认识的关键。现有文献集中探讨了颠覆性创新的概念内涵（Christensen，1997；Danneels，2004）、形成机理（Schmidt et al.，2008；Nagy et al.，2016）和扩散过程（Govindarajan et al.，2006；Carlsen et al.，2010；苏敬勤等，2016），并逐步延伸至技术或市场视角下颠覆性技术的识别培育等问题（黄鲁成等，2015；Guo et al.，2019），然而要对颠覆性创新进行早期识别和政策培育，就必须正确认识颠覆性创新的产生、成长及演化这一全过程式创新链条，并结合具体产业背景，从颠覆性创新的产生原因、发展进程和影响结果等来进行综合研究（靳宗振等，2017）。

（2）后发企业颠覆性创新价值创造模式与特征逐渐受到重视

颠覆性创新一般表现为企业面向利基市场引入满足低端或新用户需求的颠覆性技术产品、服务或商业模式，逐步破坏现有规则乃至取代在位企业，所以颠覆性技术不仅具备破坏性影响，其前沿性、跨越性与不确定性等特征也对技术跃迁与产业变革具有重要的推动作用（Gaba et al.，2012）。颠覆性创新通常来源于基础研究的重大突破，或由新技术的跨领域组合应用而产生，这类技术的创新发展往往会催生新兴产业，从而破坏现有产业的价值基础，引发现有产业格局的重大变革，也因此成为后发企业实现赶超的有效途径。所以，在我国重点推进创新驱动发展战略落实、加快经济高质量发展与深化科技体制改革的政策空间下，探索企业颠覆性创新价值创造模式、培育引导企业构筑颠覆性创新及其价值优势成为社会各界关注的重要问题（Gavetti et al.，2000；张光宇，2018）。

在价值创造视角下，企业通过在新产品、新服务等重要价值创造环节应用颠覆性技术，从而培育颠覆性创新，为企业创造价值优势（Kilkki et al.，2018；杨蕙馨等，2019）。基于智能技术融合创新及其技术应用创造价值的现实积累与契机，从价值创造视角探讨后发企业颠覆性创新价值创造过程，综合技术轨道跃迁、组织管理模式变革及价值网络创新等内容探讨企业颠覆性创新优势构建，将有利于深化颠覆性创新理论认识，优化颠覆性创新理论分析框架与研究工具，进一步从新视角拓展颠覆性创新价值创造相关研究与实践，具有重要的理论意义与现实价值。

（3）数字时代颠覆性创新价值创造被赋予了新的内涵，亟待深入探讨

新一轮科技革命和产业变革的浪潮即将来临，以人工智能、量子计算、智能制造等为代表的智能技术群落加速落地①，对企业生产制造及市场营销等重要环节的影响逐步加深，深刻改变了价值创造模式及价值网络合作的形式与内容，为培育发展颠覆性创新创造了良好环境，成为促进技术跃迁、加快产业变革的重要路径，为企业提供后发赶超的核心动力（丁雪辰等，2018）。颠覆性创新对于产业转型升级和社会经济发展将发挥越来越重要的作用，亟待深化其发展实践应用，探索价值识别与机制构建，但当前国内有关颠覆性创新的理论和实践还处于跟跑阶段，尚未形成中国情境下颠覆性创新理论体系及其理论认识。就目前而言，主要还有以下问题有待进一步研究：作为颠覆性创新的重要来源，后发企业颠覆性创新价值创造过程及其内在逻辑如何？进而，颠覆性创新价值优势如何形成？其技术演化、组织变革与环境变化如何以及进行何种交互？而且在上述框架内，颠覆性创新价值创造及优势构建的影响因素与演化规律如何？价值创造为后发企业颠覆性创新发展相关研究提供了更为关联且贴合的理论视角与分析范式。

基于此，本书立足新形势下本土科技企业的发展特征与趋势，从颠覆性创新的现实需求与突出问题出发，围绕后发企业颠覆性创新价值创造过程及实现机制等问题展开深入研究，主要结合典型案例构建后发企业颠覆性创新价值创造的概念模型，重点研究后发企业颠覆性创新价值创造的逻辑与过程，进而探讨颠覆性创新价值的形成机制、聚合路径及扩散效应，打开后发企业应用颠覆性技术价值创造与优势获取的“黑箱”，在广泛借鉴国内外相关领域研究及颠覆性创新管理成功经验的基础上，为企业实施颠覆性创新战略、实现后发赶超提供理论借鉴与参考。

具体而言，本书围绕“后发企业颠覆性创新价值创造的内在逻辑与实现机制”这一关键问题，构建颠覆性创新价值创造逻辑框架，并针对以下内容

① 国务院．国务院关于印发新一代人工智能发展规划的通知［EB/OL］．2021-03-02．http：//www.gov.cn/zhengce/content/2017-07/20/content_5211996.htm.

展开研究：①探讨不同阶段下后发企业颠覆性创新的价值形成机制，以及颠覆性创新优势产生的主要过程；②进一步分析在各种影响因素及其组态作用的影响下，后发企业颠覆性创新价值聚合路径的演进差异以及实现优势积累；③探讨关键因素参数变化对颠覆性创新的扩散影响和作用程度，以及探讨后发企业颠覆性创新的价值扩散效应及其优势演化。

1.2 理论与实践意义

1.2.1 理论意义

（1）揭示企业颠覆性创新价值创造的逻辑与过程

颠覆性创新是国家建设科技强国、提升自主创新能力的重要方式，本书重点探讨颠覆性创新价值创造的内在逻辑与实现过程，有利于深化颠覆性创新的理论认知、探索企业颠覆性创新优势提升的新路径。从战略层面来看，颠覆性创新技术发展轨迹明显区别于传统技术的发展路径与演进规律，具有强大的市场破坏力，能够对长期平稳发展的社会技术体制进行变革，对社会经济与人民生活造成较大的影响。提升颠覆性创新价值优势是新时代背景下我国增强创新优势的重要方式，及时把握颠覆性创新技术浪潮往往能够在竞争中获得发展的先机，因此研究颠覆性创新价值创造与优势演化对于探讨企业成长壮大乃至国家创新发展具有一定的战略价值。

（2）推进本土情境下颠覆性创新价值创造理论体系研究

颠覆性创新价值创造是企业构建竞争优势的关键途径，聚焦于典型行业的颠覆性创新价值优势形成有助于把握颠覆性创新演化规律、开发颠覆性技术潜在技术价值，以促进技术跃迁（Droege et al.，2010）。颠覆性创新技术会改变现有的技术生命周期，以新的技术轨道进行跃迁式发展，逐步通过影响企业创新活动影响产业格局与范式变革，所以对不同行业、不同类型和不同发展阶段的颠覆性创新进行区分，并在颠覆性创新影响主流技术之前对其进行培育引导，能够有效控制颠覆性技术的破坏性影响，更好地发挥其创新效应，增强企业颠覆性创新的价值优势。

（3）构建面向后发企业的颠覆性创新价值创造认知性框架与方法体系

颠覆性创新价值优势增强是提高企业核心竞争力、应对国际潜在风险的重要路径，探索颠覆性创新技术应用与价值创造有助于帮助企业把握颠覆性创新价值演化规律、实现“变轨超车”。颠覆性技术只有在产生颠覆性效应后才被认识，使得颠覆性创新技术对现有技术体系的破坏性影响无法避免，技术预测规划人员及其技术预见方法不适用于颠覆性技术，学界也普遍认为难以找到一套契合颠覆性创新演化特征且具有普适性的颠覆性创新技术识别方案（Dunning et al.，2010），但颠覆性创新技术的价值潜力和应用场景以及可能产生的连锁反应仍需要被认识，因此根据具体技术特征与场景需要提出一套企业颠覆性创新识别策略，这将为制定相应管理模式提供重要参考。

1.2.2　实践意义

（1）对后发企业开发技术价值潜力制定颠覆性创新策略提供理论借鉴

现如今政府正大力推进数字化转型以及创新驱动发展战略，积极引导中小企业智能化、数字化发展。人工智能技术的引入不仅改变了企业的生产制造环节以及上下游产业链关系，而且对企业的商业模式产生了极大影响。企业可以通过移动终端与领先用户直接交互，从而不断优化产品价值，也为企业开发出更为贴近用户需求以及生产定制化产品创造了机会，本书基于数十家本土科技企业案例资料，重点探索颠覆性创新价值创造的内在逻辑与实现过程，基于案例资料系统分析了后发企业价值技术、价值潜力开发过程，对后发企业制定相关颠覆性创新战略具有一定的参考意义。

（2）为后发企业乃至新兴经济体实现技术追赶、跨越乃至颠覆提供启示

技术创新在行业企业乃至社会经济发展过程中发挥着越来越重要的作用，现如今许多发达国家和地区都在积极开展颠覆性技术识别培育工作，如美国DARPA、日本ImPACT计划等，形成了独具特色的颠覆性技术开发机制（沈梓鑫，2020），颠覆性创新被广泛认为是企业在非主流市场环境下实现跨越式发展的重要路径，同时也是位于价值链低端的后发企业实现后发赶超、抢占科技制高点的关键（许泽浩等，2017），研究颠覆性创新价值创造及优势形成，能够为企业组织或国家加快创新发展进程提供一定经验启示。

（3）对颠覆性创新技术管理与土壤培育的政策制定有一定参考价值

颠覆性创新对于催生战略性新兴产业，带动传统产业升级，推动经济结构

调整和社会变革发挥了关键作用，将成为国家实施创新驱动发展战略的重要路径和抓手。但颠覆性技术研究在我国尚属新兴领域，风险较大、成功率低，并且其发展过程中颠覆性技术难以逾越“死亡节点”、颠覆性创新管理体系尚未完善、颠覆性创新土壤形成困难等问题亟待深入研究（Hang et al.，2015；孙永福等，2017）。本书对后发企业颠覆性创新价值创造过程进行深入探索，基于“技术—组织—环境”框架探讨后发企业如何增强颠覆性创新价值优势以及受到何种因素及其组合作用的影响，对于制定相关扶持培育政策具有重要的参考价值。

1.3 研究目的与研究内容

1.3.1 研究目的

本书从颠覆性创新现实需求与突出问题出发，基于价值创造视角，重点研究后发企业颠覆性创新价值创造逻辑与实现过程，探索颠覆性创新价值创造的主要阶段与价值优势产生演化的关系，进一步探索颠覆性创新价值创造的关键机制、聚合路径与扩散效应。研究成果将从价值创造这一新的研究视角，丰富和拓展颠覆性创新理论，为政府相关政策及企业创新战略的制定提供理论参考和方法支持。

——理论研究方面：系统构建基于价值创造视角的颠覆性创新理论研究框架，探索颠覆性创新价值创造内在逻辑与实现过程，明确颠覆性创新在不同阶段的技术演进特征，以及颠覆性创新在不同扩散效应下形成的价值创造机制，构建基于价值创造的颠覆性创新演化过程和影响因素的理论模型，为企业制定颠覆性创新培育策略提供理论依据。

——研究方法和工具方面：构建颠覆性创新价值创造的理论模型，针对我国颠覆性创新技术演进特征及扩散效应进行案例分析和问卷调查，结合所收集的一手数据和资料，运用扎根理论（Grounded Theory）、模糊集定性比较分析（fsQCA）和系统动力学仿真等方法进行分析，为颠覆性创新价值创造理论模型探索提供科学、规范的工具和方法。

——应用与实践指导方面：为解决颠覆性创新价值识别与培育发展的突出问题，基于“价值形成—价值聚合—价值扩散”过程及优势获取的理论探索，构建颠覆性创新价值创造与优势获得的理论分析框架，为管理部门及企业利用颠覆性创新价值识别、风险防范及主动应对的“时间窗口”，以及相关政策和战略制定提供理论和方法支持。

1.3.2　研究内容

围绕上述目标，本书以“技术应用—价值创造—优势获取”为逻辑主线，综合分析颠覆性创新价值创造过程（价值形成—价值聚合—价值扩散）及优势获得过程（优势产生—优势积累—优势演化）的理论关联，聚焦于后发企业颠覆性创新价值创造全过程，揭示颠覆性创新价值创造的内在逻辑与实现过程，研究过程按照“问题提出—理论研究—模型构建—案例分析—对策建议”的具体步骤展开，综合运用扎根理论分析、fsQCA与仿真分析等方法开展研究。本书的具体内容及结构安排如图1-1所示。

（1）后发企业颠覆性创新价值创造逻辑与模型构建

颠覆性创新具有前沿性、复杂性、融合性和不确定性等特征，对后发企业颠覆性创新价值创造过程逻辑及其关键影响因素进行深入探索，探索关键因素对后发企业颠覆性创新价值创造存在的影响机制及具体路径，对后发企业获取颠覆性创新价值优势、实现跨越式发展具有重要意义（薛澜等，2019）。本书结合当前时代背景与技术发展趋势，梳理总结颠覆性创新的理论视角与研究进展，对现有文献进行评述，探索研究机会，在此基础上综合考虑颠覆性创新价值创造过程（价值形成—价值聚合—价值扩散）及优势获得过程（优势产生—优势积累—优势演化）的理论关联，主要以物联网等人工智能领域相关案例资料为基础，对颠覆性创新价值创造过程的一般规律进行探讨，分析相关企业在运行发展过程中所构成的连接关系及作用，围绕“技术应用→价值创造→优势获取”构建后发企业颠覆性创新价值创造的理论框架。探究本土科技企业颠覆性创新优势获取的主要过程，是帮助相关企业认识、把握乃至预测颠覆性创新的关键。

（2）后发企业颠覆性创新价值形成机制的扎根分析

由探索性案例研究归纳形成理论的质性研究方法，对于现象及组织的内部要素结构及关系具有较强的解释力：一是从案例数据中挖掘深层次的逻辑关联，在理论建构方面具有优越性；二是在一个开放的研究情境下，案例研究更有可能产生更广泛、更简练和更完备的理论。鉴于本书所涉及的人工智

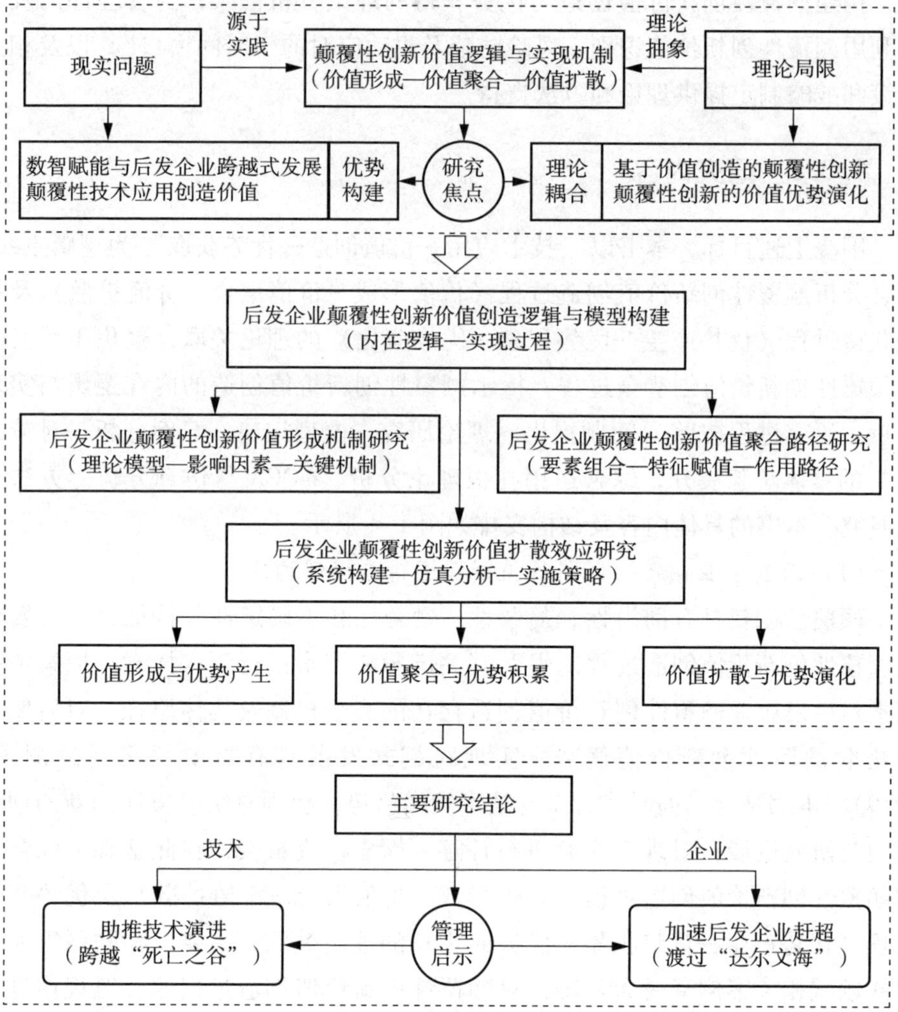

图 1-1　主要研究内容

能颠覆性创新价值形成及其关键机制研究尚无定论，需要收集丰富的数据资料予以支撑，因此采用扎根理论对颠覆性创新价值创造过程进行分析。为了探索中国情境下人工智能颠覆性创新价值形成机制，本书主要采用扎根理论研究范式，基于现象抽离概念、形成范畴从而建构理论，对原始材料进行编码分析，目的在于从现象提炼关键要素并梳理关键要素、自下而上地建构理论。案例数据分析过程遵循扎根理论分析范式，逐项开展资料范畴挖掘、范畴属性识别和范畴关系梳理等步骤，通过对现象的梳理分析，实现理论建构以获得解释性理解，目的在于弥补现有研究的不足，为后发企业培育发展颠覆性创新以及相关部门制定创新政策提供理论借鉴。

（3）后发企业颠覆性创新价值聚合路径的定性比较分析

颠覆性创新的动态演化过程受到来自技术、组织和环境等多方面的因素影响，而内外部因素同样存在差异影响与综合作用，基于 fsQCA 探讨颠覆性创新价值创造的多样性架构，目的在于回答“什么样的创新影响因素及其价值聚合能够促进颠覆性创新优势积累”这一核心问题，与以往采用线性思维来分析架构问题的研究不同，提出不同情景下颠覆性创新价值创造识别策略，并以此为依据设计契合颠覆性创新演化特征的分析框架。fsQCA 主要基于集合论（Set-Theoretic）对因果条件关系进行建模分析，能够对引起结果发生条件变量的充分性和必要性以及不同条件变量间的互补/替代性进行识别分析（寿柯炎等，2018）。本书以“后发企业颠覆性创新价值聚合路径”为关键问题，以 27 家人工智能（Artificial Intelligence，AI）企业案例资料为基础，基于定性比较分析方法分析其影响因素及相互关系，检验组织、技术与环境因素构型对 AI 企业颠覆性创新价值创造的影响作用，基于 fsQCA 探讨颠覆性创新价值优势形成的多样性架构，提出不同情景下的颠覆性创新价值优势形成路径，尝试打开颠覆性创新价值聚合与优势积累的“黑箱”。

（4）后发企业颠覆性创新价值扩散效应的系统仿真分析

本书将在上述研究的基础上进一步深化相关概念，并通过总结前几章的研究结果，构建一个企业颠覆性创新优势演化扩散的系统动态模型，解构并仿真价值扩散与优势演化的关系。主要从价值创新与复杂系统的视角出发，根据企业价值扩散效应对颠覆性创新优势演化的动态影响构建二阶系统动力学模型，建立 3 个子系统变量间的数学方程，采用 Vensim PLE 软件对企业颠覆性创新优势演化过程进行模拟仿真分析，重点讨论当价值扩散效应中的主要参数发生变化时，其对颠覆性创新的影响机制和作用程度的差异性。基于理论基础与对相关行业企业的深入调研，构建了价值扩散效应对颠覆性创新优势演化影响理论模型，重点对后发企业价值扩散效应对颠覆性创新优势演化的动态影响进行模拟仿真，探讨后发企业价值创造环节与颠覆性创新优势的相互关系，并就过程中对二者产生重要影响或起衔接作用的关键变量进行深入分析。

1.4 研究方法与技术路线

1.4.1 研究方法

本书基于定性分析和定量分析相结合的方法展开研究，主要方法包括：

（1）文献探讨与分析

本书重点收集整理颠覆性创新与价值创造领域的相关文献资料，从理论基础、研究方法及具体应用等方面，对相关文献进行梳理，厘清颠覆性创新价值创造与优势获取相关理论体系、发展脉络等相关研究基础，了解颠覆性创新研究发展动态，通过理论研究方法把握研究颠覆性创新价值创造过程特征，在此基础上形成后发企业颠覆性创新价值创造逻辑过程的分析框架。

（2）扎根理论与探索性案例分析

扎根理论分析是基于现实案例材料自下而上建构理论的定性研究方法，主要是在对相关材料进行逐级缩编和概念提炼的基础上探索核心范畴，然后通过这些范畴之间的客观联系建构实质理论，由于颠覆性创新价值创造涉及技术、组织和环境等多个层面，且不同领域颠覆性创新价值创造模式又有一定差异，这就需要采用扎根理论对典型产业和企业案例进行分析和挖掘。在对多家本土后发企业进行实地调研和深度访谈的基础上，结合相关文件、档案数据以及文献材料进行探索性案例分析，探讨后发企业颠覆性创新价值创造的内在逻辑与实现过程，为构建理论模型和案例研究奠定基础。

（3）模糊集定性比较分析

模糊集定性比较分析（fsQCA）主要基于集合论对要素间的因果关系进行组态分析，由此对前置条件变量间的交互关系以及不同条件变量的相互关系进行分析。后发企业颠覆性创新演化是一个受多因素综合影响的复杂过程，所以基于 fsQCA 探讨颠覆性创新价值创造的多样性架构，能够对促进颠覆性创新价值创造的影响因素及其组合作用进行进一步分析，探讨颠覆性创新价值聚合路径，为后续研究提供理论支撑。

（4）系统动力学仿真分析

从系统动力学仿真技术视角出发，分析多主体参与颠覆性创新过程中通过博弈来实现相互作用以及对结果的影响，可以确定颠覆性创新价值创造和市场扩散策略选择的最优决策。颠覆性创新的价值创造和市场扩散是创新系统中多个参与主体在充分考虑其他主体可能选择策略的前提下，制定使自己价值收益最大选择的过程。基于系统动力学仿真技术对颠覆性创新演化进行仿真，是研究其影响作用及组合效应的重要方式，可以对颠覆性创新的技术主体在价值创造和市场扩散过程中的策略选择进行预测和解释，进而得出最优策略组合，为我国颠覆性创新的促进提供一定的理论指导。

1.4.2 技术路线

本书以颠覆性创新理论为理论基础，基于数智赋能视角，紧密围绕"后发企业颠覆性创新的价值逻辑与实现机制"这一核心问题，遵循理论分析、模型构建、案例分析等步骤，面向后发企业展开研究。

首先，系统梳理了颠覆性创新及价值创造等领域的相关研究成果，对颠覆性创新价值创造理论研究中所存在的理论"缺口"进行探讨，提炼出本书的研究主题，在此基础上对物联网等典型科技企业进行探索性案例分析，梳理出"技术应用—价值创造—优势获取"这一逻辑主线，揭示了后发企业颠覆性创新价值创造及优势获取的内在逻辑与基本路径，并形成整体概念模型。

其次，基于扎根理论方法对后发企业颠覆性创新价值形成机制进行探索性研究，主要以 14 家相关企业和机构的深度访谈数据为基础，围绕技术范式转变、组织动态演化和价值网络创新等归纳出后发企业颠覆性创新的价值形成机制。基于组态方法对后发企业颠覆性创新价值要素的聚合过程进行探讨，主要采用 fsQCA 方法分析不同维度影响因素对颠覆性创新价值聚合的影响及组态作用，检验组织、技术与环境因素构型对后发企业颠覆性创新的影响效应。基于系统动力学对后发企业价值扩散效应与颠覆性创新优势演化进行动态仿真分析，根据后发企业价值扩散效应对颠覆性创新优势演化的动态影响构建二阶系统动力学模型，重点探讨并检验价值扩散效应中的主要参数变化对颠覆性创新的影响机制和作用程度，进一步分析颠覆性创新价值扩散效应。

最后，以 NEWater、明阳智能为典型案例，剖析价值共创与创新生态系统构建等路径对颠覆性创新产生演化的推动作用，进而探讨其多维度结构特征及演化机制，由此进一步分析技术突破与价值创新的生态运作过程，加快后发企业颠覆性创新动态迭代并实现扩展适应。

具体的研究流程与技术路线如图 1-2 所示。

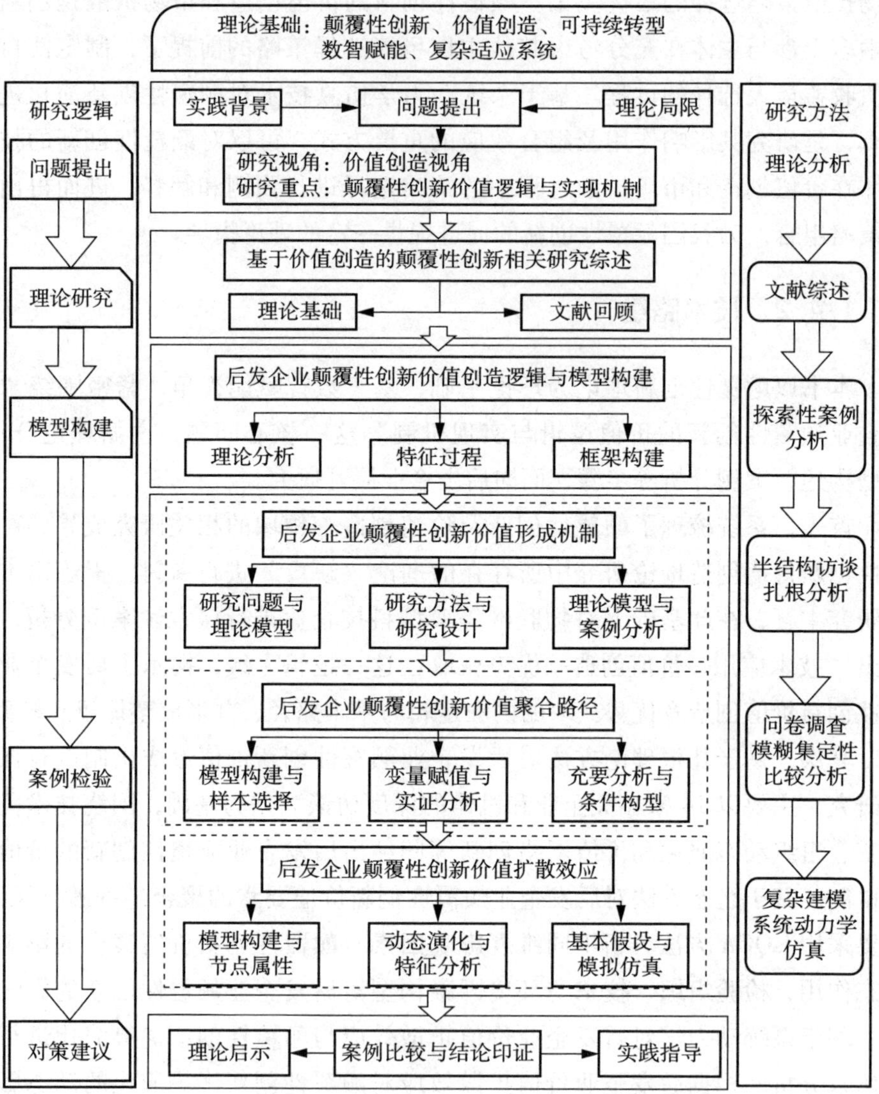

图 1-2 研究流程与技术路线

1.5　章节安排

本书共有 9 章：

第 1 章为颠覆性创新的价值与意义，本章主要从颠覆性创新研究背景出发，基于理论基础与实践需求提炼出本书的研究主题，针对“后发企业颠覆性创新价值创造的内在逻辑与实现过程”这一核心问题展开研究，并对本书的主要内容、思路方法及技术路线等进行说明。

第 2 章为文献回顾，本章重点对颠覆性创新的理论本源与发展、类型特征、形成演化、相关视角和数字化情境下的理论延伸等相关研究进行系统梳理，基于价值创造视角对后发企业颠覆性创新理论研究进行梳理分析，指出理论“缺口”。

第 3 章为数智赋能下后发企业颠覆性创新的实践价值，本章重点分析在数字化、智能化背景下后发企业创新发展的核心逻辑与主要过程，同时分析数智赋能对企业组织管理过程的主要影响，然后通过跨案例分析进一步讨论数智赋能对于企业颠覆性创新产生演化的影响过程与主要因素。

第 4 章为数智赋能下后发企业颠覆性创新价值逻辑与过程模型：价值形成—价值聚合—价值扩散，采用探索性单案例研究方法对物联网技术案例进行分析，围绕“技术应用—价值创造—优势获取”的逻辑主线对生产性、消费性和政策驱动物联网企业颠覆性创新价值创造过程进行分析，进一步研究分析后发企业颠覆性创新价值创造的内在逻辑及价值形成、聚合与传递的整合框架。

第 5 章为基于扎根理论的后发企业颠覆性创新价值形成机制，主要扎根于 14 家人工智能企业与机构培育发展颠覆性创新的现实情境，重点分析后发企业颠覆性创新价值形成机制，探讨颠覆性创新价值形成的关键因素及其作用过程。

第 6 章为基于 fsQCA 的后发企业颠覆性创新价值聚合路径，主要基于“技术—组织—市场”等维度，采用 fsQCA 方法探讨企业实现颠覆性创新价值聚合具有的不同前因组态，分析后发企业颠覆性创新价值聚合路径及其组态作用。

第 7 章为基于系统仿真的后发企业颠覆性创新价值扩散效应，主要围绕

“价值积累—网络创新—优势增强” 的演化逻辑构建二阶系统动力学仿真模型，对不同价值扩散效应与颠覆性创新优势演化影响的动态过程进行仿真，总结企业驱动以及价值网络驱动颠覆性创新优势增强的路径。

第 8 章为基于案例比较的后发企业颠覆性创新实现机制，主要通过典型企业的纵向单案例分析，进一步讨论后发企业颠覆性创新商业模式重构与价值共创，以及创新生态系统结构与演化路径等相关研究；通过对案例的描述以及模型的阐释得到相关研究发现，与前文研究结论相互印证，以此为主要观点提供佐证。

第 9 章为研究结论与未来展望，主要通过综合前文理论分析与实证研究结论，对本书的研究主要结论进行梳理，由此提出本书的创新之处，进一步阐述本书对于有关部门和企业制定相关创新政策与策略提供理论指导，最后就本书的不足提出未来研究展望。

1.6　本章小结

本章主要内容为系统地介绍了研究背景；基于理论基础与实践需求提炼出本书的研究主题，即重点探索“数智赋能下后发企业颠覆性创新价值逻辑与实现机制”；从理论和实践两方面论述研究意义；进一步对本书所探讨关键问题中的核心构念进行界定；由此对本书主要内容、思路方法与技术路线等进行介绍。

第2章 文献回顾

全面系统地梳理当前国内外颠覆性创新相关理论研究，有助于进一步把握颠覆性创新理论研究发展脉络、发展趋势和研究热点等问题，同时引入价值创造理论，为建立基于价值创造的颠覆性创新理论框架提供理论支持。本章从颠覆性创新的概念内涵及特征入手，对其产生演化和影响因素等研究进展进行探索，根据本章研究主题，同时对价值创造相关研究现状进行梳理总结，对颠覆性创新与价值创造的理论关联进行论述，并基于现状述评提出研究机会。

2.1 颠覆性创新文献检索与整理过程

颠覆性创新理论最早来源于商业环境，核心观点为通过研发新技术改变产品的功能特性并以更高的竞争能力与技术价值进入市场，在短期内争取到更多的用户，继而对原有的技术范式、产品结构或商业模式造成颠覆，最终占领整个市场（Christensen，1997；Christensen and Raynor，2003）。张枢盛（2013）提出颠覆性创新的产生和影响主要受产品成熟度、市场成熟度、产业标准化程度和产业分工程度 4 个维度的影响，包括：用户利益、核心战略、战略资源和价值网络（Sainio et al.，2007）；技术知识、市场知识（王家宝，2010）；市场定位、创新要素扩散（Hang，2011）；研发活动、资源分配和创新流程（Wan and Williamson，2015）；社会资本、服务性政策（Mahto et al.，2017）；创新支持力度（包括支持方式、立法变化、国家发达与否、网络效应等）。栾恩杰（2017）对国家层面的颠覆性技术形成机理进行分析，一是基于新原理、新发现的原始创新；二是基于现有技术的集成创新与应用；三是科学原理与成熟技术的转移与创新应用。从宏观视角审视颠覆性创新的演化模式，既需要考虑颠覆性技术的多重特点，也需要兼顾颠覆性创新的动态扩散过程。

当前国内外学者从技术或市场等角度出发对颠覆性创新的概念内涵、作用机理、演化过程以及影响因素等进行了深入研究，已有了一定程度的积累。从整体视角上对颠覆性创新相关文献进行系统的梳理，是进一步开展本土情境下颠覆性创新产生演化相关研究的重要基础，因此，分析推动颠覆性创新理论的发展脉络可以引入新的理论视角及分析方法，对其概念内涵及外延进行重新审视，以新的眼光关注技术转化及生态位跃迁问题，继而充分发挥颠覆性创新活动对军事、科技、产业、社会发展的变革性作用，实现创新引领经济高质量发展。

鉴于此，本章主要采用 CiteSpace 软件对国内相关文献进行分析，通过合作网络、关键词共现等方式，分析其研究热点与趋势。先在中国知网数据库中选择相关文献并导出为 RefWorks 格式并在 CiteSpace 软件中进行转换和处理，分析过程根据研究需要依次进行选择；继而通过对文献发文序列、作者合作网络及机构特征等颠覆性创新理论研究现状的梳理，进一步探讨颠覆性创新理论研究的热点及发展趋势。

2.1.1 研究方法与数据来源

由于颠覆性创新及相关理论研究领域发文较多且水平不一，本书对于颠覆性创新文献检索主要选择 CSSCI 来源期刊与中文核心期刊数据库，并以“颠覆性创新 OR 颠覆性技术 OR 破坏性创新”为主题词在中国知网数据库中进行检索，同时分类目录选择“哲学与人文科学、社会科学Ⅰ辑、社会科学Ⅱ辑、经济与管理科学”，通过这样的设置保证检索范围能够覆盖大部分颠覆性创新理论研究文献，并且通过设置核心以上学术期刊以及非自然科学领域文献的标准，保证获得文献的权威性与准确性。经过精确检索，得到了 481 篇文献记录。

2.1.2　颠覆性创新理论研究现状梳理

（1）文献时间序列分布

探讨文献的时间序列分布能够了解在各时期该领域内文献发表的趋势变化情况。因此本章根据 CNKI 数据库所导出的文献发表时间特征数据，分析所收集相关文献的时间序列，对颠覆性创新研究文献发表的年度分布进行探讨。

由图 2-1 可知，根据颠覆性创新理论研究文献的时间分布状况，可以将该领域的文献研究大致分为 3 个阶段。第一阶段为 2007 年到 2014 年，在这一时期由于克里斯坦森的颠覆性创新理论传入国内，部分学者开始关注到了该理论在商业领域的应用与实践，所以开始采用该理论来分析创新管理领域的相关问题，文献数量相对较少，还处于缓慢增长的阶段；第二阶段为 2015 年到 2017 年，在这一阶段颠覆性技术及其风险问题引起了社会各界的广泛关注，但由于对其概念内涵的界定一直争论不休，对颠覆性创新的研究还有待结合现象进行深入探索，由此颠覆性创新理论相关文献数量呈现出波动式增长的趋势；第三阶段为 2018 年到 2022 年，在此阶段国家层面正式提出了发展颠覆性技术的创新战略，并且由于学者们的不断探索以及多角度分析，本土情境下颠覆性创新概念得以系统阐述，颠覆性创新理论成为研究热点，文献数量快速上升，处于快速发展阶段。

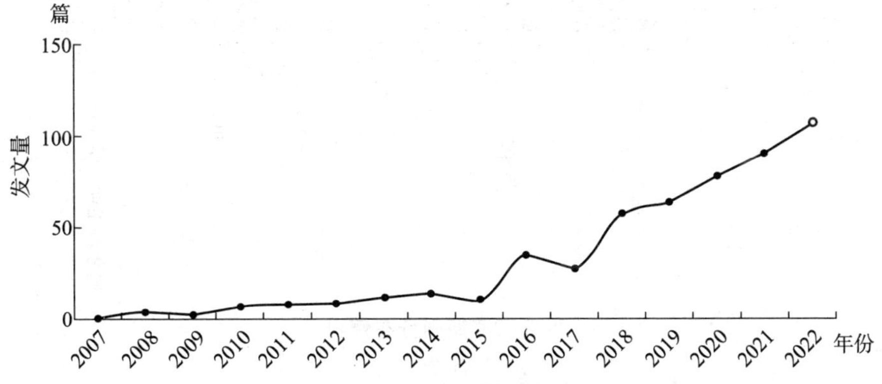

图 2-1　2007—2022 年文献研究发表总体趋势分析

（2）期刊分布情况

通过对相关文献来源期刊的分布情况进行梳理，可以为前期知识积累与扩展提供基础与指引。根据对相关文献的梳理与分析，可以发现颠覆性创新发展相关文献共分布在 187 种期刊中。

由图 2-2 可知，从数量上看，从 2007 年到 2022 年，对颠覆性创新这一主题刊文量最大的是《科技管理研究》《科技进步与对策》《科学学研究》，均以技术创新管理为主题，刊文数量位居前三。紧随其后的是《中国科技论坛》《科技导报》《中国科学院院刊》等，刊文数量均达到 10 篇以上。综合 CSSCI 来源期刊与中文核心期刊数据库检索结果，可以看到基础科学类期刊刊载颠覆性创新理论相关文献数量最多，占比达到了 50%以上；其次是经济与管理科学类和社会科学类。由此可以看出，颠覆性创新理论虽然来源于市场环境中的特殊管理现象，但该概念同样也涉及基础科学研究领域的突破，所以受到了学界和业界的广泛关注。

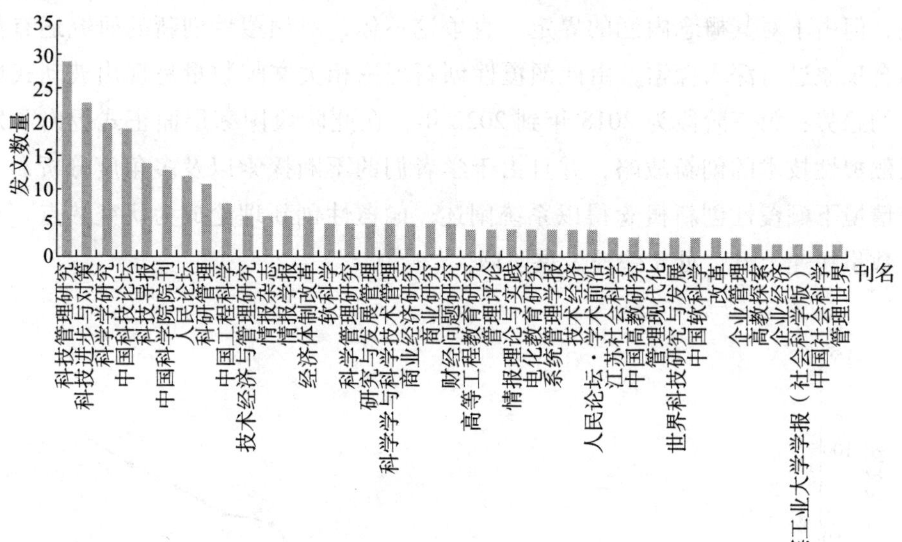

图 2-2　期刊分布情况

（3）作者合作网络分析

作者合作网络能够在一定程度上反映该研究领域的核心作者发文情况及其合作强度、互引关系等重要内容，可以看出颠覆性创新研究活动的基本情况，从而推动该研究领域快速稳定地发展。本节主要运用 CiteSpace 软件来分析颠覆性创新理论研究的相关文献，选择以作者为节点进行合作网络分布情况的分析。

如图 2-3 所示，颠覆性创新研究领域的作者合作网络共包含 280 个节点（N）和 195 条边（E），密度（Density）为 0.005，可以看出，共计有 280 位学者参与完成了 195 篇学术论文，达到了近半的数量，作者间的合作强度较好，但仍有进一步提升的空间。目前，专注于颠覆性创新理论研究的作者还相对较少，对于关键文献而言以个人或小型的研究团队为主，研究规模与研究深度还可以进一步拓展。

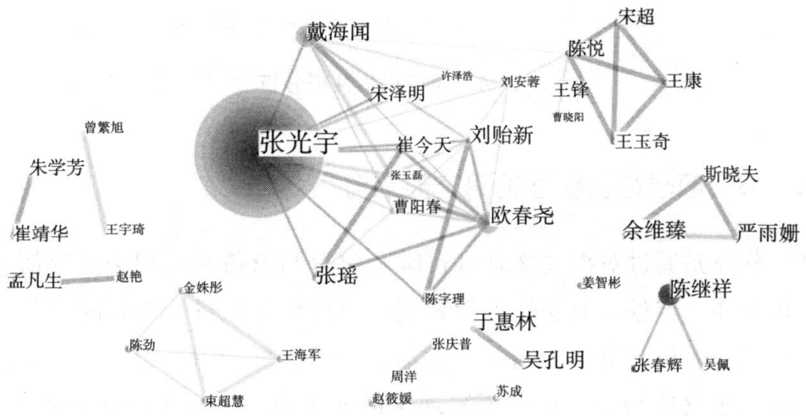

图 2-3　作者合作网络分布

（4）研究机构共现分析

对研究机构共现情况的分析能够对该研究领域的核心机构以及机构间的联系紧密程度进行了解，同样运用 CiteSpace 软件来分析相关学者所在单位及其合作情况。如图 2-4 所示，从事颠覆性创新理论研究的机构现共有 241 个节点、144 条边，网络密度为 0.005。与作者合作网络的情况基本相似，国内颠覆性创新研究机构相对分散，研究机构之间的交流联系较少，所以合作研究的数量与规模还有待进一步提升。从中还可以看到，连接较为紧密的研究机构往往处在同一单位或同一地区，真正跨部门跨地区的交流合作还较少。同时，相关研究机构以高校为主，如浙江大学、上海交通大学和广东工业大学及其下属学院或研究部门。

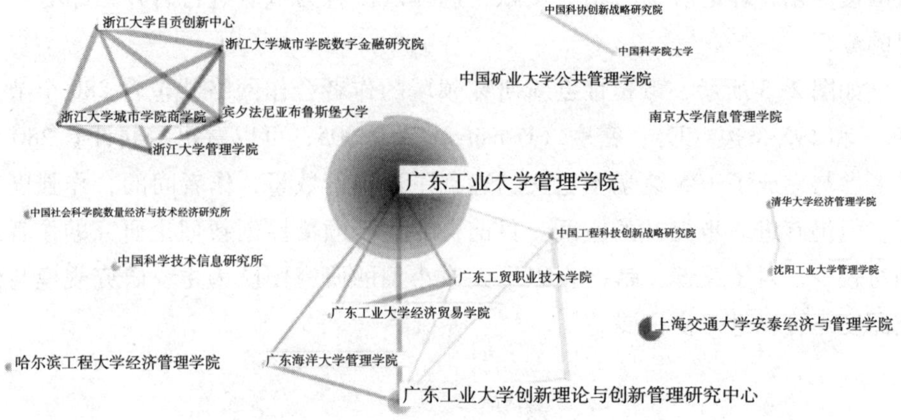

图 2-4　研究机构共现分析

2.1.3　颠覆性创新理论研究热点分析

研究热点是通过对相关文献进行综合整理与分析并对相关重要信息进行提取，能够在一定程度上反映出学者们在该研究领域进行探讨时所关注的重点问题，通过对所收集文献高频关键词共现情况的探讨，能够进一步把握研究领域的未来发展趋势，对于了解理论的发展脉络及重要问题有重要作用。在中国知网进行文献检索时，笔者根据被引次数挑选了目前国内在颠覆性创新理论研究中影响较大和学术价值较高的部分节点文献以供读者参考（见表2-1），在后续研究中将进一步结合研究进展对相关文献进行分析。

表 2-1　颠覆性创新领域重要节点文献

序号	文献名	作者	来源	发表时间	被引次数	下载次数
1	关于颠覆性技术识别框架的探索	黄鲁成、成雨、吴菲菲、苗红、李欣	科学学研究	2015-05-15	98	3038
2	网约车颠覆性创新的理论与实证：以滴滴出行为例	张爱萍、林晓言、陈小君	广东财经大学学报	2017-04-17	95	4548
3	颠覆性技术的演化轨迹及早期识别——以智能手机等技术为例	苏敬勤、刘建华、王智琦、陈悦、姜照华	科研管理	2016-03-20	87	2938
4	渐进性创新或颠覆性创新：创新模式选择研究综述	张春辉、陈继祥	研究与发展管理	2011-06-15	74	3485

续表

序号	文献名	作者	来源	发表时间	被引次数	下载次数
5	颠覆性创新演进、机理及路径选择研究	张枢盛、陈继祥	商业经济与管理	2013-05-15	56	2064
6	高端颠覆性创新的技术演进轨迹和市场扩散路径	周洋、张庆普	研究与发展管理	2017-11-29	50	1661
7	颠覆性创新、生产性服务业与后发企业竞争优势	王家宝、陈继祥	科学学研究	2010-03-15	49	1835
8	后发企业颠覆性创新最新研究进展与展望	吴佩、姚亚伟、陈继祥	软科学	2016-09-01	45	1336
9	颠覆性技术概念的战略内涵及政策启示	刘安蓉、李莉、曹晓阳、魏永静、安向超、张科、张建敏、苗红波	中国工程科学	2018-12-15	43	978
10	颠覆性创新的价值系统分析——以广东省LED照明行业为例	王俊娜、李纪珍、褚文博	科学学研究	2012-04-15	42	1829
11	3D打印颠覆性创新应用及商业模式研究	苏秦、杨阳	科技进步与对策	2015-10-26	41	1790
12	萌芽期颠覆性技术识别研究	黄鲁成、蒋林杉、吴菲菲	科技进步与对策	2018-10-16	41	1263
13	创业企业如何通过双元能力实现颠覆性创新——基于有米科技的案例研究	张延平、冉佳森	中国软科学	2019-01-28	39	3112
14	发展颠覆性创新的导向策略研究	靳宗振、罗晖、曹俐莉	中国软科学	2017-09-28	38	1292
15	跨界整合式颠覆性创新内在机理与机会识别研究	张庆普、周洋、王晨筱、陆露	研究与发展管理	2018-12-15	37	1712
16	颠覆性创新的框架分析及技术的角色	张枢盛、陈继祥	科技进步与对策	2013-01-17	34	1330
17	基于战略生态位管理视角的颠覆性技术成长过程研究	许泽浩、张光宇、廖建聪	中国科技论坛	2016-02-05	31	1199
18	日本设立颠覆性技术创新计划探索科技计划管理改革	彭春燕	中国科技论坛	2015-04-05	31	1085
19	DARPA颠覆性技术创新机制研究——基于SNM理论的视角	窦超、代涛、李晓轩、田人合	科学学与科学技术管理	2018-06-10	30	1369

续表

序号	文献名	作者	来源	发表时间	被引次数	下载次数
20	后发企业的颠覆性创新机理模型——基于小米公司的探索性案例研究	陈思睿、杨桂菊、王彤	管理案例研究与评论	2019-08-20	27	3398
21	人工智能企业何以实现颠覆性创新？——基于扎根理论的探索	张光宇、欧春尧、刘贻新、刘安蓉	科学学研究	2020-09-25	27	3110
22	颠覆性技术的政策保护空间研究——基于战略生态位管理视角	黄子洋、余翔、尹聪慧	科学学研究	2019-04-15	27	1452
23	颠覆性技术应用何以创造价值优势？——基于商业模式创新视角	杨蕙馨、张金艳	经济管理	2019-03-15	26	1854
24	颠覆性创新行为、消费者偏好内生与市场绩效	石俊国、郁培丽、孙广生	系统管理学报	2017-03-31	25	1240
25	颠覆性创新风险规避策略研究	吴佩、陈继祥	科学学与科学技术管理	2010-12-10	25	1032
26	颠覆性技术识别与预测方法研究进展	王超、许海云、方曙	科技进步与对策	2018-04-03	24	1611
27	企业颠覆性技术路线图制定研究	卢光松、卢平	科技进步与对策	2011-06-10	24	685
28	平台型企业跨界经营中的跨市场网络效应与颠覆性创新	荣帅、李庆满、赵宏霞	科技进步与对策	2018-04-28	21	1486
29	颠覆性创新产品低端市场进入最优定价研究	吴佩、陈继祥、史玉婷	系统管理学报	2014-01-15	21	578
30	颠覆性技术异化及其治理研究——以“深度伪造”技术的典型化事实为例	苗争鸣、尹西明、许展玮、陈劲	科学学与科学技术管理	2020-10-27	20	2348

注：截至 2022 年 10 月。

（1）关键词共现分析

关键词共现分析主要是通过对某些高频词频数的计算与排序，找到该领域中学者关注最多的热点话题，由此作为研究热点的分析依据。关键词能够进一步体现关键词之间的联系程度，并能够进一步对热点话题的发展趋势有所把握，掌握分析颠覆性创新理论研究的关键角度。如图 2-5 所示，通过 CiteSpace 软件的综合分析，共得到 332 个关键词节点和由其组成的 452 条连接线，连接密度为0.0082。可见颠覆性创新研究联系较为紧密。其中，“颠覆性创新”“颠覆性技术”“人工智能”“后发企业”“数字经济”“战略生态位管理”等是国内专家学者使用频率较高的关键词。随着颠覆性创新理论研究的不断深入，专家学者对颠覆性创新发展特征及过程的认知也更加深刻。首先，颠覆性创新的技术发展路径是不确定的，特别是在其早期阶段其技术发展容易出现问题；其次，除了对行业领域的影响之外，颠覆性创新通常涉及许多颠覆性技术，这些技术共同破坏了行业结构而受到抵制，但可能伴随着大量的产品、服务流程或组织创新出现；最后，颠覆性创新的传播比通常假设的更为复杂。因此，分析促进颠覆性创新的影响因素亟待引入新的理论视角及分析方法，对其概念内涵及外延进行重新审视，以新的眼光关注技术转化及生态位跃迁问题，继而充分发挥颠覆性创新活动对军事、科技、产业、社会发展的变革性作用，实现创新引领经济高质量发展。

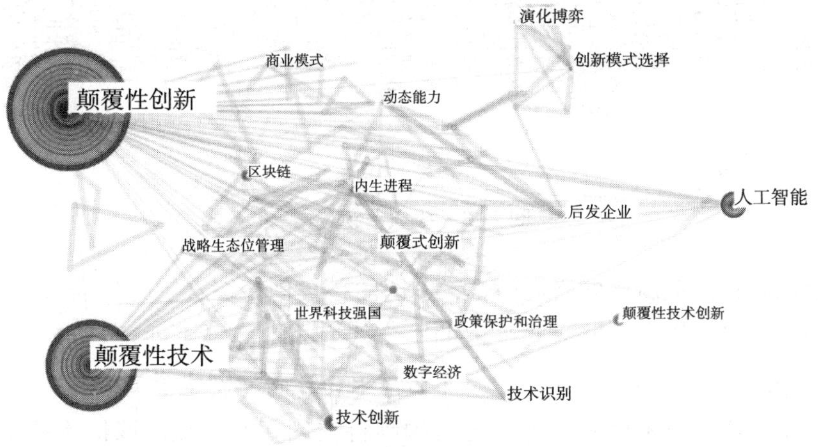

图2-5 关键词共现分析

（2）研究主题分布

通过梳理分析后发现，目前学者们主要从科学技术社会等层面对“颠覆性创新”或“颠覆性技术”的概念内涵及外延进行阐释，且对该概念的解释主要集中于技术或市场两个视角。从直接引用频次来看，学者们最多采用的是克里斯坦森等作者的观点，在颠覆性创新演化过程的研究中也较多地提到了“低端市场”“去中心化”；从使用方法来看，学者们最常采用的是艾森哈特关于案例研究的范式与观点。所以，在研究主题中也同样可以看到，不少学者通常把“人工智能”“后发企业”“数字经济”等领域或主体作为研究对象来进行理论研究，同时重点关注“颠覆性商业模式创新”“演化路径”“技术识别”等。作为颠覆性创新的主要作用对象，颠覆性创新如何通过技术跃迁与范式变革对“在位企业”“主流市场”发起冲击也是学者们重点关注的内容（如图 2-6 所示）。

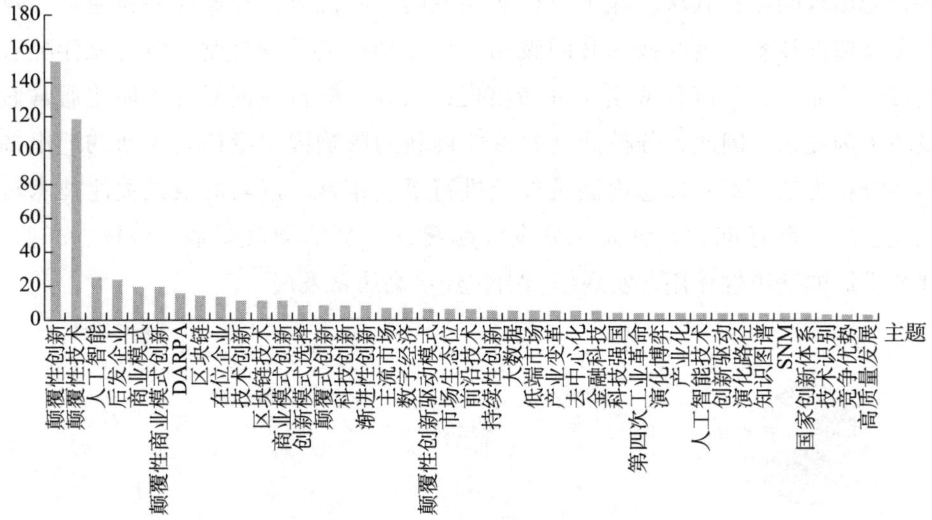

图 2-6 研究主题分布

就国际科技创新发展格局而言，美国的科技创新综合实力位居世界第一，其颠覆性技术的快速发展为其强大的军事能力与世界霸主地位奠定了坚实的基础。1958 年，美国以国防建设与军事需求为导向，创建了 DARPA，大力开展军用型颠覆性技术研发工作，抢占国际科技创新制高点，该机构的宗旨就是“避免竞争对手的技术突袭并谋求对对手的技术突袭”。经过数十年的发展，美国政府通过 DARPA 模式发现并培育了大量的颠覆性技术，DARPA 的颠覆性技术发展不仅以国家安全为主要发展导向，也通过与政府机构、中小企业和学界的各个创新主体组成创新生态系统，整合外部资源在各领域进行一系列突破，其中许多技术对当前人类生活已经产生了广泛而深刻的影响，如“区块链技术”“人工智能”技术等，所以以 DARPA、DIUx 为代表的国外颠覆性创新管理机制也受到了学者们的重点关注。

2.1.4　颠覆性创新理论研究展望

本章借助 CiteSpace 知识图谱分析工具，采用文献研究与文献计量相结合的方法对近年来国内颠覆性创新研究领域的重要文献进行了梳理与分析，并进一步对其研究现状与研究热点动态发展情况进行了探讨。研究发现，由于学界产业界的广泛关注，颠覆性创新理论研究相关文献的数量逐年增加，但研究学者与研究机构之间的合作紧密程度还有待进一步提升。颠覆性创新围绕“后发企业”“人工智能”“影响因素”“演化路径”等研究热点展开，但相关研究仍以理论分析与案例研究为主，未能形成一致的理论框架与研究体系。对于颠覆性创新理论研究的前沿动态，本章按照 3 个阶段进行划分：从颠覆性创新、颠覆性技术等相关基础理论研究到颠覆性创新产生、演化的案例研究，再到本土情境下颠覆性创新理论分析框架的构建与实践应用。随着颠覆性创新研究的不断推进，相关学者对该领域的探索越发深入，相关视角及分析工具也向多元化发展。

基于上述研究结论可知，颠覆性创新理论研究在未来发展中仍具有重要的理论价值与实践意义，在未来一段时间内仍会保持相当的研究热度。从目前来看，相关理论研究应重点关注以下几方面的内容：

①高端市场颠覆性创新产生演化有待深入探索。部分学者指出国家层面的颠覆性创新包括低端颠覆和高端颠覆。第一层次的颠覆主要体现于市场或行业内的局部变化，第二层次的颠覆则具有更大的影响，不仅对许多行业造成影响，同时在一定程度上改变了社会规范或制度。高端颠覆性创新的发展不受区域差异及技术壁垒限制，扰乱并促使现行的社会制度及生产规范标准进行重组，虽然未具有推动经济全面增长的能力，但能对新产品和服务的变化提供关键的生产保障。因此，对于国家层面的科技创新发展而言，高端市场颠覆性创新对于提升整体创新优势与实现跨越式发展具有重要意义。

②跨界整合型颠覆性创新将受到更多关注。颠覆性技术形成机理主要包括三种类型：一是基于新原理、新发现的原始创新；二是基于现有技术的集成创新与应用；三是科学原理与成熟技术的转移与创新应用。其中，通过对多技术的融合呈现多元化技术特性的跨界整合型颠覆性创新，既包含了颠覆性技术的多重特点，也兼顾颠覆性创新的动态扩散过程，在实践应用上具有更强的可拓展性，所进行的整合式创新更容易被企业采纳和认可，在未来产

业发展的过程中跨界颠覆性创新将成为重要趋势。

③本土情境下企业颠覆性创新相关研究将逐步增长。随着颠覆性创新理论研究的不断深入，从理论引进、概念内涵到类型特征，再到结合本土企业案例的实践应用，研究领域快速拓展，研究层次逐步深入，虽然国内学者从不同的视角对颠覆性创新理论进行了较为系统的研究，但在新时代背景下我国市场环境也有其特殊性，从后发企业“弯道超车”到在位企业“防守反击”，许多企业案例从技术更新到商业模式创新，所涉及的因素与层面越发复杂，亟待寻求颠覆性创新理论本土化与多元化，以及倡导将定性或定量分析方法结合或者多种研究工具综合应用，进一步提升研究结果的精确性与客观性。

④颠覆性创新生态系统主要结构与运作机制将成为研究热点。Sainio 等（2007）提出颠覆性创新的产生和影响主要受到用户利益、核心战略、战略资源和价值网络等多方面因素的复杂影响。而且由于颠覆性技术本身具有不确定性高和过程复杂等风险，所以通过构建创新生态系统来加强企业间的深层次合作、提高颠覆性创新运作的效率十分必要。而如何在以企业为创新主体的生态系统中，进一步发挥政府、高校和科研机构的协同创新效果，是未来探讨颠覆性创新发展的重要问题。此外，消费者创新与场景创新为颠覆性创新的未来发展提供了新的思路，以价值为导向，改变顾客的刻板印象或引导用户需求同样也是颠覆性创新的重要路径，通过挖掘或创造价值需求，引导顾客由潜在需求向显性需求的转变，从而实现用户创新，因此，如何建立从价值创造、价值传递到价值反馈这一完整的价值链闭环，也是未来推进颠覆性创新理论研究要解决的重要问题。

2.2 颠覆性创新相关概念界定

2.2.1 后发企业

“后发”这一概念最早由哈佛大学历史学教授 Alexander 于 1962 年提出，最初是从国家层面审视新兴经济体利用技术创新形成产业并获取优势的过程。随着相关研究的不断深入，Mathews（1999）将此概念拓展至企业层面，主要从产业位势、初期优势、发展目标和市场地位 4 个方面出发，将后发企业界定为“某领域内以追赶在位企业为目标、缺乏资源支持且具备一定优势的学习者与模仿者”，因而后发赶超实质上是指后发企业与在位者在技术势差或市场地位上的差距不断缩小并最终超越的过程。实际发展中由于后发企业对变革的需求更为迫切，相比在位企业对新技术容忍度更高，以及商业模式转型成本较低等（仝自强等，2019），更容易推动颠覆性创新实现，因此，后发企业是研究颠覆性创新发展的理想样本。

本书将后发企业定义为：以追赶为主要目标、初始资源匮乏但拥有低成本竞争优势的产业后进企业。由于后发企业在市场竞争中处于劣势地位且价值存量和动态能力都较为落后（吴晓波等，2019），因此对实现颠覆性创新有着更高的期望与动力，学界正不断兴起对后发企业颠覆性创新实现路径的研究（李晓莉等，2017）。当前环境下，我国后发企业的发展充满希望但又面临着重重挑战：一方面，随着新一轮科技革命与产业革命的到来，以量子计算、人工智能和智慧城市为代表的新兴技术逐项落地，对现有技术范式和产业格局产生深远影响，在行业企业的生产消费方式、商业形态中孕育着“难以预料的颠覆”（张光宇等，2020）；另一方面，伴随经济逆全球化动荡环境的出现，国内企业面临创新阻碍、技术风险和不确定性等诸多挑战，后发企业市场生存与发展十分艰难（吴佩等，2016），因此，探讨后发企业如何利用新技术赋能转型升级并实现颠覆性创新，继而把握其带来的巨大市场机会并实现跨越式发展，具有一定的研究价值与实践意义。

2.2.2　颠覆性创新

“颠覆性创新”理论最早由 Christensen 于 1997 年提出，最初是指企业通过新技术应用改变了产品的功能特性，并以更高的竞争能力与技术价值进入市场，在短期内争取到更多的用户，继而对原有的技术范式、产品结构或商业模式造成颠覆，最终逼退主流技术占领主流市场。Danneels（2004）认为颠覆性技术不只是从低端市场侵入来引起市场或行业内的局部变化，也存在从高端市场侵入从而对社会技术体制造成影响的情况。从“技术—市场”视角审视颠覆性创新的产生演化，不仅要考虑颠覆性技术的发展特征，也需要兼顾颠覆性创新的动态扩散过程，也有学者提出颠覆性创新的发展不受区域差异及技术壁垒限制，能够通过对多技术的融合呈现多种技术特性，同时扰乱并促使现行的社会制度及生产规范标准进行重组，虽然未具有推动经济全面增长的能力，但能对新产品和服务的变化提供关键的生产保障（Nagy et al.，2016）。

由此，本书定义颠覆性创新为：企业通过性能跃迁或跨界整合等方式面向利基市场需求引入新的技术、产品或商业模式，不断变革生产流程、商业模式和价值网络等环节，由此逐步侵入主流市场并破坏在位者价值基础，给现有技术范式、产业格局和社会生活等带来巨大颠覆与深远影响的过程。随着数字经济时代下人工智能与社会经济的深度融合，企业颠覆性创新的培育与发展将出现重大变化，把握智能化变革赋能新机遇，有利于创新企业培育颠覆性创新构建竞争优势、在国际科技竞争中实现“变轨超车”（Kostoff et al.，2004）。从互联网发展到物联网，再从外部互联发展为万物智能，数字化、智能化创新将为企业赋能并促进转型升级，进一步对社会经济发展产生重大影响，是颠覆性创新集中涌现的重要土壤，而后发企业作为新技术应用的主要群体，其价值优势形成演化过程是颠覆性创新的重要体现，具有重要的研究价值（冯立杰等，2019）。

2.2.3 价值创造

企业的价值创造通常被理解为企业投入一定资源进行产品生产从而获取价值的过程，传统经济下企业作为单独的市场主体，其生产所对应的价值创造过程相对封闭，也因此具有与其他主体相对隔绝的特点（Johnson et al.，2008；Kamolsook et al.，2019）。基于资源基础理论，企业投入技术资金等进行生产从而获取和分配经济收益，可以看出企业价值创造的关键在于核心资源的占有与转化，如人力资源、信息资源和智力资源等，这也使传统的企业价值创造持续性与资源的非连续性之间的矛盾日益凸显，随着环境中某些资源的丰度不断下降，企业即使占有额外资源，也难以完全实现价值创造（Rayport et al.，1995；邵洪波等，2017）。

综合颠覆性创新理论，本书定义价值创造为：企业通过培育颠覆性创新并将其作用于组织架构、生产流程与商业模式等关键环节，对原有价值形成、聚合与扩散等过程等进行极大拓展与创新（价值共创等），进一步实现了自身生产效率的提高、创新收益的增加、运维成本的降低等，进而促进企业价值优势提升。在数字经济发展背景下，企业技术创新环境与价值网络合作不断变革，传统经济中单个企业主导的以要素优势和价格竞争为核心的市场竞争模式被逐步淘汰，颠覆性创新的本质是价值跃变，而价值跃变的核心在于技术跃迁（Linton et al.，2004），新形势下企业借助数字化创新、新一代移动通信网络及商业模式创新等不断推进生产制造模式与市场营销环节变革发展，逐步形成后发企业颠覆性创新价值创造与跨越式发展的重要态势（朱桂龙等，2018）。因此，本章所探讨的价值创造在颠覆性创新理论以及数字经济框架下被赋予了新的内涵并因此具有重要的研究意义。

2.3　颠覆性创新的理论基础

2.3.1　可持续转型与颠覆性创新演化

可持续转型（ST）理论是以建立可持续发展的"社会—技术"系统为导向，针对具有潜在发展前景的新技术创建创新生态位，通过科学设计政策组合构建保护空间，有目的地通过新技术与外部环境之间的交互和协同，助力新技术在创新生态位中培育发展，直至促进现有"社会—技术"体制向新"社会—技术"系统转型（欧春尧等，2020）。Kemp 等（2001）、Geels（2007）和 Schot 等（2008）等利用生态位、技术演化和建构性技术评价等理论，对 ST 理论的核心概念进行新的诠释，逐步完善并拓展了 ST 理论的理论结构。Smith A. 等（2010）指出，ST 理论是对传统技术创新研究框架的拓展延伸，深入探讨了技术创新的演进与技术系统外部环境互动关系，以及"如何在技术创新与'社会—技术'体制演化初始阶段创建颠覆性技术的创新生态位"，以及"现有'社会—技术'体制与未来'社会—技术'体制之间的适应与选择"等基本问题，为颠覆性技术管理、颠覆性创新识别培育的重要问题提供理论框架及分析工具，也为从价值创造视角探讨颠覆性创新价值创造逻辑与过程提供了有效借鉴。

可持续转型是一个复杂且长期的动态演化过程，通过对 ST 最新研究的梳理，可以看出国内外学者通过引入技术、组织和环境等内容进一步完善了创新管理研究，如 MLP 外部演化框架以及 SNM 战略生态位管理等，丰富了对技术创新演化过程的相关分析（Farla et al.，2012）。ST 理论将"社会—技术"

系统划分为创新生态位、“社会—技术”体制和“社会—技术”景观等层次，将其演化过程描述为：宏观“社会—技术”景观的变化触发了“社会—技术”体制变革，继而促进了创新生态位的“孕育”，而创新生态位的产生也倒逼“社会—技术”体制进行缓慢调整；在“社会—技术”景观和创新生态位的交互影响下，中观层面逐步进行调整，最终促进“社会—技术”体制演化为新技术的培育发展创造机会，由此保护空间完成新技术孕育过程而逐步撤离，当创新生态位与“社会—技术”体制都与景观相匹配，则完成了“社会—技术”系统的转型（刘贻新等，2018；欧春尧等，2020）。

ST 视角下的颠覆性技术演化过程受到来自技术、组织和环境等多方面的因素影响（Geels，2018），目前国内学者不仅关注到了 ST 视角下技术创新过程的问题（刘贻新等，2018），也对现有“社会—技术”体制中诸如技术转移、创新演化等问题进行了一定的探索（周晶淼等，2018；王娟茹等，2018）。技术视角和市场视角是当前学界研究颠覆性技术演化及识别的主要切入点。在颠覆性技术概念提出之始，Christensen（1997）从技术轨道理论出发，认为颠覆性创新培育发展的问题主要在于颠覆性技术虽然具有较好的潜在发展前景，但前期的应用较为粗糙，产品表现差强人意，并且由于颠覆性创新是一个长期过程，大多数颠覆性技术的成长容易受到主流技术的锁定，难以发挥市场竞争的优势（刘贻新等，2018）。随着研究的深入，学界对颠覆性技术早期识别的视角进行了诸多拓展，ST 理论对颠覆性创新动态演化特征的分析也具有了一定的优越性。笔者认为该框架适用于颠覆性创新演化等问题研究，并能更为系统地阐释新技术演化规律，因此围绕 ST 分析框架，从“社会—技术”系统外部演进及创新生态位内生演化两个过程深入揭示颠覆性创新演化过程，为进一步深入分析企业颠覆性创新价值创造过程与机理等问题提供理论参考与借鉴（刘贻新等，2017）。

2.3.2 创新生态位与颠覆性技术跃迁

创新生态位的内生演进过程也被称为战略生态位管理（SNM），侧重分析如何通过有效构建颠覆性技术的保护空间，来助力企业对颠覆性技术创新的培育发展，以及“技术—市场—范式”的生态位跃迁过程（Kemp et al.，2001）。企业通过为颠覆性技术主动构建保护空间，开展具有针对性的研发实验，通过各参与主体所形成的社会网络和提供的学习平台，加强对新技术的试验和学习，提高其稳定性与适用性（刘贻新等，2015），同时通过对新技术的试错与检验，使得生态位更加稳健与成熟，重点提升新技术在市场中的竞争优势，帮助其实现生态位的成长跃迁（Geels，2002）。

创新生态位的内生演进，一方面来源于技术范式的转变，另一方面则来源于组织结构（保护空间）的调整。①技术范式转变源自产业发展过程中的技术积累和创新演化，受库恩科学范式理论启发，Dosi（1982）指出技术轨道转换（Technological Trajectory Transition）是经济和技术等要素共同作用下技术范式限定的技术演化轨迹，是技术创新演化发展的内在规律。对于技术方面，有学者提出新进企业颠覆在位企业核心业务的能力，主要来源于技术人员所提供的产品性能改进率与现有市场的改进率两种轨迹的不匹配（Rosenbloom et al.，1995），同时跨界整合式颠覆性技术所具备的分散性与组合性是其颠覆性创新潜力的重要来源（Kilkki et al.，2018）。因此，有学者以主成分分析和德尔菲法提炼出四种颠覆性技术识别方法：小型化、简单化、增强化和对其他应用的开发（Yu et al.，2011）。Reinhardt 等（2015）也提出产品嵌入性是促使技术范式转变的关键因素，可以用于预测颠覆性创新动态演化。②对于组织管理层面，组织结构创新是指管理者根据市场需求变化而对组织管理进行调整、优化和创新的过程。新进企业通过形成与颠覆性技术相适应的管理模式，重新界定价值网络的范围边界，因而组织管理创新是决定企业创新优势的关键要素（欧春尧等，2018），有学者提出在位企业即将被颠覆的一个特征是“无法认识到正在崛起的‘社会’市场”，所以企业家创新意愿对于促进颠覆性创新具有重要作用（Vecchiato，2017）。因此，建立颠覆性创新识别框架不仅要关注技术本身，还应通过企业实施颠覆性创新的意愿和技术竞争的解决方案来进行预测（Govindarajan et al.，2006），企业往往会通过重新定义技术核心和生产流程来对自身创新优势进行新的部署，由此创造包含颠覆性创新价值的产品和商业模式（Wan et al.，2015）。

2.3.3 基于价值创新的颠覆性创新扩散

“价值创新”这一概念由 Chan Kim 和 Renée Mauborgne 在《蓝海战略》中提出，认为在竞争环境下，遵循价值创新的创新战略引领将有利于企业的价值创造与跃变，为开拓利基市场创造机会与提升能力（郝斌等，2011；Dijk et al.，2016）。最初价值效用是针对用户而言的概念，主要表现为用户通过购买产品来满足需求；而创新是针对生产视角的概念，主要是指企业将新的技术或服务作用于自身的生产制造及销售等重要环节，有效降低生产成本或者大幅提升效率，由此更好地满足用户需求。价值创新则是指企业通过新技术的应用提供了差异化产品，更好地满足了用户需求，由此促进了创新收益的提升（March et al.，1981）。需强调的是，价值创新的来源并不局限于新技术及其应用，价值创新实质上也包括要素的重新组合与创新，实现了效用、价格与成本的平衡，即实现了“成本领先战略”与“差异化战略”的融合，为企业发展奠定了新的价值基础（Van et al.，2006）。

“战略柔性”（Strategic Flexibility）这一概念提出于1965年，Ansoff等学者对其进行了深入探讨。战略柔性基于企业顺应外部发展趋势的视角，是企业组织在不确定性环境中所采取的一种应对管理模式，也有部分学者认为战略柔性是从企业内部组织管理的优化与重构出发，对内部资源进行重新构造与配置的能力（郭朝晖等，2019）。战略柔性常常用来衡量企业应对外部变化或破坏性影响进行决策执行的灵活程度，在高度动荡或信息不确定性较大的环境中，若不能及时对市场创新机会或者潜在颠覆者的威胁进行识别和应对，以及不断调整组织适应当前的环境变化，就很容易被超越和颠覆（Zhou et al.，2010）。Wan（2015）对价值创新战略进行了深入论述，认为价值创新的关键在于构建区别于在位企业的价值基础，探索并开发新的利基市场以实现企业的快速增长。针对价值创新在企业管理领域的应用，不少学者进行了深入探讨。Coughlan等（2009）对价值创新的主要步骤进行了分析，Carter等（2008）对企业价值创新的管理模式及方法优化进行了探讨，Dillon等（2005）系统构建了企业价值创新的技术产品及服务的管理模型，并通过价值测量方法对潜在的价值创新来源进行挖掘。随着企业外部环境的变化以及生态位势的变革，企业价值创造的内在逻辑也发生了改变，单以企业所处的价值链为准构建企业价值创造模式的方式已逐步被淘汰。在新的时代背景下，更多的企业是在智能化生产流程与网格化治理框架之下，围绕区别于在位企业的价值主张，设计新的价值创造机制包括价值传递和获取等，紧密联系其他创新主体乃至顾客共同实现价值共创（Gulati et al.，2000）。因而在此条件下，企业的价值创新过程必须围绕新的价值主张展开，即由利益相关者共同推进价值形成、价值聚合及价值扩散，由此共同打造新的价值创造模式。

价值优势是指企业基于领先的价值创造策略获取价值从而逐步积累的市场竞争优势，也可认为是价值创造水平的差异（如图 2-7 所示）（杨蕙馨等，2019）。

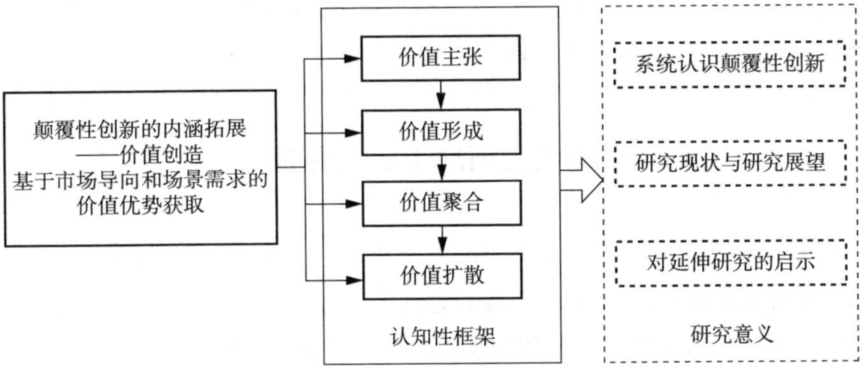

图 2-7 基于价值创造的颠覆性创新理论框架

资料来源：根据杨蕙馨等（2019）的研究结论绘制。

作为市场竞争力的核心，价值基础也是多数学者用以辨识企业竞争差距的重要指标（Baum et al.，2009；Peteraf et al.，2010）。不少学者围绕如何通过价值创新提升企业价值优势进行了探讨：林宽海等（2013）基于价值创造视角分析了技术服务企业价值优势的建构过程；进一步地，张祥等（2009）将其划分为经济价值优势和顾客价值优势，认为经济价值优势主要体现于企业的低成本战略，即产品成本远低于竞争对手来获取优势；而顾客价值优势则是指差异化战略，即通过满足特定用户的需求来扩大市场从而获取优势。基于后发企业价值创新探讨颠覆性创新形成，是近年来逐步兴起的研究视角，不少学者对其理论框架进行了探索（仝自强等，2019；黄海昕等，2019）。价值网络关系是颠覆性创新价值优势形成的重要内容，有学者提出传统价值曲线如果出现无法满足的次要属性，就可能会出现新的低成本产品，当新产品性能逐渐获得主流市场认同，新产品将会遵循低端侵蚀模型进入市场并产生颠覆效应（Schmidt et al.，2008），所以价值网络也可以作为识别颠覆性创新价值优势的重要视角，一旦市场环境发生变化或需求积累达到市场条件限制，潜在客户需求将成为颠覆性创新的重要导向（Paapa et al.，2004）；Markides（2006）对颠覆性创新价值优势的创新、产品创新和价值网络创新进行区分，认为基于价值网络的颠覆性创新具有更强的竞争力，对企业的战略创新有着更高要求。冯利杰等（2019）基于颠覆性创新视角探讨了后发企业的价值网络演化，提出后发企业制定发展策略的关键在于围绕市场和技术的交互关系灵活应对。有学者对商业模式的颠覆性创新规律进行了分析，对颠覆性商业模式创新的发展过程及实施策略等进行了深入探讨（徐德力，2013）。

2.4 后发企业颠覆性创新理论研究综述

颠覆性创新理论自提出后受到社会各界的高度关注，国内外学者不断引入新的理论视角及分析工具，对其概念内涵及外延进行重新审视，使得颠覆性创新的理论内涵不断丰富，研究范围也从产品或服务中的技术跃迁与市场侵入逐步拓展为社会层面的技术范式变迁与生产范式变革。随着数字经济发展以及企业生存环境的变化，颠覆性创新被赋予新的时代内涵，对其产生演化等关键问题可以进行深化和拓展。

2.4.1 颠覆性创新的本源与发展

“颠覆性技术”这一概念最早由 Christensen 和 Bower 于 1995 年在《哈佛商业评论》（HBR）上发表的 *Disruptive Technologies：Catching the Wave* 文章中提出，随后 Christensen 在 1997 年出版了《创新者的窘境》（*The Innovator's Dilemma*）一书，对颠覆性创新的理论内涵进行了深入阐释，即“企业面向利基市场引入满足低端或新用户需求的技术产品或商业模式、逐步破坏现有规则乃至取代在位企业的过程”（Christensen and Bower，1995；Christensen，1997；Christensen and Raynor，2003），成为颠覆性创新理论的先驱。在颠覆性创新产品进入市场时，这些功能并不满足主流用户的使用需求，从而使得新产品对主流用户并不具有吸引力，但对于底层用户来说恰好满足其重视的边缘属性或者以更低的价格出现，其中典型的证据包括数码相机、数字刻录光盘等（Danneels，2004；King and Baatartogtokh，2015）。相较而言，“持续性创新”是指具有组织所熟悉的功能、技术标准或所有权的创新；反之，潜在的“颠覆性创新”则具有组织所不熟悉的功能、技术标准或生产流程。创新的破坏性——创新对一个群体的持续性，而对另一个群体的破坏性——现在取决于一个组织对现有功能、技术标准或生产流程的熟悉程度（Nagy et al.，2016）。

克里斯坦森于2015年重新诠释了“颠覆性创新”这一概念，并就当前学界对其产生的误解进行厘清（斯晓夫等，2020）。Christensen（2015）强调，“颠覆性创新来源于低端或新市场的需求点”，指出典型的颠覆性过程创新也可以称为低端颠覆性创新，它们的颠覆性潜力通常通过产品来实现（Bower and Christensen，1995；许泽浩，2018）。Christensen关于颠覆性创新的最新文献倾向于将低端和新市场颠覆性创新两种类型的创新包括在内，低端创新是指企业以更低成本提供了与现有技术性能相近、特征相似的技术，而新市场创新则是指市场对新技术产品产生了新的需求点（斯晓夫等，2020）。总之，国内外学者认为颠覆性创新已经逐步形成了一个庞大的理论体系，但其核心观点必然需要符合四项条件：

①在技术发展初始阶段，企业的初始发展主要以非主流市场的用户需求为导向（Christensen et al.，2004；Govindarajan and Kopalle，2006；Christensen et al.，2015）；

②新技术产品在发展初期性能较为粗糙，难以引起主流用户的重视，但对于目标市场必然以更低价格或更高性能满足了边缘用户在意的属性需求（Bower and Christensen，1995；Christensen，1997；Huesig et al.，2014）；

③新技术通过原有技术的异轨发展或者技术的跨领域组合应用以实现性能的极大提升（Christensen et al.，2004；Christensen，2005；Bergek et al.，2013）；

④颠覆性创新产品或服务会不断发展以达到满足主流市场用户需求的标准，随着时间的推移逐步逼退主流技术，从而占领整个市场（Christensen et al.，2004；Lindsay and Hopkins，2010；Christensen and Raynor，2013；Christensen et al.，2015）。

随着颠覆性创新理论研究的深入，部分学者指出低端创新和新市场创新只考虑了性能较差和价格较低的情况，因而对克里斯坦森的原始定义进行了进一步拓展，Govindarajan和Kopalle（2006）在克里斯坦森的观点的基础上提出了高端颠覆性创新的概念，也为探索企业颠覆性创新发展路径提供了更多的新思路。颠覆性创新的形成方式主要有以下三种：一是基于基础研发突破与原始创新；二是基于新技术的综合集成与创新；三是成熟技术的跨界整合与应用（栾恩杰，2017）。综上所述，所有的颠覆性创新本质上都是不连续的（Yu and Hang，2010；Albaum et al.，2016；Kamolsook et al.，2019），因而也可将颠覆性创新产品定义为基于不连续的技术标准而产生的技术范式或商业模式变革，导致了原有技术轨道的改变（McKee，1992），并通过持续性创新逐步形成对现有主流技术的替代，进而对在位企业发起冲击，改变产业格局乃至社会技术体制的过程（Moore，1991）。

2.4.2 颠覆性创新的类型与特征

（1）颠覆性创新的类型划分

在现有研究中，国内外学者从多个层面总结了颠覆性创新的类型划分。从切入路径来看，颠覆性创新可以划分为低端市场颠覆、高端市场颠覆和新市场颠覆。Danneels（2004）认为颠覆性创新是通过改变企业创新绩效评价指标而实现企业竞争优势转化的技术产品；Govindarajan 和 Kopalle（2006）扩大了 Christensen 的定义，提出颠覆性创新是相对于现有技术产品引入了一组具备不同的功能、性能和价格属性的产品，也由此提出国家层面的颠覆性创新包括低端颠覆和高端颠覆。有学者指出影响高端颠覆的关键影响因素有政府支持、外部知识获取、企业创新战略以及技术主导地位，影响低端颠覆的因素包括风投资本、知识获取与外部合作、创新研发投入和企业创新意愿等（Chen et al.，2016；许泽浩，2017）。

从影响层次来划分，有学者指出许多技术可能对企业、政府乃至社会产生颠覆性创新效应，指出一阶颠覆是市场或行业内的局部变化，主要是以单个企业为主导，通过以更低的价格扰乱某一特定的市场或行业；而二阶颠覆则会产生更大的影响，通常是基础技术的非本土化动态发展，通过不同领域技术的综合影响使得现有组织和体制结构的转变加快，其涵盖范围不仅包括所在行业技术领域，也会对现有社会技术体制产生影响（贾旭东等，2016）。新技术的快速发展与相关不确定性问题的涌现是现代社会的基本困境，而随着对颠覆性创新认识的不断加深，人们意识到，颠覆性创新所产生的破坏性影响在企业层面是重大的，甚至会波及全行业乃至整个社会。有学者也因此构建了一个从基础科学到社会发展的分层模型，重点探讨分析颠覆性技术通过多层级或跨行业的复杂传递过程（Kilkki et al.，2018）。

从作用方式来看，Markides（2006）将颠覆性创新分为技术创新、产品创新和商业模式创新，而不同类型的颠覆性创新都可能按照不同的路径侵入现有市场，并可能对行业产生同样的破坏性影响，但他也认为，颠覆性技术创新、产品创新以及商业模式创新有不同的表征，具有不同的发展路径及最终效应，需要管理者采取不同程度的应对策略。在这些见解的基础上，Yin 等（2009）研究了中国企业引入的不同类型创新，这些创新已被证明在市场上具有破坏性，其主要可分为三类：一是成本创新，以新颖的方式重新设计成本结构，以更低的成本为客户提供足够的质量和类似或更高的价值（Zeng and Williamson，2007）；二是应用创新，寻找现有技术或产品的创新应用（Yu and Hang，2011）；三是商业模式创新，通过改变商业模式核心组成部分（客户价值主张、利润公式、关键资源或创新流程）来实现。这三类创新通过攻击性能过剩的主流产品属性，在现有业务模型和新业务模型之间建立信息的不对称，具有较强的颠覆性（Wan et al.，2015）。另外，斯晓夫等（2020）指出克里斯坦森颠覆性创新理论中的颠覆是一种对因果关系的理论阐述，能够对差异性条件下的市场竞争结果进行预测判别，同时对其所提出的市场创造型创新、持续型创新和效率型创新三种新兴创新模式进行总结。

（2）颠覆性创新的发展特征

国内外学者主要从技术、组织和环境层面对颠覆性创新的产生与演化进行探讨。

①从技术特征来看，颠覆性创新主要产生于新的功能属性、不连续的技术及绩效标准或新的商业模式（Nagy，2016）；通过改变市场的绩效指标或消费者期望的创新，激进创新和不连续创新分别对应于新市场创新和低端创新；Schuelke（2018）提出高端颠覆性创新的产生发展不受区域差异及技术壁垒限制，或通过对多技术的融合呈现多种技术特性，促使现行的社会制度及生产规范标准进行重组，虽然未具有推动经济全面增长的能力，但能对新产品和服务的变化提供关键的生产保障。

②从组织特征来看，有学者在分析数码相机、电子阅读器和 iPod 等成功样本的基础上，提出潜在性是颠覆性创新的重要特征（Nagy et al.，2016）。由于多方面的原因，颠覆性技术的潜在威胁很难被管理者认识，主要是因为一开始颠覆性技术往往比主流技术更加昂贵，技术水平也很难超过替代方案，但管理者往往忽略了颠覆性创新价值优势对于消费者存在的“附加值”，即创造了某种新的需求点，于是颠覆性技术先占据了利基市场；然后，它们在中端层面扩展

到其他利基市场，并最终到达市场的宏观层面，逐步取代乃至逼退主流技术，其发展轨迹也逐步从利基市场向边缘市场、主流市场以及新兴市场等扩散。随着颠覆性技术发展的逐步稳定，从而形成了新的“社会—技术”体制，颠覆性技术也在寻求新的不同的制造商和基础设施以及不同的使用方式。

③从环境特征来看，相比持续性创新而言，颠覆性创新往往具有更强的市场竞争力而能够在短时间内逼退主流技术，最终占领整个市场并催生新的产业。因此颠覆性创新最终往往表现为新旧产业的交替与技术范式的变革（Reinhardt et al.，2015；欧春尧等，2018）；同时颠覆性创新在初始阶段并不一定有着较强的颠覆能力，有可能在主流客户看重的某些属性上表现得不尽如人意，往往是通过创造新市场或更低的成本和价格来吸引新兴或利基市场的客户，随后的发展提高了主流客户关注的价值属性，也就开始占据主流市场更多份额（Govindarajan and Kopalle，2006）。吴佩（2016）认为颠覆性创新大多起源于主流市场中的低端或新市场，对于拥有较多低消费群体的发展中国家而言有着较大的发展优势。苏秦（2016）提出颠覆性创新是基于主流市场和产品主流性能而言的，对于现有的市场规则与竞争格局能够产生较大程度的颠覆，并以 3D 打印机颠覆性创新应用为例分析颠覆性创新的特征（见表 2-2）。

表 2-2　颠覆性创新的特征

相关文献	特征
Thomond 等，2002；Nagy 等，2016	（1）新的功能属性；（2）不连续的绩效标准；（3）创新的归属权。 激进的功能为用户提供市场竞争力，通过不连续的绩效标准扰乱了市场，归属权影响创新的发展和采用
Govindarajan 等，2006	（1）在主流客户看重的某些属性上表现不佳；（2）所提供的新功能重点吸引新兴或利基市场的客户；（3）往往更简单、更便宜；（4）创新最初吸引低端、对价格敏感的客户群体；（5）随后的发展提高了主流客户关注的价值属性，也就开始占据主流市场更多的份额
Hardman 等，2013	（1）颠覆性技术的威胁通常不为当前管理者所认识；（2）颠覆性技术最初比在位者更为昂贵；（3）颠覆性技术最初往往比替代方案更差；（4）技术对消费者具有某种“附加值”；（5）颠覆性技术先占据了利基市场，然后在中端层面扩展到其他利基市场，并最终到达宏观层面；（6）从利基市场向边缘市场、主流市场以及新兴市场等扩散；（7）随着社会技术体系不断发展，颠覆性技术需要不同的制造商和基础设施，使用方式也存在一定差异

2.4.3 颠覆性创新的产生与演化

（1）颠覆性创新效应形成

Nagy 等（2016）指出了颠覆性创新理论研究的三大基本问题：什么是颠覆性创新？颠覆性创新的破坏性效应如何产生？在颠覆性创新效应发生前如何对其进行识别预测？颠覆性创新的核心观点是通过新技术应用降低技术成本和提升产品竞争优势，在短时间内突破主流技术锁定并对原有的产品结构或商业模式产生影响，继而对现有技术体系或产业格局造成颠覆，最终占领整个市场（郑彦宁等，2021）。部分学者对颠覆性创新的效应产生进行深化和拓展，冯利杰等（2019）从技术、市场和合作网络三要素入手，探讨了颠覆性技术的阶段性演变特征；杜靖宇（2019）对后发企业开展颠覆性创新过程中进行价值网络构建和演变的具体路径展开研究。

随着对颠覆性创新概念定义以及颠覆性技术内涵特征统一认知的正式形成，理解颠覆性技术扩散效应成为识别培育颠覆性创新的关键（Christensen，2015），借鉴颠覆性创新优势形成理论，Wessel（2012）提出颠覆性创新源自企业的相对优势，即通过识别企业自身技术范式、组织管理和价值网络等要素共同构成的可拓展核心（Extendable Core），来评判颠覆者的相对优势并预测其潜在市场空间以及客户类型，从而将优势转化为具体的颠覆性产品或服务以突破阻碍进入上层市场。目前多是从结果导向出发来对组织或市场产生破坏性影响的颠覆性技术进行定义或预测，但从过程导向来探索颠覆性技术仍难以实现。这主要因为颠覆性技术的演化过程较为复杂，Christensen（1997）在提出颠覆性技术之初便发现了两种不同类型的颠覆性技术演化路径：新市场创新和低端创新。这两种颠覆性技术在市场上产生影响的差异使得颠覆性创新的定义难以厘清。新市场创新通过创造消费者对新技术新产品的需求点而实现，而低端创新具有与现有技术相似的特点，但会通过技术迭代或组合的方式大幅降低成本，这样一来，低端技术在完全表现出颠覆性影响之前，往往被认为是边缘性技术或主流技术的替代方案而无法得到重视。Govindarajan 和 Kopalle（2006）以智能手机为例提出了高端颠覆，对传统颠覆性创新内涵进行了丰富；周洋和张庆普（2017）以液晶电视机和晶体管电视机为例分析了高端颠覆性创新的技术演进轨迹和市场扩散效应。

（2）颠覆性创新识别培育

颠覆性技术演化是一个多要素综合影响的复杂过程，实现颠覆性创新往往面临着技术突破、技术应用环境与技术应用方式等诸多因素影响或阻碍，对颠覆性创新进行早期识别与引导有利于防范颠覆性创新的破坏性影响：Thomond 等（2003）认为企业进行颠覆性创新的主要障碍是资源分配障碍；对于后发企业而言，颠覆性创新的实施主体及市场路径的不同往往会对企业开展颠覆性创新的方式、机理乃至竞争优势构筑的方法产生重要影响（吴佩，2016）；靳宗振等（2017）提出颠覆性技术的核心点在于创造使用价值，包括创造需求、新产品需求、潜在需求以及新市场需求，促进多要素整合的基础作用是实现颠覆性创新的关键；张枢盛、陈继祥（2013）提出颠覆性技术的内部影响因素主要包括人力资源、组织文化、资源配置和组织模式等，而外部影响因素包括情景与环境、市场需求等。

虽然颠覆性技术具有不确定性与高风险性等特征，但颠覆性技术也被视为产业革命与科技变革的率先突破口和重要驱动力，识别培育颠覆性技术有利于捕获创新机遇并推动社会发展。吴集等（2015）提出基于“收集—筛选—评价—决策”的颠覆性技术遴选流程，重点关注需求贴合度、技术潜在效益、技术关注度和技术可行性等评价准则，也有学者提出在位企业应对颠覆性创新应从识别预警着手，例如创建独立的组织推进研发，并进行组织改组，以获得双重优势，最后通过反颠覆、并购等手段来实现颠覆性创新（张枢盛等，2013）。对于颠覆性技术培育，窦超等（2018）以美国 DARPA 为例，基于 SNM 理论探讨了颠覆性技术管理机制的理论模型，从技术选择、研发组织、研发执行、成果转化和项目退出 5 个方面探讨了 DARPA 的颠覆性技术培育经验；有学者基于 SNM 理论提出，应围绕颠覆性技术培育构建政策保护空间，以促进内生驱动机制与空间跃迁维度的结合，发挥技术生态位跃迁过程中政策工具的效用（黄子洋等，2019）。但就颠覆性创新影响因素的识别而言仍存在一系列现实问题：首先，技术的未来发展路径是不确定的，特别是在早期阶段技术发展容易出现重大问题。其次，除了对行业领域的影响之外，颠覆性创新通常涉及许多颠覆性技术，这些技术共同破坏了行业结构而受到抵制，但可能伴随着大量的产品、服务流程或组织创新（Hannibal et al.，2018）。

2.4.4 颠覆性创新与数字化转型

以大数据、云计算及物联网为代表的新兴技术正不断地发挥颠覆性创新优势，数字经济时代正加速到来（温雅婷等，2018）。数字经济时代，产业价值链、创新链重新构筑，价值网络合作不断变革，传统产业发展中以要素优势、价格竞争和精细分工为核心的竞争优势逐步跌落，难以维持创新产业的快速发展（朱桂龙等，2018）。随着新一轮技术革命以及用户需求不断升级对科技企业发展的诸多挑战，颠覆性创新优势被赋予新的研究价值，即借助人工智能技术、信息网络以及产业价值网络等为科技企业在生产设计流程、市场营销环节等方面带来的创新机遇，探索后发企业跨越式发展的颠覆性创新发展路径，是当前我国企业谋求创新发展的新趋势（苗争鸣等，2020）。互联网之所以对某些传统企业具有破坏性，而对另一些企业具有支撑作用，主要取决于互联网是否与其商业模式保持一致（Danneels，2004）。随着数字技术对行业竞争的影响逐步加深，预测识别潜在的颠覆性技术及其未来发展趋势已成为关乎组织生存与发展的重要任务（Krotov et al.，2019）。

对于克里斯坦森的观点，部分学者也结合当前社会背景进行了拓展。首先，并非所有颠覆性创新都遵循自下而上的发展道路，在人工智能的影响下颠覆性技术可能会出现多种市场切入路径（Utterback，1994；Acee，2001；Utterback and Acee，2005），并且用户进行购买决策也不仅仅是根据价格来进行的（Danneels，2004；Dombrowski and Gholz，2009），因此高端市场切入也是颠覆性创新的重要发展路径，例如，数码相机购买价格高于传统胶卷，但总体花费要小得多。其次，并不是所有在位企业的颠覆性创新活动都会遭遇失败，Hang（2015）提到在位者之所以不愿采用颠覆性技术往往是因为无法承担产品结构或商业模式转型的风险与成本，但基于一些典型案例，Guo等（2019）认为平台型企业等新兴创新模式出现使得企业具备了更强的研发能力、资源配置能力及风险应对能力，具有市场拓展基础的企业可能更有利于开展颠覆性创新活动。最后，也是对经典颠覆性创新理论的一大突破，Cheng（2017）提出颠覆性创新往往会造成现有市场格局的巨大变化，但实际上在位企业明确预知到可能的技术风险，在竞争开始前则采取合作策略，在某些条件下可能会产生旧技术体系更迭但其领先地位仍然保留的情况（Naumov，2013）。但由于当前数字化、智能化背景下后发企业所处的市场环境充满了边界模糊性、互动性与不确定等特征，在其实际发展过程中进行涉及组织变革与技术创新的战略决策的难度也在提升（郝斌等，2011；温雅婷等，2018），因此，企业在进行策略选择时应重点关注竞争环境及其创新资源禀赋特征，重视对新技术演化扩散的选择和培育，促进技术与组织、环境的高度匹配（周琪等，2020）。

2.5　数智赋能下后发企业颠覆性创新研究综述

2.5.1　价值创造的内涵特征

企业的持续发展以及技术创新的本质是价值创造，企业通过人力及资本投入获得高于投入的收益，即实现了商业环境中的价值创造（Winter et al.，1995）。面对竞争日益激烈的发展环境，只有保持价值创造与回报收益的持续和稳定，才能够在竞争中占据优势地位，所以价值创新与价值创造成为企业管理领域的重要研究内容（Rappaport，2002；张瑞锋，2019）。价值创造在发展阶段主要强调企业自身的价值组合与优势获取，对于价值创造的理论逻辑，有学者认为价值主张是价值创造的关键，其次还包括价值评定、价值支撑和价值维护等内容（项国鹏等，2008）；也有学者将其划分为价值发现、价值创新和价值管理等核心路径（徐光辉，2011）。随后，有学者提出了价值主张的概念，进一步完善了从价值主张接受程度到价值应用市场检验的价值创造关键环节（Ansoff et al.，1965）。

在新时代背景下，企业价值创造的参与主体不再是企业自身，而是逐步转换为用户与平台，这为价值创造理论赋予了新的内涵，即“价值共创”（孟韬等，2020）。随着价值创造研究的不断深入以及数字化创新的逐步推进，传统的相对隔绝的企业价值创造模式逐步演化为企业与用户的价值共创模式。价值创造的核心过程主要包括连接、互动与重组三种杠杆作用方式（Coughlan et al.，2009）：连接主要是指主体联系产生网络协同效应，互动是指知识交流加快创新，重组是对供需资源的高效匹配。有学者以此构建了价值创造机制的理论模型，对平台企业供应商与用户价值共创的相互关系及过程进行研究（刘晓彦等，2020）。企业在市场竞争中取得优势的核心因素不仅在于企业自身的创新能力及资源，还与自身所处创新环境及互补性资产有关，有学者指出产业链合作竞争对于价值创造及获取有重要意义（陈衍泰等，2015）。

数字经济背景下企业价值创造同样被赋予了新的内涵。互联网等数字技术缩小了企业与用户的距离、重构了市场交互过程，使得用户在价值创造环节中的角色已由被动的价值接受者转变为主动创造者，因此企业应逐步转变传统的以自身为中心的生产模式为与用户交互合作价值共创模式（蔡春花等，2020）。有学者指出价值是在用户与企业资源的整合中形成的，由企业和用户两者共同创造（王强等，2020）。De Oliveira（2017）提出，价值共创所涉及的方面不仅和传统服务有关，还需要与新的技术产品开发紧密地联系在一起，所以可以将价值共创的类型分为产品价值、产品利润、技术创新与核心服务等；也有学者提出，通过网络合作所创造的价值除创新、收益等要素外，还涵盖产品服务、技术应用中产生的价值（Agrawal et al.，2015）。

2.5.2 颠覆性创新价值创造的理论解释

随着对价值创新及颠覆性技术演化认识的不断加深，通过颠覆性创新来推动价值创造与价值获取，不仅进一步丰富了价值创造的内涵特征，也是当前企业管理的重要发展方向。颠覆性创新作为一种技术创新过程，同样有其特定的价值创造的内在逻辑（Dasilva et al.，2018）。当前学界对创新价值创造的新理论视角还包括价值共创、价值网络、服务创新、创新生态系统和数字转型等（谢卫红等，2020）。

关于颠覆性创新价值创造的内涵，企业价值创造涵盖了生产率提高、利润优化、生产成本降低、创新优势及绩效提升等（Hitt and Brynjolfsson，1996）。颠覆性创新被定义为“改变现有技术既定演化轨迹，或重新定义企业绩效标准”的创新（Christensen and Bower，1996），并且通过在Christensen的个人网站（www. claytonchristensen. com）上对颠覆性创新核心观点的介绍，也可以将其界定为一种新产品或服务在非主流市场的价值创造与组合应用，然后不断向高端主流市场转移，最终逐步逼退主流技术产品取代原有竞争对手的创新过程（Hang et al.，2015）。

关于颠覆性创新价值创造的过程，颠覆性创新产生演化可分为三大阶段：颠覆性技术在突破主流技术锁定过程中为缩小性能和实用性差距而遇到的早期创新阻碍；颠覆性创新价值被新市场接受；颠覆性创新占领了主流市场

(Chen et al.，2016)。王俊娜等（2012）基于价值检验对颠覆性创新理论框架进行了探讨，提出颠覆性创新的价值体现主要围绕价值来源（技术创新）、价值创造（创新生态系统）、价值传递（商业模式）和价值获取（市场检验）等价值创新的关键环节展开（欧忠辉等，2017）。虽然颠覆性创新突破主流技术锁定十分困难（Zott et al.，2010），但如果企业管理者或相关管理人员意识到了该项技术对于社会发展的潜在价值，则可通过提升价值主张接受程度来加速颠覆性创新的发生，从而推进颠覆性创新的演化发展与市场扩散（杨蕙馨等，2019）。冯立杰等（2019）指出，在颠覆性创新进入市场的典型阶段例如进入期、追赶期和破坏期中，价值创造也逐步聚焦于技术、组织和价值网络等关键要素。

2.5.3 后发企业价值创造与颠覆性创新

后发企业颠覆性创新价值创造研究同样引起了学界的关注。在发展过程中，相比在位企业，后发企业对新技术的容忍度更高，以及商业模式转型的成本等较低，更容易通过构建价值网络合作来推动颠覆性创新的实现（全自强等，2019）。颠覆性创新有可能会破坏现有产品和服务的主流市场，但一些通过早期合作接纳新技术范式的企业可能会保持现有的竞争地位，因此，在位企业和后发企业都可能会积极地参与到颠覆性创新机会发现和创造的工作中（Hang et al.，2015）。颠覆性创新作为后发企业实现跨越式发展的重要路径，是当前背景下备受关注的技术创新模式，也是快速提升企业竞争优势的关键。颠覆性创新的本质是新技术、新价值的创造过程，因此从价值的角度研究后发企业颠覆性创新产生演化有重要价值（苏屹等，2019）。

结合数字经济发展情境，后发企业颠覆性创新价值创造面临着更多机遇与挑战。以人工智能为关键技术的智能化发展改变了传统企业价值创造与分配的逻辑（Crilly et al.，2012；王强等，2020）。在数字经济的技术创新环境下，产业边界的模糊性逐步提升，市场知识获取的异质性持续增加，而不可控事件的频发（如复杂国际形势、逆全球化等）也加深了企业面临的不确定性，使得企业在对自身市场战略制定时不得不面对更多的挑战，也增加了企业判断未来发展趋势的难度（温雅婷等，2018）。当企业发展重心由新产品开发转向价值网络关系的维护，后发企业开始从生态化中创造价值，尽管智能化发展给后发企业带来了新的发展轨迹，但拥有新的业务资源并不能保证价值的创造，企业还必须具有与之相对应的资源整合与配置能力（Oliveira et al.，2017）。

后发企业的智能化发展历程也并非一路坦途：由于缺乏市场经验与敏感性、当前环境的高度不确定性、传统路径依赖以及技术势差等方面的原因，一些企业难以承担转型风险所以对智能化仍持观望态度，而一些逐步推动转型的企业也在越发激烈的新零售中摸爬滚打（王强等，2020）。在数字经济背景下，价值网络是影响后发企业商业模型创新的重要外部环境，有学者基于商业模式冰山理论和价值网络理论，构建了价值网络影响后发企业商业模式创新的动态影响机制仿真模型，指出外部因素、内在结构及资源影响通过作用于价值创造和价值实现等重要环节来对商业模式创新产生影响（郭韬等，2020）。

2.5.4　颠覆性创新价值创造的构成维度

企业价值创造的载体在于价值网络，主要以用户体验为核心，基于“时间—空间—内容”三要素构建的特定价值组合形成新的技术产品或商业模式，以实现价值创造与传递（李鸿磊等，2020），因此价值网络是承载企业价值创造、传递与获取的基本框架。企业颠覆性创新价值创造离不开价值网络创新，价值网络是后发企业及其上下游企业或利益主体间相互作用相互影响所形成的外部环境，而商业模式是技术、组织和市场等多类型因素构成的复杂系统，价值网络创新能够为商业模式提供更为丰富的创新资源并产生基于物质信息交流的动态影响，包括市场机会识别和创新资源配置等（Vojak et al.，2004；王金凤等，2019）。因此在颠覆性创新实施阶段，企业基于价值网络的功能属性构建自身的价值创造内核形成“可拓展核心”，其可拓展性具体是指企业自身的技术创新或商业模式，它使后发者具备向高端市场移动的动态能力，并在适度控制生产成本与不断改进性能优势的前提下获得更多的用户（Raynor，2011；Wessel and Christensen，2012），由此也实现了自身功能与价值的不断拓展，分别表现在价值主张、价值形成、价值聚合与价值扩散 4 个方面：

①价值主张。作为价值创造的初始阶段，价值主张出现使得价值形态逐步显现。价值主张是企业基于对外部环境以及市场需求的深入调查，通过对目标群体及其核心需求的把握，明确自身应该提升何种能力、提供何种产品或服务以及寻求何种目标用户的需求反馈（蔡春花等，2020）。随着企业生产服务模式的不断变革，价值主张从以往的仅仅为用户提供效用，转变为增强

消费体验与互动交互，即通过平台的运作实现价值共创（Steven，2019）。Chester（2019）基于组织结构、价值主导、创新能力和资源获取等方面对价值主张进行了界定，认为价值主张在企业市场战略规划和技术创新推进过程中具有重要作用，价值主张变革的实施包括两大关键步骤，即价值主张的识别和评估。罗蜀新等（2016）通过对中小企业商业模式创新典型案例的分析提出，中小企业通过价值主张变革、价值网络重构以及价值合作创新等方式来实现模式创新，激发企业创新活力。

②价值形成。价值形成是企业由价值主张的理念形态向产品服务转化的阶段，价值形成是由企业和市场共同推动而进行的（Prahalad，1995），企业仅靠自身很难实现价值的形成转化，只有通过提升用户对于自身价值主张的接受程度，使得产品服务得以推广，从而实现企业的价值创造与获取（Vargo et al.，2004）。技术创新是加快价值形成过程的重要方式，一方面通过技术创新提升了企业对创新要素的配置整合水平，另一方面也加强了产品服务通过市场检验的可能性。创新动态能力对科技型企业价值形成的影响十分显著，是科技型企业价值创造的重要来源（Teece et al.，2010）。

③价值聚合。“价值聚合”概念所涉及内容较为宽泛且复杂，目前学界仍未对价值聚合达成共识。Harmaakorpi 等（2005）对聚合的概念进行了阐释，认为价值聚合是复杂系统或组织间通过构建合作加快推进有关显性和隐性知识的集聚扩散。按照李雅婷（2016）对于知识聚合的观点，价值聚合与其融合或者整合等过程也存在较大区别，可看作复杂系统或企业组织的内外部知识通过一定的集聚方式形成有机整体，从而构成一个新的知识体系的过程。价值聚合主要基于组织层面创新活动，是对组织发展过程中内外部知识的凝聚融合。因此，本章基于价值创造视角，将颠覆性创新价值聚合路径定义为：以组织内部的创新要素为基础，将不同形式和不同层次的市场价值通过技术演化、组织变革和环境适应等多种价值创造路径进行凝聚与融合，最终形成新的价值体系的过程（苏屹等，2019）。

④价值扩散。价值扩散是企业创造价值在价值网络不同主体间传递扩散的交互流通过程。价值网络是价值扩散的主要载体，价值扩散效应中主要涉及价值主张、价值网络结构以及扩散效应等关键要素，企业与用户是价值扩散效应中的关键主体，根据用户的消费需求，企业为其提供相应的技术产品和读物，在满足用户价值需求的同时，通过用户支付获取价值，从而形成了

完整的价值扩散效应（Chesbrough et al.，2010）。在价值扩散的过程中，企业要想获取更大的市场竞争优势，就必须不断地优化产品服务并提升其市场占有份额。赵振等（2018）基于"互联网+"将价值创造作为营销目的，将价值创造划分为价值识别、价值生成、价值获取等重要节点，认为"互联网+"将通过改变生产流程与制造方式等对价值创造过程造成破坏性影响。

2.6 研究现状述评与研究机会

随着颠覆性创新相关研究的不断深入，学界对颠覆性创新的基本认识及理论框架已基本形成，主要从技术或市场等层面着手，探讨新技术创新产生演化引发市场格局变化与产业发展变革的颠覆潜力。可以看出，自1997年Christensen正式提出颠覆性创新理论至今，从理论内涵到产生演化，涉及层面从单一企业主体到产业层面、技术创新与组织动态演化到实现价值创造与扩散效应融合创新，积累了相当丰富的研究成果。认识在不断完善，战略层面在逐步提升，昭示着颠覆性创新理论的重大现实需求与理论价值，为本章提供了丰富的视角、思路与理论依据。但其仍存在以下研究"缺口"：

①对于颠覆性创新创造何种价值以及如何进行价值创造等问题的解释力仍较为单薄，尚未打开新形势下颠覆性创新如何基于场景驱动和需求牵引创造价值以获取优势，从而逐步侵蚀主流市场的"黑箱"。当一项创新（技术、产品或服务）没有按既定的用户偏好发展轨迹（由在位企业所掌握的用户历史价值偏好维度）来提高自身的创新绩效，而是通过一些迄今为止仍被忽略的特殊属性需求来获取价值，这一现象则初步代表了该项创新的颠覆性（Palmié et al.，2016）。颠覆性创新实现的关键在于满足底层用户的效用，即为用户创造了新的价值，但颠覆性创新的价值创造不仅由颠覆性技术来决定，还与组织管理、价值网络和市场环境等诸多因素息息相关。因此，基于价值创造视角探讨颠覆性创新价值创造的内在逻辑与实现过程，尤其是探讨企业如何通过价值创造获得颠覆性创新价值优势，为颠覆性创新培育与发展提供理论与方法支撑，是进一步深化颠覆性创新理论研究的新探索。学界目前已关注到此类问题但尚未有较多的探讨，Christensen（2016）就曾提到，对于颠覆性创新如何创造以及创造何种价值的问题，至今尚未有清晰的解答。

②目前对于颠覆性创新价值创造内在逻辑的认识仍需深化，如何建立后发企业颠覆性创新价值创造的理论框架，以及不同阶段颠覆性创新价值创造环节与优势构建过程存在何种理论联系等问题亟待进行深入研究。企业尤其是极具创新意愿的后发企业是我国创新驱动发展的战略实施的关键（陈劲等，2017），鉴于颠覆性创新通常以主流市场及在位企业为颠覆对象发挥破坏性效应，后发企业如何获得颠覆性创新优势的问题现已得到不少学者的重点关注。颠覆性创新不仅源于现有技术的性能跃迁或跨领域的组合创新，也可能源于能够为用户提供优质或新颖价值的生产流程和商业模式变化（Yu et al.，2015），所以基于商业环境，探讨后发企业连续性的价值组合与跃变，能够更好地解释其颠覆性创新所产生的“破坏性效应”或者后发企业技术赶超过程中的“机会窗口”。但后发企业颠覆性创新价值创造的理论框架尚未建立，现有研究对其价值创造与优势构建之间相互关系的探讨还有待进一步深化。

③在探讨后发企业颠覆性创新产生演化过程中，对于不同阶段的颠覆性创新价值形成演化特征，以及对价值创造关键机制的研究不够全面，特别是关键要素对颠覆性创新价值创造的组合效应及作用程度等问题还有待进一步探讨。当前学界对颠覆性创新演化过程进行了多视角、多层次的研究，但较多是从技术或市场的角度来探讨颠覆性创新，对内外部关键要素及其组态影响的研究还不够深入，尤其是结合我国国情以及现代产业背景，基于价值创造的颠覆性创新形成演化与优势构建的研究还相对缺乏，综合考虑企业技术演化、组织架构、市场动态和环境变化等内外部要素及作用程度还有待进行系统的研究（Guo et al.，2019）。创新是引领发展的第一驱动力，也是我国提升产业生产力与综合国力的关键支撑，当前我国正不断推进大数据、云计算等以融合创新、智能泛在为特征的新技术快速发展，新技术的融合创新将赋能传统产业转型升级，势必会受到诸多因素的综合作用与复杂影响（陈劲等，2017），而数字化对价值创造的影响则更加积极，其主要形式包括通过减少信息不对称而开展的价值创造以及通过信息获取而实现的价值创造（焦勇，2020）。因此，基于价值创造探讨新形势下后发企业颠覆性创新价值创造的关键机制、效应及路径等问题，是对颠覆性创新理论的丰富与拓展的有益探索。

鉴于此，本书基于价值创造视角探讨后发企业如何通过颠覆性创新获取价值优势，选取典型企业进行案例分析，研究颠覆性创新价值创造逻辑与过程，重点分析颠覆性创新价值创造过程中的影响因素及其影响机制，旨在丰富本土情境下颠覆性创新的理论方法，为企业发展及政策制定提供理论参考及借鉴（见表 2-3）。

表 2-3　本书研究与现有研究的承接和发展关系

<table>
<tr><th colspan="2"></th><th colspan="2">现有研究</th><th colspan="2">本书研究</th></tr>
<tr><td colspan="2">理论视角</td><td colspan="2">技术轨道视角、价值网络视角</td><td colspan="2">价值创造视角</td></tr>
<tr><td colspan="2">研究对象</td><td colspan="2">主流技术</td><td colspan="2">非主流技术</td></tr>
<tr><td colspan="2">研究特征</td><td colspan="2">非连续性的技术跃迁</td><td colspan="2">连续性的价值跃变</td></tr>
<tr><td colspan="2"></td><td>切入点</td><td>代表文献</td><td>深化方向</td><td>理论研究拓展</td></tr>
<tr><td rowspan="4">颠覆性创新价值创造研究</td><td rowspan="2">颠覆性创新价值创造的内在逻辑</td><td>技术范式</td><td>Christensen 等，2015
张光宇等，2018
Kilkki 等，2018</td><td rowspan="2">颠覆性创新创造何种价值以及如何进行价值创造
如何建立后发企业颠覆性创新价值创造的理论框架</td><td rowspan="2">系统梳理颠覆性创新及价值创造等领域的相关研究成果，揭示后发企业颠覆性创新价值创造及优势获取的内在逻辑与基本路径，并形成整体概念模型</td></tr>
<tr><td>市场扩散</td><td>Markides，2006
Schmidt 等，2008</td></tr>
<tr><td rowspan="2">颠覆性创新价值创造的实现机制</td><td>历史经验定性方法</td><td>Danneels，2004
Hang 等，2011
Nagy 等，2016</td><td rowspan="2">后发企业颠覆性创新价值创造的实现过程如何
内外部影响因素对颠覆性创新价值创造存在何种组合效应，其作用程度如何</td><td rowspan="2">基于扎根理论方法对后发企业颠覆性创新价值形成机制进行探索性研究；基于组态方法对后发企业颠覆性创新价值要素的聚合过程进行探讨；基于系统动力学对后发企业价值扩散效应与颠覆性创新优势演化进行仿真分析</td></tr>
<tr><td>定量方法</td><td>黄鲁成等，2015
Guo 等，2019</td></tr>
</table>

2.7　本章小结

本章为国内外研究现状综述。首先，对本章所涉及的核心概念——颠覆性创新的理论本源与发展、类型特征、形成演化和数字化情境下的理论延伸等相关研究进行梳理和分析；其次，对本章所涉及的颠覆性创新理论视角，如可持续转型理论、创新生态位理论和价值创新理论等进行总结归纳；最后，对基于价值创造的后发企业颠覆性创新的相关研究进行分析，并在上述内容的基础上进行文献述评，为后续章节的进一步探讨奠定理论基础。

第3章 数智赋能下后发企业颠覆性创新的实践价值

随着人工智能技术的快速发展，生物识别、自动驾驶与物联网等技术不断进入人们的视野，由于该类型产业的发展有望促进多个传统产业的转型升级与融合创新，被认为是新一轮的颠覆性技术。对于我国而言，加快新兴产业发展不仅是解决社会问题的重要手段，也是实施创新驱动发展战略、建成现代化强国的重要支撑。探讨其技术的演化过程与影响因素，对于培育发展颠覆性创新、加快传统产业转型升级具有重要意义。

3.1 数智赋能的基本逻辑

3.1.1 数智赋能的时代背景

随着我国经济逐步迈向高质量发展阶段，制造业是否能实现由大到强的跨越式发展，直接关系到我国经济能否实现迅速增长以及绿色低碳发展目标能否实现，当前我国围绕传统企业转型升级等问题相继发布了《关于深化制造业与互联网融合发展的指导意见》《关于深化“互联网+先进制造业”发展工业互联网的指导意见》《中国制造 2025》等有关文件，目的在于进一步促进传统企业与数字技术的充分融合，实现相关产业的绿色转型升级。放眼国际，企业的管理架构与服务创新呈现出向信息共享平台和智能空间转型的发展态势，随着智能化技术的快速发展以及在部分行业的成功应用，数字化转型已经成为驱动未来市场经济创新增长的新动能，得益于人工智能及物联网等新兴技术在组织管理过程中的多样化应用，部分企业在信息化、智能化及数字化等方面实现了全面的优化升级。

随着信息通信技术的更新迭代，一种新型的经济形态——数字经济逐步进入大众的视野，成为全球经济发展的重要驱动力，不仅能够与传统企业进行全方位、全链条的融合赋能，逐步催生新业态新模式，还将进一步释放甚至是放大数字经济对社会经济发展的深刻影响。数字经济包括未来经济模式下关键配套技术，是各个产业转型升级的重要基础，而人工智能技术能够实现产业链环节之间的赋能升级，不仅能够促进产业之间的交叉融合，甚至能够对全球价值链重构产生重大影响，发展中经济体能够通过数字化、智能化发展推动自身向中高端化转型，进而提升自身在价值链中的分配地位，逐步获得新一轮科技革命与产业变革的主导权。例如美国实施《国家网络战略》、英国出台《数字发展战略》以及德国实施工业 4.0 发展战略等，主要是通过将数字化、智能化发展的驱动效应不断扩大继而形成新的生产力，使其促进传统生产方式变革并提高生产效率，进一步推进新型工业化发展与可持续发展。

在经济下行压力增大、国际形势日益复杂的综合影响下，不同程度的冲击对我国各行各业产生了深刻影响，尤其是以线下经营为核心业务的门店受到的影响最为严重，所波及的行业覆盖了餐饮、娱乐、休闲及教育等方方面面，甚至直接造成产业链上下游中部分环节的停摆，所以从各个视角而言，新冠肺炎疫情对我国所造成的经济损失及其综合影响都是巨大的。面对复杂的发展形势，行业企业都在积极地采取各种措施来挽回经济损失或维持自身的生存发展，其中最具代表性的则是拓展数字技术应用的深度与广度，目前数字技术已经融入了我们生活的方方面面，并且随着与产业发展及企业数字化转型的深入融合，给社会经济发展带来了新的活力。因此，数字化技术应用已经成为各行各业跨越社会性危机、实现新常态下快速发展的重要路径。

随着国际竞争的越发激烈，世界强国和发达地区纷纷对颠覆性技术进行超前设计和部署，着力开展颠覆性技术的培育与发展：美国出台国家层面的创新战略计划，将颠覆性创新纳入国家战略体系及国家发展路径；日本围绕 ImPACT 颠覆性创新部署科技计划，进一步强化产业技术创新能力；欧盟通过颁布新一轮框架计划持续推进颠覆性技术的研发，着力发挥创新人物的引领作用以及提升区域创新能力；以色列也在近年来不断提出科技发展计划，逐步完善国家创新体系以促进颠覆性创新的实现（见表 3-1）。就国家层面而言，颠覆性技术的发展对于我国实现自主创新、引领经济的高质量发展具有重要的战略意义。颠覆性技术通过技术突袭打破发达国家对核心技术的垄断，相关国家可以实现在国际科技竞争中的“变轨超车”，逐步提升国家自主创新优势，所以在当前的市场背景下，颠覆性技术创新已成为非对称战略对比下取胜的关键，得到世界各国的高度重视。

表 3-1 国外颠覆性创新产生、发展的影响因素

国家或地区	战略路径	创新举措	政策环境	创新组织
美国	以国家军事需求为牵引，大力发展颠覆性创新，抢占国家战略制高点	重视基础科学、高新科技的研究与开发；建立专门研发机构及创新项目管理方式；完善创新政策体系、不断探索颠覆性技术识别方法	2006 年，美国国防部《四年一度防务评审》将颠覆性创新上升至国家战略层面；2015 年，美国国家经济委员会等联合印发《美国创新新战略》	1958 年，成立国防高级研究计划局（DARPA）；核心技术：先进制造业、精密医疗、大脑计划、先进汽车、智慧城市、清洁能源、太空探索等新领域
日本	“可持续成长和地域社会的自主发展”“确保国家和国民的安全安心并实现丰富的高品质生活”“应对全球性挑战的策略和对世界发展贡献”	以政府为主导，在科技计划中突出颠覆性创新特征；实行项目经理人制度、加强科技计划监管评估	1998 年，日本执行“信息通信技术研究开发基础计划”“产业技术应用研究开发计划”“21 世纪先导项目计划”；2017 年，日本内阁会议出台《科学技术创新综合战略 2017》，继续加大对 12 个科学领域的资助	2016 年，日本内阁府与科学技术振兴机构联合推出“日本颠覆性技术创新计划”（ImPACT）；核心技术：重点推进信息通信技术、纳米技术和环境技术三大跨领域技术发展。2016 年，针对 16 个领域进行了大规模的科技资助活动
欧盟	强化欧盟科技创新卓越，创建具有吸引力的世界一流科技创新人才的欧盟研究区（ERA），提升欧盟工业企业全球竞争力，共同应对全球社会挑战和支持欧盟统一对外政策	施行使命导向型研发政策；培育创新文化，设立以创新者为核心的欧洲创新理事会；引入公民参与研发与创新框架计划的设计与决策	2014 年，欧盟委员会正式启动新一轮研发创新框架计划，促进研究与创新政策的结合；2018 年，欧盟提交《欧洲研究创新的新议程——欧洲未来的机会》报告，持续提升科研投入	欧洲颠覆性创新执行局（Executive European Agency for Disruptive Innovation）；核心技术：智能电网、绿色运载工具、关键使能技术、生物基产品、先进制造技术和先进建造材料等
以色列	在日益激烈的竞争下维持和强化以色列的国际领导力，并把这种增长动力广泛地应用到经济领域	实行首席科学家制度；建立多层次研发机构；有力的资金支持及服务；建立良好的国际合作关系	1984 年，《工业研究与发展促进法》；1990 年，《投资促进法》；2002 年，《税收改革法》。2011 年，《天使法》规定凡是投资以色列高科技企业的法定纳税人可豁免相当赋税额度	首席科学家办公室（OCS）及首席科学家论坛；核心技术：生命科学、移动通信及互联网、科技金融、人工智能与机器人、虚拟与增强现实、自动化、清洁能源等

随着数智时代的来临，数字化与智能化深入融合将给企业发展带来更多的机遇与挑战。数字化与智能化以大数据和人工智能技术为代表，是相互联

系相互作用的关系，所以数智化既表现出了数字化和智能化的双重特征，也具备了二者所不具备的综合优势。“数”是“智”的创新基础，而“智”又是“数”的实践导向，有专家将其称为颠覆性变革或数字革命，其关键影响点在于两方面：一方面是在生产要素层面，数字创新将所有生产要素数字化，直接改变了传统的社会生产关系即经济结构，实现了以数据为生产要素的社会连接与沟通；另一方面也通过全产业链的数字化创新与智能化发展重塑企业生产运营模式，为企业的转型升级带来了新的发展，是对以往社会环境及市场环境的极大颠覆。因此，企业的数智化发展将会面临着全面的重新改造及转型升级，通过对架构与能力的改变来实现创新优势的综合打造，甚至在部分发达国家已经将大数据与人工智能技术等数智资源和要素应用在国家安全领域，作为提升国家安全治理能力和维护国家安全的战略措施。因此，在数智时代全面到来之前，必须学会运用数智赋能来提升资源利用与创新效率，加强国家创新优势与综合能力建设，加快企业数智化转型与数智化程度的提升速度，从而进一步加快中国式创新的发展进程。

我国同样也十分重视数字化与智能化发展的顶层设计，习近平总书记在 2018 年中国科学院院士大会以及中国工程院院士大会的讲话中提到“融合型先进制造技术正加速推进制造业向智能化、服务化和绿色化转型”，“以关键共性技术、前沿引领技术、现代工程技术、颠覆性技术创新为突破口”，提出将颠覆性技术创新正式纳入国家宏观战略，并将其作为实现创新驱动、建设世界科技强国的重要手段。随着新一轮科技革命与技术创新的不断推进，以信息通信、智慧城市、清洁能源和先进制造为代表的颠覆性技术不断涌现，对人民生活产生深刻影响，对现有生产流程与技术范式产生巨大冲击。在各省市所发布的“十四五”规划中也都明确指出了统筹发展数字经济和促进传统产业转型升级的发展目标，这也让新一代信息技术得以快速发展，并深刻改变传统范式下的价值链、产业链及其商业运作，其中以数字技术为核心的颠覆性创新正结合全球经济形势与社会背景孕育重大变革。

3.1.2　数智赋能转型的内涵特征

数字创新与智能化发展是数智赋能的核心要素，主要是指将数字技术、人工智能技术与传统技术或管理过程进行融合，从而创造出新的产品或者服务，进一步提升工作效率或者创造新的价值。数智赋能的本质是“数字化、智能化创新”或“大数据与人工智能技术赋能”，主要是指利用人工智能、云平台、区块链和大数据等新一代数字化、智能化技术赋能应用及数字平台传播，促进线上线下一体化发展，加快企业管理的数字化转型发展。随着数字化、智能化技术逐步成为推动我国创新型国家建设的重要驱动力，数智赋能通过加速运作过程的数字化、智能化转型过程，给我国社会经济环境与企业发展带来了新的机遇与挑战（黄燕娟，2021）。在创新思想的引领下，以人工智能、物联网和大数据等为代表的新技术在当前的科技革命与产业变革过程中表现出了强劲的发展态势：在知识结构层面，新一代新兴技术表现出跨领域、跨学科和跨产业的创新流动的特征；在技术发展周期层面，新技术在商业化落地及迭代更新等方面呈现出了日新月异的变化；在市场表现层面，相较传统技术创新产品而言，新技术借助电商网络平台等方式进入市场，更加具备颠覆性与破坏性，尤其是随着5G基础设施建设的推进，物联网相关产业的快速兴起及其对传统制造业、交通运输业等相关行业的创新影响，以新一代新兴技术为核心的数字化、智能化发展被普遍认为中小企业尤其是发展中经济体实现数智化转型和跨越式发展的必由之路。

数字化、智能化技术如何赋能企业转型升级，是一个值得深入探讨的学术问题。目前国内外对数字创新的研究正处于起步阶段，在理论机制与内涵特征等方面尚未达成共识，但随着人们对其内在机理的进一步探讨，部分学者发现仅仅从数字创新角度分析数字颠覆还缺乏技术领域和社会应用的系统性，并反对将简单的数码化产品贴上数字创新的标签，将其与颠覆性创新理论等同化，所以有学者提出了“数智赋能”这一概念，目的在于将数字技术与智能技术融为一体，从技术层面强调了应用性，从理论层面强调了差异性，更有利于深入探讨其影响机理以及分析技术赋能路径。

对于颠覆性创新理论视角下数智赋能内涵的界定，部分学者主要是采用内容分析法对传统颠覆以及数智颠覆的相关文献进行了系统梳理，由此来总结两者之间的差异。Christian（2017）主要是从数字技术的影响程度及范围上对其概念进行定义，并提出在数字创新的影响下产业发展呈现出指数级增长特征。邹坦永（2022）等也对其内涵特征的差异进行了深入的分析。Rosenstand（2018）在克里斯坦森定义的基础上结合数字技术的发展特征分析了颠覆的过程，主要包括后发企业基于自身的数字技术优势提出新的价值主张，实现对价值网络的重构，进而对在位企业造成冲击。Skog（2008）认为数字化颠覆是一个过程，重点强调利用数字化转型对网络化连接的影响，从根本上改变现有的价值创造模式或价值逻辑，由此可能会造成一定的环境动荡。Bolton（2019）认为数智颠覆主要是依靠数字技术和智能技术改变了管理过程及组织模式等，提升了用户体验，从而进一步整合创新生态系统中的参与者，实现价值共创。由此可以看出，数智颠覆是数字化、智能化创新与颠覆性创新的概念交集：数字化创新重点聚焦在生产关系层面的改变，智能化创新重点体现在技术应用与价值创造的方面，而颠覆性创新则重点强调进入市场后新技术通过破坏原有技术价值基础而创造新价值的过程。所以，数智颠覆是数字化转型的重点表现形式，强调的是在现有技术体系、价值基础等层面所引发的颠覆性影响，由此可以进一步总结数智颠覆与传统颠覆的差异（见表3-2）。上述文献虽然从不同视角对数智颠覆的概念进行了界定，但是其内涵和外延尚未清晰，相关理论基础也没有得以明确。

表3-2 数智颠覆与传统颠覆的差异

颠覆内容	数智颠覆	传统颠覆
价值链或价值网络中的作用	重点作用于管理运作过程及商业模式，从而影响价值链	重点实现价值链重构
价值网络结构	通过建立协作网络来促进要素集聚	独立的组织形式
对上下游企业的影响	倡导用户价值的建立，容易受到主流市场的锁定	具有较高的转型成本或管理障碍，从而对创新过程产生影响
商业模式	通过扩大规模和市场潜力来创造价值	通过利基市场或新的需求点来创造价值
大数据技术的使用导向	信息收集与决策供给	与核心业务结合不足
平台构建	通过构建合作平台加快技术创新的转移转化	以平台为基础发挥产业规模优势和定义行业标准
创新扩散	利用数字渠道进行快速的市场侵入，能够实现成本有效控制	市场进入过程缓慢并容易受到多种因素的制约
创新的发起者	平台型后发企业或在位企业	技术型后发企业
产品服务性质	无形服务	有形产品
创新特征	解决方案的多样化	新的技术领域
价值分布	分布在价值网络中	由被颠覆者转移至颠覆者专有
资产的所有权	很少或租用	专有

续表

颠覆内容	数智颠覆	传统颠覆
员工身份	较为灵活	正常聘用
管理过程的控制	实时交互与自动控制	传统控制流程
可持续性发展	有较好的连通性以及资源共享性	为提升绩效或降低成本适当关注可持续性
决策幅度	广泛参与	部分参与

笔者认为，数智颠覆并不是一个全新的理论，而是在颠覆性创新理论视角下分析数字经济领域的两大特征（数字化、智能化）所得到的重要概念。所以，分析企业数智赋能创新过程的关键在于以颠覆性创新为理论基础，从技术创新特征和发展路径及其技术应用过程，分析其特有属性而导致的生产关系及其技术范式的转变。由于传统颠覆的范围要比数字颠覆的更大，所以构建颠覆性创新理论框架来进行相关分析，所关注的领域就不仅仅局限于在位企业与后发企业，也要关注整个颠覆性创新生态系统内部的子系统之间相互关系，包括“政产学研用金”等多维主体的协调作用，以及传统颠覆性创新理论中所强调的对主流市场中主导设计的深刻影响。数智赋能的颠覆过程可能会围绕价值网络关系的变化展开，先是价值主张提出方式或类型的改变，进一步对价值创造模式和价值获取途径进行改变，还可以体现在产业领域，例如通过数字化、智能化发展来改变企业的核心价值基础。因此，对于分析数智赋能的产生过程及影响机制而言，还存在其他许多的复杂因素有待研究，同时对于数智赋能如何作用于企业技术体系、管理机制和资源维度，亟待进一步探讨。

3.2　数智赋能下后发企业颠覆性创新特征与路径

3.2.1　后发企业颠覆性创新发展情境与作用边界

（1）后发企业颠覆性创新发展的情境特征

随着新一代互联网技术变革影响的不断加深以及场景创新与商业模式重构等多方面的复杂影响，当前社会在各个领域正不断地进入颠覆性和革命性发展的新阶段，历史经验表明，新一轮科技革命与产业变革和颠覆性技术涌现是互为因果的内在联系，在这一阶段会造成世界范围内的深刻转变，也为各国抢占科技创新制高点提供了新的机遇与挑战。当颠覆性创新发展这一概念为世界各国所接纳与认同，人们逐渐意识到了颠覆性技术对于进一步推进制造业高质量发展、助推传统生产方式转型升级、发掘社会经济增长新动能等方面有着重大意义。如何主动把握社会发展的新趋势，更好地应对新一轮科技革命产业变革所带来的不确定性及风险性，对于我国实现经济的高质量发展具有关键意义，并且对于颠覆性技术自身而言，其创新过程也呈现出了高度的技术前沿性与市场需求的不稳定性等风险特征，巨大的前期成本和风险为其本就艰难的产业化进程雪上加霜。企业依靠颠覆性创新促进自身的转型升级无疑是获取跨越式发展重要机遇的必然选择，结合数智赋能这一重要趋势，企业如何把握采用颠覆性技术而产生的转型成本及技术风险，在残酷的市场竞争中获得最后的胜利，将成为未来市场发展的主要议题。

颠覆性创新通过对新技术范式的引入来冲击主流市场，既打破了现有的游戏规则，还通过提出新的价值主张实现企业的商业模式重构。一方面，这可能是中小微企业必须跨越的"死亡之海"，也是实现后发赶超的重要机遇；另一方面，对于在位企业而言也可能是"阿喀琉斯之踵"，虽然可能面对较大的风险，但整合成功也会迎来新的蓝海（霍影，2021）。颠覆性创新可能来源于技术的突破性创新，也可能产生于市场环境下的价值重构，不仅对市场格局有着重大影响，对于科技革命而言也是重要的驱动力。种种迹象表明，中国实现社会经济的高质量发展，利用数字化、智能化技术实现颠覆性创新，从而把握跨越式发展的机会窗口正在逐步接近。

克里斯坦森提出，后发企业可以通过技术创新与更低的转型成本来为市场提供功能简单、价格便宜但使用更为便捷的产品，由此进入底层市场或利基市场，随着产品功能的不断完善，逐步冲击主流市场并最终影响现有的市场格局，这一特殊的创新过程或经济现象被称为颠覆性创新。克里斯坦森在《创新者的解答》一书中从市场层面对颠覆性创新的出现予以了解答，卓越的管理与稳固的市场恰巧是导致在位企业进入衰败的重要前因，而将企业从峰顶推向衰败的关键节点，恰巧就是管理者自身所认为的在管理上取得巨大成功的时候。由于需求导向的主导，在位企业的决策往往会兼顾大多数人的消费需求，并且由于长期成功的思维惯性以及转型所面临的高额成本和巨大风险，对于核心技术更多的是采用渐进式的技术创新，以获得稳定的、长期的经济效益为目的。从这样的决策思想来看，投资颠覆性技术则往往被认为缺乏理智或不可理喻的，这也就是柯达、诺基亚等企业在面对颠覆性创新来临时做出相同反应的原因，因为大多数案例表明，企业在处于不确定的变革环境中时，依靠长期发展的成功经验往往是最不可靠的。

(2) 后发企业颠覆性创新的作用边界

后发企业的颠覆性创新实践，其本质在于通过构建新的价值体系对原有的价值基础进行冲击，逐步取代在位企业长期占领的主流市场；而人工智能技术应用主要囊括基础数据、深度算法、运算力和应用场景等，所以在发展方向上具有更强的延展性，自身能够作为单独的技术创新进行应用，同时也可以与多种行业的核心技术进行融合从而促进传统产业发生根本性的变革，例如当前人工智能与教育医疗、交通运输等行业进行了融合，产生了多元化的人工智能、产品及服务。因此对于人工智能技术而言，其本身既可作为技术创新的关键要素，也可以视为一种创新的未来情境，这也为颠覆性创新出现带来了更多的发展路径以及不确定性风险。同时，如果将人工智能技术运用于语义分析、文献计量等领域，则可远超过人类分析的范围与速度，更早地发现创新路径。这对于后发企业而言也更有利于快速识别利基市场，探索用户的真实需求并对产品服务进行改良优化，最终加快颠覆性创新进程。

根据上述分析，颠覆性创新的作用边界也得以明确。在立意取向方面，颠覆性创新也被理解为破坏性创新，这是从最终的市场表现的角度来进行探讨的，而颠覆性创新也常与颠覆性技术创新等同化，原因在于新技术的应用是导致颠覆性创新的直接原因，但在实际过程中后发企业通过新技术应用从而获取价值优势的过程不仅十分复杂，而且同样存在技术的跨界应用导致目标市场发生动荡的例子，因此要理解颠覆性创新的作用边界，要进一步从它的知识内涵出发，综合技术与市场等角度对其进行理解，相关过程将在后续章节中深入讨论。

早期研究中颠覆性创新被理解为持续性创新的对立概念，主要原因是在技术路径上，持续性创新通过推动技术向其原有轨迹的发展而实现企业经济效益的增加，颠覆性创新则脱离了原有的技术轨迹，使企业建立起全新的产品结构与商业模式。在位企业通常采用持续性创新来获取持续稳定的市场收益，而后发企业要想进入市场占据一席之地，采取颠覆性创新策略则是一种重要的选择。新技术的运用往往代表着产品性能的提升以及功能的完善，还有与之相适应的新的商业模式，能够促使其影响现有的市场需求甚至是改变现有的市场格局，因此需要企业做出巨大的变革与调整。随着颠覆性技术的转化应用，其作用边界也由技术层面逐步拓展至组织管理和商业模式等层面，并对价值创造及传递等环节产生影响，可以看出，颠覆性创新起源于技术延伸，发轫于利基市场，成熟于商业应用。相对于持续性创新，颠覆性创新这一概念更为丰富，不仅是从技术范式入手对技术体系产生颠覆，也是对现有价值基础的破坏性影响，其作用边界与影响范围更为广泛。

（3）后发企业颠覆性创新的生态化发展

颠覆性创新逐步成为后发企业实现赶超、在全球价值链中扭转被动地位的重要方式，而数字化、智能化技术与实体经济深度融合，成为新时代背景下传统产业转型升级赋能的动力来源之一。西方发达国家即世界主要经济体逐步将人工智能上升至国家战略层面，亚马逊、谷歌等科技企业作为关键技术支撑，正与国内领先企业展开数字化领域市场份额与技术制高点的竞争与博弈。在数字技术及智能技术的影响下，这些企业在组织管理上更加倾向于开放，在管理模式上也越发兼容颠覆性创新的演化特征。相关研究表明，人工智能企业正不断开辟新的赛道，催生新业态新模式，而这正是颠覆性创新的重要土壤。根据相关预测，未来数十年内人类可预见的颠覆性创新，超过30%与人工智能技术密切相关。尽管推动人工智能技术应用、促进颠覆性创新发展已关乎国家科技竞争与未来战略，但从目前来看二者之间仍然存在一定距离，其核心原因在于人工智能企业虽然有着培育颠覆性创新的先天优势，但其仍然受到时间空间等资源的约束，并且在整体层面上还缺少创新氛围与相应的保障体系。

因此，颠覆性创新往往来源于技术流程更为复杂的系统工程，相较而言，该创新过程对群体知识的需求则更加广泛，这也为多主体、多元化和多层次的电信创新系统的产生提供了需求。作为颠覆性技术培育的主体，国外较为重视构建颠覆性创新技术管理机制，例如 DARPA、DIUx 等机构就已经初步具备了颠覆性创新生态系统的雏形。数字化技术的运用则进一步为产业技术的标准化及能力的兼容性提供了保障，首先，组织的数字化发展将进一步加快组织之间创新要素的流动，为创新机会以及创新生态的发展提供良好机遇，进一步实现创新生态系统的健康发展。其次，因为颠覆性创新生态系统的核心在于实现与用户构成价值共创，而随着人工智能技术的应用，对于创新主体的衔接已经从产业链上下游进一步延伸到领先用户中，所以通过引导消费者参与颠覆性创新生态系统，构建完善的及时反馈系统，更早地实现个性化与定制化服务。最后，人工智能技术通过信息数据管理以及信息沟通渠道建设重塑创新生态系统信息传递模式，不仅能够消除所谓的组织间的创新壁垒，还能够进一步促进创新的多元化发展，支撑企业的创新变革以及可持续发展。现有研究表明，构建健康且完善的产业创新生态系统，是实现后发者颠覆性创新的重要路径。目前在人工智能领域，围绕云计算、芯片、硬件设备和相关智能技术服务的头部企业已经与传统在位企业达成多类型的合作关系，通过行业经验的交流融合来解决技术的应用问题，不断构建颠覆性创新生态系统来培育颠覆性技术。

为了应对快速变化的市场环境，微软公司的战略模式就带有一种果断快速的特征，并且从来不会有事先的征兆。但无论是从初创企业到跨国公司，还是从十数人创业到数十万员工，当企业到达临界态、面对不确定性环境的时候，企业要想预见变化乃至引领变化，所能做的只有快速学习并主动适应，所以企业内部应当强化组织知识的学习，加速个人及组织能力的提升以及对外部环境的整体认知。加快组织内部的学习和变革速度，目的是与外部环境变化的速度相匹配，通过适应环境的变化来捕捉那些复杂的、不可控的、不确定但又至关重要的影响因素，在无序中寻求有序，探索企业组织管理的稳定与战略变革的平衡。

接受变化、适应变化、拥抱变化，而这正是探索颠覆性创新的意义。

3.2.2　数智赋能后发企业颠覆性创新的路径分析

新技术的产生不仅来源于传统技术在其自身的发展轨迹上所发生的突破或融合，还来源于跨领域跨学科技术的整合应用（Day，2004），对于数字技术而言，单一的技术应用更多的是赋能创新，也就是在原技术的基础上使其进行转化突破，提升技术效率并实现对原技术领域的改造。这对于人工智能技术而言，则是重点采用其作为技术创新要素的这一优势，将其与传统的技术或能力优势进行整合，融合于企业的核心应用场景从而转化商业价值，综合的技术与应用不仅能实现整体技术群落的跃迁以及应用范围的拓展，并进一步促使技术创新模式和技术应用领域的发展变革。为此，本章结合当前背景下部分企业颠覆性创新的技术赋能路径特征，对替代型、整合型、跨界融合型、适应扩展型四条数字技术赋能路径进行分析。

（1）替代型技术赋能路径

替代型技术赋能路径主要是指在延续性创新的技术发展轨迹下，通过新技术的介入进一步提升原有工作流程的效率或优化原有技术应用模式，并没有使原有的工作模式产生根本性的改变。由于在该技术赋能路径下新技术的研发与投入需要较高的成本，并且重点影响的范围只有技术功能水平层面的提升，所以替代性技术的使用范围最为广泛，但所造成的破坏性影响有限。

对于当下的市场环境而言，替代型技术的赋能主要是指在位企业为平衡好现有市场的消费者需求以及企业经济效益所开展的核心技术转移。新技术的性能优化比率通常会超过原有技术性能的数倍，同时在成本控制方面也会降到更低，所以替代型技术赋能更多的是为企业带来持续性的发展以及长期的经济效益，而对产业格局的影响则是较为缓慢的过程。例如，针对移动硬盘等计算机存储技术，第一次的技术跃迁主要是在存储容量方面，而随着电荷存储技术的突破，我国实现了硬盘读写速度的极大提升；而英特尔公司进一步实现了存储介质技术的更新换代，使得数据存储的安全性大大提升，多项技术的迭代更新综合推动了存储技术产业化发展进程。因此，替代型技术赋能路径是行业企业通过新技术的迭代更新与应用来实现，重点围绕提升技术性能所进行的研发转化，重点为了促进技术性能的提升并降低生产成本，由此获得长期收益的发展过程。由于在此过程中新技术的不确定性得到了控制，对市场层面的风险性也有初步预期，所以企业能够通过较为成熟的发展模式进一步延伸该技术的应用领域及技术影响。

（2）整合型技术赋能路径

整合型技术赋能路径是指在延续性创新的基础上，企业通过对多项常规技术的整合与应用，实现了原有技术发展模式以及技术群落特征的改变。不同于替代型技术赋能路径的是，整合型技术强调的是综合对生产过程及营销过程存在影响的技术并进一步进行价值整合，整合型技术的应用重点是突出新技术在社会环境和市场环境中的广泛影响力和商业价值。例如，部分技术在发展初期受到主流技术锁定以及研发成本投入过高等问题的阻碍，选择完善的配套体系以及选择恰当的应用领域是促进整合型技术发展的关键。例如，深度学习理论在 1989 年就已经提出，但是由于当时的技术局限以及能力缺陷，直到 2000 年卷积神经网络理论真正地实现应用，才直接促进了深度学习这一领域的发展与兴起。

在整合型技术赋能路径下，发展相对成熟的技术同样可以通过技术整合而实现的性能跃迁得到更为广泛的应用。很多生物医药技术同样如此，某项药物的诞生初始可能是只作为单项病症的治疗药物，但是随着对该项技术的深入开发，又进一步发现了该类药物在其他领域的应用功效，进一步挖掘出新的商业价值和社会影响。该类型的技术特点是需要较高的前期研发投入以及更为精细的转化过程，一旦整合成功，则能够直接催生某个新兴行业。

(3) *跨界融合型技术赋能路径*

跨领域的创新要素流动是新技术涌现的重要影响因素，以往学者将新兴技术的产生演化过程划分为两种类型：一种是指通过技术领域交叉而形成的新技术，但其发展轨迹仍在原有的技术路径中；另一种是指两种以上的技术通过融合、交叉而诞生了新的技术领域，由此形成的新的知识图谱推动新的技术领域发展。所以，跨界融合型技术赋能路径就是上述两类新技术发展模式的统称，该技术赋能路径主要是指在颠覆性创新模式的发展导向中，将现有技术体系中的底层技术与外部技术进行交叉融合从而实现性能跃迁，由此推动新的发展模式形成。性能的大大提升将对现有技术领域产生重大影响，进一步带动企业、行业乃至整个国家快速发展，因此跨界融合型技术赋能路径是大多数技术所采用的突破技术封锁的关键方式。

虽然新技术是由来自多个领域的技术交叉融合而形成，但其技术目标或效益指标并未脱离原有的技术路径，所以在市场效益层面是与原技术竞争同一市场。在技术发展初期，该项技术的核心优势在于与原技术相比更高的性能以及更低的成本，这是由于在该技术刚进入市场时，由于交叉融合方面的不稳定以及相关配套技术尚未完善，因此难以得到部分企业的重视，但是由于较低的价格能够在底层市场或利基市场占据一席之地，随着该项技术的不断成熟以及应用领域的不断扩大，该技术会通过性能的完善冲击现有市场，从而逐步占据主流市场。例如，清洁能源领域相关技术则是典型的案例，由于低碳经济以及绿色技术创新等概念的相继提出，我国诸多技术领域与清洁能源领域都展开了技术合作与融合，在交通运输领域的新能源汽车，以及材料制造与人工智能等方面，分别对传统的交通运输业以及工业制造业产生了巨大影响。所以跨界融合型技术赋能路径是通过技术交叉而产生的，其初期主要通过卓越的性能以及低价格获取市场价值，但由于市场需求的不确定性，新技术的发展面临着来自主流技术封锁以及市场风险的诸多因素的影响。

（4）适应扩展型技术赋能路径

适应扩展型技术赋能路径主要是指在颠覆性创新发展导向下通过单个技术领域的技术整合延伸创造出新的技术发展模式或技术领域，创造提出前沿新兴技术发展路径的主要过程。适应扩展型技术的发现是对现有知识体系内技术的适应与扩展，并且通过一系列的技术整合与发展形成了新的技术，能够带动人类对未知领域、未知需求的新一轮探索。21 世纪初美国国家科学基金会联合美国商务部发布了关于推进技术融合的相关报告，首次将纳米技术、生物技术、信息技术和认知科学等作为适应扩展型技术发展的关键，进一步带动全世界对于新技术探索的热潮。由于适应扩展型技术强调的是对未知领域未知需求的探索，相关技术研发成本高、难度大，其发展路径具有较高的风险性，其商业化落地过程受到多方面因素的阻碍，所以该项技术的研发转化过程需要“政产学研用金”多维主体的共同参与，充分调动各方的积极性与主动性。从目前来看，该种类型的技术赋能路径包括生物芯片和新型材料等领域，对于国家发展及科技创新实力的提升具有重要的影响作用，西方发达国家先后围绕该技术领域制定创新战略也表明该类型技术对于国家创新发展具有重要的价值。

3.3　数智赋能下后发企业颠覆性创新产生演化的跨案例分析

3.3.1　案例背景

21 世纪是大变革时代，人工智能技术与传统行业的融合创新将对世界格局与社会结构转型产生深刻的影响，数字化、智能化发展将成为颠覆性技术集中涌现的重要契机。以人工智能、区块链、云计算、大数据、5G 为代表的数字智能技术与各种产业加速融合，传统产业与新兴产业内颠覆现象常态化涌现。面对日新月异的消费端个性化需求，企业传统价值供应链难以维系多类型、集成式、多功能的服务需求，数智技术赋能企业供应链不断网络化、动态化、虚实结合，催生价值链走向生态化（陈剑等，2021）。面对世界科技产业革命的浪潮以及人们日益增长的生活需求，尽早识别和培育对社会经济发展具有深刻影响的颠覆性技术，有利于抢占科技变革的战略主动权。数智技术进一步打破传统企业边界，从资源的数据化、流程的数字化、组织的智慧化等维度进一步提升了企业的综合数智化水平，引发企业更多创新需求（梁玲玲，2022）。同时，全数字化颠覆成为当下新的趋势，以Uber、拼多多为代表的后发企业以数智技术的颠覆性和市场竞争中“价值裂缝”为契机，为终端用户创造新价值和提高现有行业价值体系同时，迅速抢占“价值空地”，对在位企业现行价值网络以及产业发展模式产生深刻影响。在此背景下，颠覆性技术不断涌现，引领着世界范围内的跨越式发展，使得产业边界不断模糊，创新主体联系日益紧密，企业增长不断加快。而在当前更加复杂多变的发展环境之下，企业只有更进一步地了解与把握颠覆性技术发展特征与成长规律，并在类型划分的基础上，加快推进颠覆性创新的实现，才能进一步提高自身的自主创新能力以及市场竞争力，为我国创新能力的提升以及创新驱动发展战略的实施提供有力的支持。基于“技术—组织—环境”的颠覆性技术产生演化过程反映了企业构建连接关系中传递和利用创新要素的水平，是影响企业实施颠覆性创新活动的重要基础。

颠覆性创新是指从现有的技术系统中延伸或进化出新的底层技术，逐步逼退并取代原有的技术体系，使得现有的创新网络、社会基础和创新能力发生根本性变革。Christensen（2015）提出颠覆性创新理论是指新技术通过研发新技术改变产品的功能特性并以更高的竞争能力与技术价值进入市场，在短期内争取到更多的用户，继而对原有的技术范式、产品结构或商业模式造成颠覆，最终占领整个市场。也有学者认为，颠覆性技术不仅是从低端市场侵入来引起市场或行业内的局部变化，也存在从高端市场侵入从而对社会技术体制造成影响的情况。从“技术—市场”视角审视颠覆性创新的演化模式，既需要考虑颠覆性技术的多重特点，也需要兼顾颠覆性创新的动态扩散过程，有学者提出颠覆性创新的发展不受区域差异及技术壁垒限制，能够通过对多技术的融合呈现多种技术特性，同时扰乱并促使现行的社会制度及生产规范标准进行重组，虽然不具有推动经济全面增长的能力，但能对新产品和服务的变化提供关键的生产保障。从颠覆结果来看，Markides（2008）根据颠覆效用的不同，将颠覆性创新分为三种不同类型，即技术颠覆、商业模式颠覆和激进的产品颠覆。可以看出，国内外学者对颠覆性技术的产生和发展都进行了一定程度的分析，但受到具体产业环境的影响，不同的新技术在发展过程中呈现出多样化特征，且面临着不同的发展障碍。因此，分析企业颠覆性技术的形成机理、探索企业合作网络关系对颠覆性创新的影响，有利于为其配置合理的战略资源，促进技术与创新要素的扩散。

基于此，本章将以生物识别、自动驾驶与物联网等技术为例，重点探讨新兴企业如何促进颠覆性技术演化等问题，主要以该领域相关企业及机构的案例材料为基础，探讨生物识别、自动驾驶与物联网等技术演化过程及关键特征，从技术、组织和环境等方面分析在每个时期的企业技术演化的主导因素，为企业颠覆性技术的培育发展提供理论参考。

3.3.2　研究设计与案例选择

（1）研究方法与案例选择

案例研究是运用理论研究的方法对典型性案例进行剖析，从而提炼事物发展的规律。本章聚焦于不同情境下颠覆性创新路径选择及案例企业颠覆性创新的动态演化，选择案例研究的方法。由于颠覆性创新的情境与模式在不同技术之间呈现较大差异性，为了保证理论的饱和性和延展性，本章采用跨案例分析展开研究。

本章在遵循案例选取的典型性基础上，坚持多案例研究的理论抽样和差别逻辑原则，试图构建一个“技术演化—组织协同—环境变化”的共演模型。因此，本章的案例企业应具有以下特点：①具有相对清晰的颠覆性创新特征及创新战略实施；②选取行业具有不同的发展特征且具有相对典型的商业化过程；③案例行业具有丰富的资料和数据的可获得性。据此选择生物识别、自动驾驶与物联网三类技术，见表3-3。

表 3-3　案例选取

技术名称	生物识别	自动驾驶	物联网
国内起始时间	20 世纪 90 年代初	20 世纪 90 年代	21 世纪初
核心概念	利用数理方法对生物特征进行分析，对生物个体进行区分的计算机技术	依靠智能技术来进行完整、安全、有效的驾驶行为	物联网可以实现对物的感知识别控制、网络化互联和智能处理有机统一，从而形成高智能决策
关键技术	计算机与光学、声学、生物传感器和生物统计学	车联网、激光雷达、芯片、深度学习	区块链、边缘计算、人工智能、5G 通信
实施形式	指纹识别、虹膜识别、声纹识别、手形识别和人脸识别	依托 5G 移动通信技术通过车联网实现对车辆的自动控制	感知识别、传输互联、信息交互、实时控制
应用场景	考勤系统、门禁（锁）系统、警用系统	物流运输、配送服务、工程作业、自动载客	智能家居、全屋智能、共享经济、智慧农业、智慧物流

（2）案例描述

①生物识别技术案例简介。我国生物识别技术的发展经历较为坎坷，随着与人工智能技术的融合创新，人们意识到该行业的巨大潜力，生物识别技术及其商业应用才得以快速发展。生物识别技术是指基于计算机与光学、声学、生物传感器和生物统计学方法等多种技术融合，利用人类特有的生理特征来进行身份验证的新技术。按照识别类型的不同，可以将生物识别技术划分为指纹识别、虹膜识别、声纹识别、手形识别和人脸识别等。我国对生物识别技术的研发最早从 20 世纪 80 年代初开始，基本与国外同步，而由于国内市场尚未完全形成，1990—1997 年，国内相关厂商只承担了系统集成或分销等下游活动，主要面向国外产品进口，以实现增值分销，或者将其应用于一些简单的集成应用，如门禁系统等。通过对国外技术的学习与借鉴，中国厂商在生物识别技术上取得了较大进步，逐步在核心软件设计、硬件处理、特征采集以及应用系统设计等方面得到了市场的认可，开始出现一些由国内厂商自主设计和制造的产品。2003 年之后，我国生物识别技术行业产品体系开始建立，技术标准得以不断完善，行业内的相关企业数量暴涨，产品成本不断下降，国内生物识别技术得到了广泛认可，同时在各个领域的应用也在逐步普及，行业体系已经成形，并诞生了一些在细分市场具有较强竞争力的新兴企业。

生物识别作为一项基础技术必然会渗透人类生活的方方面面，随着与诸多行业领域的深度融合以及利基市场的快速拓展，生物识别的产业边界是否明晰已不再重要。随着我国生物识别技术的不断成熟以及应用场景的快速延伸，我国生物识别技术市场规模持续扩大，2002年，我国生物识别技术的市场规模仅为0.8亿元，到了2017年，市场规模已快速增长至142.3亿元；未来还将在信息技术、信息安全、金融交易、社会安全等领域不断地推进我国生物特征识别标准化，并且着眼于传统的生物识别技术应用的转型升级，比如门禁、考勤等应用的高端演化。我国生物识别技术的发展还将迎来下一个快速增长阶段，预计到2023年，我国生物识别行业的市场规模将会达到379亿元。综合各类型生物识别技术来看，指纹识别传播范围最广且相对较为成熟，当前应用范围不断扩大，普及率也较高，已经达到36%，手形识别作为关联性较强的技术也达到了26%，而技术难度相对较高的人脸识别、声纹识别、虹膜识别分别达到了16%、11%和11%。生物识别技术的具体应用场景仍以考勤系统、门禁（锁）系统、警用系统为主要市场，累计超过98%，具体需求方包括企业、政府乃至军方，其合计占比达到71%，而其他市场的占比均未超过10%。

基于对特定市场的投放实验，一些创新阻碍正不断被克服，生物识别技术的成本在不断降低、功能趋于完善、识别率不断提升。自动识别技术的融合创新有望成为未来生物识别技术的重要发展方向。一方面，生物识别技术与其他新兴自动识别技术，如二维条形码、RFID、射频卡、智能卡等具备技术融合的可能与基础；另一方面，不同的生物识别技术，如指纹识别、虹膜识别、语音识别等互相结合，能够不断形成综合性的生物识别技术，能有效提升身份识别的精准性。可以预见，一批以三维红外线面部识别门禁系统、实时面部识别被动监测以及访客管理鉴定系统为主的高端生物识别技术将出现在人们的日常生活中并产生重要影响。表3-4为生物识别的发展历程。

表3-4　生物识别的发展历程

分类	首次应用的时间及领域
指纹识别	19世纪初在刑侦领域首次应用，研究发现个人指纹的唯一性与不变性两大特征
人脸识别	20世纪90年代后期在反恐领域首次应用，“9·11”恐怖袭击后美国在全国主要机场与港口设立美国访客和移民身份识别显示技术系统

续表

分类	首次应用的时间及领域
虹膜识别	1998 年在奥运安防领域首次应用，日本长野冬季奥运会对运动员、政府官员身份进行识别及射击项目枪支进行管理
静脉识别	21 世纪初在技防领域首次应用，日韩配置具备静脉识别的 ATM 机及会员识别一体机
语音识别	1997 年的人机交互首次应用，IBM 开发汉语 ViaVoice 语音识别

②自动驾驶技术案例简介。自动驾驶是指在没有人工操纵的情况下，主要依靠智能技术来进行完整、安全、有效的驾驶行为，由于该产业的发展有望促进汽车、交通、信息、通信等多个产业的融合创新，被认为是新一轮的颠覆性技术。自动驾驶技术的研究是由美国 DARPA 在 20 世纪 80 年代率先引领的，随后该机构举行了多次自动驾驶汽车竞赛，以专项资助的方式促进了大量具有开创性和颠覆性的自动驾驶技术研究，逐步确立了美国在自动驾驶领域技术创新和产业发展长期的领先地位。随着 DARPA 在自动驾驶技术上的引领，美国众多企业与科研机构开始加入，随后 Google X 实验室作为自动驾驶的领导者，从 2007 年就已经开始在自动驾驶汽车产业领域进行布局，特斯拉、宝马等行业巨头纷纷加入自动驾驶领域，加快了自动驾驶技术研发进程。根据美国汽车工程师协会（SAE）2014 年制定的自动驾驶分级标准（按照自动驾驶对于汽车操纵的接管程度和驾驶区域划分），自动驾驶可分为 L0~L5 共六级。目前大部分车型仍处于组合辅助功能的 L2 阶段，要实现自动驾驶量产化还要经过漫长的实验。近年来，随着外部市场对汽车智能化的支持不断提升，自动驾驶潜在的社会经济价值逐渐为人们所熟知，越来越多的企业与科研机构参与到合作研发中，共同推进自动驾驶汽车的快速发展。自动驾驶技术已经趋于成熟，公司开始寻求构建合作网络以及跨界合作。例如，Uber 宣布获得丰田公司战略投资，双方不仅在租赁业务上进行合作，在核心技术方面也将进行共同研发。2016 年，Uber 研发的新型汽车在先进技术中心正式上路测试，Oxbotica 公司也在美国南部进行载客测试。国内方面，互联网企业与汽车企业构建网络关系已成为合作研发的主流，2015 年百度与宝马达成战略合作，将加大研发投入共同开发新一代的自动驾驶汽车；为了降低激光雷达的生产成本，百度又与福特公司共同投资激光雷达的生产商 Velodyne。

对于我国而言，加快自动驾驶等新兴产业发展不仅是解决交通拥堵等社会问题的重要手段，也是实施创新驱动发展战略、建成现代化强国的重要支撑。自动驾驶是传统汽车制造产业与物联网、云计算等新兴智能技术融合创新的结果，是当前汽车制造行业与交通运输领域智能化、网联化发展的主要方向，是世界各国激烈竞争的科技创新制高点。随着人工智能与汽车制造行业的快速发展，自动驾驶汽车技术作为汽车行业的一种颠覆性的发展趋势，将对未来的汽车产业格局产生巨大影响，行业增长的前景将更为广阔，逐步成为社会关注的焦点。20 世纪 70 年代，主要发达国家纷纷布局自动驾驶领域，经过多年的沉淀与发展，自动驾驶技术在可行性、实用性方面都取得了突破性的进展。从国际发展趋势来看，美国和德国引领自动驾驶产业的发展浪潮，日本、韩国快速兴起，我国积极推进呈追赶态势。

随着自动驾驶技术的不断成熟，其商业化落地场景将会不断地丰富拓展，如在办公场景延伸、无人配送、物流运输、城市环卫、城市交通等方面，将会产生新一轮的技术变革。尽管国内车企和各大互联网公司进入自动驾驶的研究领域较晚，但是随着研发力量和创新资源的密集投入，我国的智能汽车发展迅速。以百度、阿里、腾讯为代表的互联网公司，正不断向国内乃至全球自动驾驶行业的领先地位进军，2018 年 7 月，百度与金龙客车合作研发的自动驾驶巴士达到 L4 级并实现量产。同年 9 月，阿里也提出了新的车路协同技术以及智能交通的解决方案；之后，腾讯也对自动驾驶算法以及仿真方面进行了全面布局，自动驾驶在我国进入了快速发展的黄金时期。2020 年 6 月，滴滴自动驾驶在上海率先落地，标志着智能网联汽车载人示范应用提前进入规模化阶段。

③物联网技术案例简介。作为新一代人工智能与信息通信技术的典型代表，物联网是当前传统制造业与智能技术深度融合创新的重要突破口。在新一轮世界科技革命与产业变革浪潮的背景下，颠覆性创新的发展将进一步激发产业变革，迎来社会经济的快速发展。而物联网及其相关产业为世界经济发展注入了新的活力，是新能源、新制造等新兴产业创新发展的重要机遇，也通过与传统产业的融合激发了传统产业的发展潜力，有望促使其转型升级并实现新的发展，具有广阔的发展前景。

物联网使得现代信息技术创新与传统产业转型升级紧密地联系在一起，符合社会发展的需要，将成为国民经济发展的重要增长点。“物联网”这一概念最早由美国麻省理工学院于 20 世纪末首次提出，一开始是指将日常生活物品通过射频识别、红外感应器、激光扫描器、全球定位系统（GPS）等各种信息传感设备与互联网连接起来，实现统一的智能化识别和管理的网络。随着互联网经济的快速发展，物联网这一思想逐渐为大众所接受，2005 年国际电信联盟指出，物联网是指即将到来的物联网通信时代，世界上的所有物品从日常使用的牙刷、水杯到汽车、飞机等大型交通工具，都可以通过先进的信息传感设备和技术进行信息交换，从而更加广泛地应用于人类社会生活。2011 年，我国在物联网白皮书中对物联网技术进行了详细定义："物联网是通信网和互联网的拓展应用和网络延伸，它利用感知技术与智能装备对物理世界进行感知识别，通过网络传输互验，进行计算、处理和知识挖掘，实现人与物、物与物信息交互和无缝连接，达到对物理世界实时控制、精确管理和科学决策目的"（如图 3-1 所示）。由此，物联网的定义得以进一步明晰，主要体现于以下三方面：第一，物联网能够进行感知判断、有效传输、智能控制与处理等智能化工作；第二，物联网主要通过实现感知、传输、处理与应用数据的一体化，将人与人、人与物之间的交流往来拓展至物与物之间；第三，物联网不能脱离互联网独立存在，必须建立在发展相对完善的互联网之上。

物联网通过应用于产品生产与企业日常管理中，重点将产品的生产流程（如设计、生产、销售及售后等环节）连接在一起，有效地提升了劳动生产率，也成为我国推进工业化、信息化融合的重要载体，有利于加快推进"两化"融合目标的实现。近年来，我国在中长期发展规划以及政府年度工作报告中都在不断强调发展物联网技术的重要性，逐步将其列入战略性新兴产业序列，上升到我国社会经济发展的核心战略地位，只有大力发展物联网，才能够有效地弥补我国信息化建设相对滞后的短板，加快传统产业结构优化升级以适应经济全球化发展趋势，实现我国创新发展的重大愿景。

3.3.3 数智赋能下后发企业颠覆性创新应用过程探讨

3.3.3.1 基于 TOE 框架的颠覆性技术演化过程分析

基于生物识别、自动驾驶及物联网等颠覆性技术的跨案例分析可知，在其演化的多个阶段中，技术、组织和环境方面的活跃程度有所不同，在每个时期的主导因素也有所区别，在愿景构筑和技术实验期，技术研发因素占主

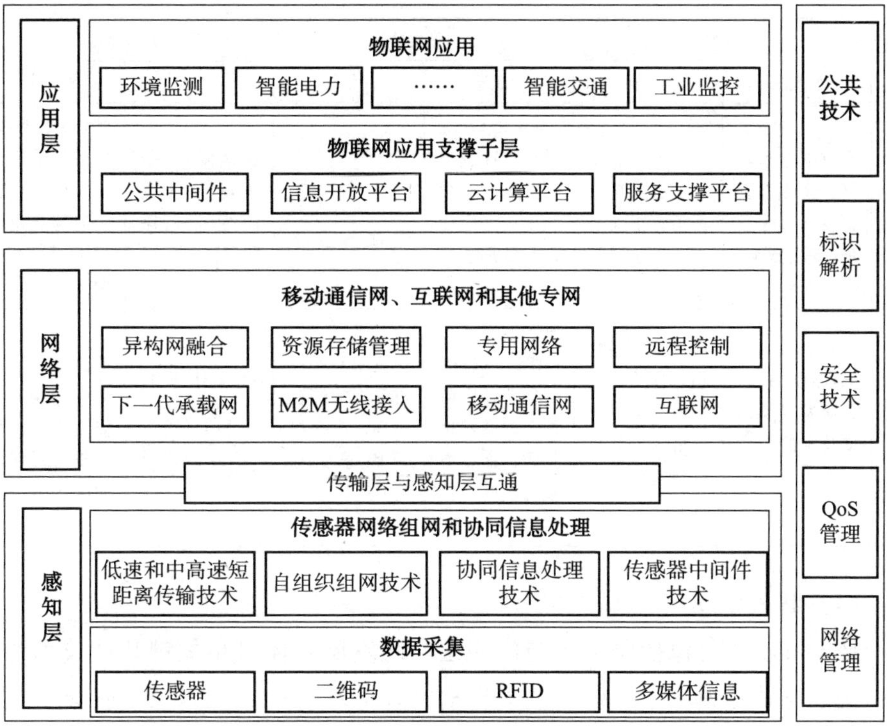

图 3-1　物联网技术体系框架

导地位，促使新技术快速成长；到了网络构建和创新扩散期，随着市场因素和政策因素的介入，企业通过多种途径建立合作网络，技术研发与商业化进程加快；到了产业培育期，产业链及配套模式基本成形，市场需求逐渐占主导地位（见表 3-5）。

表 3-5　颠覆性技术演化特征分析矩阵

案例样本	技术维度		组织维度		环境维度	
	研发层	应用层	组织层	网络层	市场层	政策层
生物识别	推进结构光和双目视觉等方式加快人脸识别发展，同时重点发展屏下指纹技术	以形成更为准确及快速的身份认证方式为目标	以兼容更多使用场景的人脸识别和指纹识别为发展重点，手机制造商成为研发主力	目标市场相对明确，对不同安全需求的客户提供不同的解决方案	金融机构—社会治安防控—个人银行服务	广泛应用于金融、电信、信息安全、电子政务等多个领域

续表

案例样本	技术维度		组织维度		环境维度	
	研发层	应用层	组织层	网络层	市场层	政策层
自动驾驶	重点推进车联网、激光雷达、深度学习等发展，降低成本	以改善交通安全、消除交通拥堵、实现节能减排为目标	在试点区域进行路测，探索技术成功应用的配套机制	寻求技术落地的跨界合作，与大型企业建立战略合作关系	标准制定—管理规范—发展路线图—战略规划	结合无人配送、物流运输、城市环卫、城市交通等应用场景进行适当调整
物联网	重点加强AI芯片研发以及感知技术的迭代更新	以实现人与物、物与物的信息实时交互，进行精确控制和科学决策为目的	推进NB-IoT、eMTC、LoRa等低功耗广域网全球商用化进程，重点增强物联网平台运力	受技术和产业成熟度的综合驱动，快速提升服务支撑能力	标准体系建设—战略性新兴产业—发展规划	开展现代农业、商贸物流、智能制造、智慧城市与医疗等领域应用示范

（1）技术维度

技术维度主要包括研发层与应用层。研发层具体是指关键共性技术的研究，例如自动驾驶汽车的核心技术包括对外部环境的感知以及对收集数据的实时分析，通过智能控制从而达到自动驾驶的最终目的，而这些方面的技术都需要依托5G移动通信技术来实现车联网。在发展初期，产业链的快速发展得益于人工智能技术在国内的快速推广与应用，相关领域均普遍认为，自动驾驶不仅需要能够实现智能控制的车辆，还需要满足智能控制的道路交通相配合。利用5G技术低时滞、高稳定性、高速率和快速传输的能力，自动驾驶不仅可以实现帮助车辆进行驾驶意图的沟通以及稳定的驾驶控制，更可以利用路边的交通标志对环境进行精准感知；而随着技术的不断成熟，多数企业开始考虑如何降低智能汽车规模化生产的成本，这一时期，激光雷达与芯片成为多数研发企业重点投入的对象；随着越来越多的企业开始进行道路测试，自动驾驶汽车智能水平不断上升，但受深度学习和算法的制约，仍难以达到完全自动化的状态，核心技术的迭代创新成为影响驾驶产业培育的重中之重。就目前而言，制约自动驾驶汽车演化的“瓶颈”问题主要有两点：一是如何实现更高效快速的多传感器信息融合，主要是指自动驾驶对于行驶路径的选择主要依赖对周围环境的实时检测，亟待加快技术的更新迭代、优化道路交通基础设施以及提升导航地图精准性；二是如何在保证驾驶性能及安全的前提下最大限度地降低投入成本，是指自动驾驶汽车是一系列新技术的集合体，如激光雷达、车载摄像头、超声波设备以及 GPS 等，因激光雷达售价过高而导致无法量产，是大多数自动驾驶汽车企业目前遇到的主要问题，部分企业提出了摄像头的解决方案，但也尚未满足无人车的实时性与精准性，这就需要国家继续加大对关键技术及硬件的支持力度。

在应用层，一项新技术尤其是颠覆性技术进入市场，企业必须找准用户的痛点，为用户的真实需求与价值而服务。物联网以实现人与物、物与物的信息实时交互，进行精确控制和科学决策为目的，有利于提高生产效率、实现节能减排、增强创新能力、促进产业转型，以此提出颠覆性技术的价值主张；而随着技术研发进程的不断推进，多传感器信息融合与降低成本成为影响核心技术创新的“瓶颈”；随着技术的不断成熟，企业逐步具备了量产化的条件，主要着眼于构建配套的模式，主要是通过在试点区域进行实际应用，不断地推进技术研发与相关功能的适应性调整；当物联网技术通过实验要求，则需要结合具体的商业化应用场景进行推广，也有部分企业选择与目标市场的在位企业结成战略合作关系，共同开发新市场需求；最终物联网形成竞争优势，并逐步在现代农业、商贸物流、智能制造、智慧城市与医疗等领域实现落地。

基于上述分析，得到以下命题：

命题 1：颠覆性技术的产生与发展依托基础研发突破并受外部环境变化的影响，其创新扩散受创新生态系统发展程度的影响。

命题 2：颠覆性技术以用户的真实需求为导向，提出新的价值主张，通过更高的性能或更低的成本来实现对主流市场的“侵蚀”。

（2）组织维度

组织维度主要包括组织层与网络层。在组织层，企业通过获取颠覆性技术“种子”来开展技术研发，当企业制定了拓展性技术赶超策略后，就具备了异质性知识的获取需求。在技术发展初期，为了适应并加快技术研发进程，企业通过调整组织结构与调配创新资源来为颠覆性技术研发做准备，主动引入外部创新资源和创新知识。在网络层，企业通过共同第三方嵌入来配置资源，随着企业间合作风险的出现以及知识密度的制约，企业创新能力的提升速度逐步减缓，部分企业通过建立公共技术平台或“产学研”合作机制的方式，与第三方企业建立合作关系，有效地促进了技术转移转化，由此形成网络合作逐步稳定三方关系，有效地缓解了原有企业存在的利益冲突。企业基于共同的价值需求与产业链上下游企业进行深度合作，共同开发技术产品，最为典型的就是人脸识别技术企业与三星、华为等企业通过跨界合作的方式获取异质性知识、实现颠覆性创新，并以此规避技术及市场风险。最后，引导用户参与价值共创，同样企业通过与用户建立交流渠道来获得用户的产品需求与反馈，对于目标市场而言，可以将消费者分为领先用户、主流用户与潜在用户，除了通过领先用户与主流用户的反馈不断调整产品功能，关注潜在用户对产品价值的需求有利于探索被忽略的利基市场。稳固网络协作关系是企业促进创新扩散的重要方式，通过与产业链上下游企业及用户建立网络协作关系，逐步形成了稳固的价值网络，改变了传统的组织二元连接，有效地提升了价值网络的连接效率，为颠覆性技术的研发与创新扩散奠定了基础。

基于上述分析，得到以下命题：

命题3：随着基础研究进程的推进，后发企业通过引入颠覆性技术的“种子”来开展培育、转化、融通和再发现等重要工作，成为颠覆性创新的主要载体。

命题4：由于创新能力或创新资源有限，某些企业不得不选择网络合作来推进创新研发工作，主要基于共同的价值需求与产业链上下游企业进行深度合作，加快推进颠覆性创新。

（3）环境维度

环境维度主要包括政策层与市场层。在政策层，近年来我国密集出台关于规范或促进物联网产业发展的相关政策规划，极大地推动了物联网产业的发展，比如为了促进工业化与信息化融合，工业和信息化部专门就物联网发展发布了《国家物联网“十二五”发展规划》，进一步明确了现阶段我国物联网产业发展的核心目标与重点任务，确定该行业发展的核心关键技术，建立完善产业链条，研究与制定相关行业标准，以及在重点领域的示范推广工作等重要内容。目前全国有20多个省市围绕物联产业发展制定了专门的发展意见或专项规划，从宏观层面整体布局，为其发展提供了研发支持、税收优惠等政策支撑，大力扶持物联网行业的发展。尽管物联网实现商业化落地是一个较为漫长的过程，世界各国仍从国家层面给予了大力支持，努力为其营造良好发展空间。

在市场层，国内外自动驾驶技术发展历程主要包括：一是识别创新机会，国外自动驾驶技术发展的由来主要是DARPA与陆军的合作项目，并且随后举办了多届自动驾驶汽车竞赛，因此出现了一系列优秀技术成果，如NavLab系列智能车等，为自动驾驶汽车的后续发展奠定了坚实的基础；二是明确价值主张，随着创新愿景的构筑，企业开始思考未来场景与自身技术轨道的相关性选择并参与其中，例如谷歌、特斯拉、宝马等知名企业纷纷超前布局自动驾驶研究领域；三是加强网络协同，为了提高自动驾驶汽车商业化落地的可能性，企业不断地探索被忽视的利基市场以寻求利益的最大化，使得多个领域的企业开始寻求跨界合作，不仅有效地为自动驾驶汽车提供了丰富的应用场景，也规避了意料之外的市场风险；四是侵入目标市场，即达到商业化落地条件，在应用场景中进行试运营；五是挑战主流技术，即不断改善和优化运作模式，逐步影响乃至变革传统行业。

基于上述分析，得到以下命题：

命题5：由于颠覆性技术研发与商业化的高投入与高风险，国家层面明确且稳定的支持与引导将有力地调动创新资源向该领域集聚，形成创新生态系统并加速颠覆性创新的发生。

命题6：后发企业在颠覆性创新产生演化过程中能够发挥重要作用，跨界合作也是加快颠覆性创新在利基市场商业化落地的重要合作形式，所以对于企业而言，实现后发赶超一方面要注重在机会形成阶段“抢占先机”，另一方面要注重在机会发现阶段挖掘“潜在机会”。

3.3.3.2　创新生态、技术突破与颠覆性技术发展的共演路径

通过生物识别、自动驾驶和物联网的跨案例分析发现，颠覆性创新的产生和演化呈现出阶段性的动态演进规律，其发展主线包括颠覆性技术创新机会发现、颠覆性技术创新资源配置、颠覆性技术创新优势形成、颠覆性技术创新效应显现、新一轮产业变革与机会孕育。

(1) 基于基础研究发展与外部需求变化的创新机会发现

创新机会的发现是颠覆性技术发展的最初阶段，可以看出创新机会的出现虽然难以被预测或控制，但可以通过基础研究发展与外部需求变化的影响来进行判断。通过案例研究发现，新兴技术的成长发展离不开新兴技术领域的突破，没有核心技术层面的创新驱动，就不能形成颠覆性技术创新的最初

来源。基础研究领域的发展程度直接带动了前沿性、突破性的科学发现，例如在自动驾驶案例中，随着深度学习与激光雷达技术的突破性发展，相关技术对汽车的智能化支持大幅提升，少数自动驾驶车型也发展至L4级并实现量产。同样，外部需求的变化也对创新机会的发现具有重要影响。外部市场作为颠覆性创新的重要导向，用户需求的变化也是企业关注的重要方面。从物联网案例中智能家居快速落地可以看出，机会发现以及技术发展并不能直接决定技术的最终形态，而是由后发企业在利用技术创新与环境变化结合的过程中发现创新机会，从而进一步推进颠覆性技术的演进。

（2）技术创新资源配置的内外部协同推进

创新资源配置是这一阶段的主要工作，当创新机会产生后，一些具有先导性的科学技术或者相近领域的成果的关注热度迅速上涨，该项技术所代表的创新理念与价值得到社会认同。良好的市场前景吸引了众多的技术研发人员、投资者以及社会关注，进一步推进新的研究问题解决，新的研发工具、新的研究对象的产生。在此过程中，基础研究领域的进展逐步减缓或达到“瓶颈”，其新兴技术的研发转化工作主要由创新企业来完成，同时这一阶段也标志着新兴技术领域的兴起。

（3）加快技术成果转化的优势演化过程

颠覆性技术研发初期还需要通过场景转化从而得到应用，以及通过技术开发必然以更低成本或更高性能的状态来满足与其相关的某类型社会需求。这就涉及两方面的因素：一方面是外部环境中相关机构的协同推进共同促进优势形成，例如“政产学研用”合作机制或者创新中介机构的推动；另一方面则是由后发企业依靠自身的创新意愿与主动开拓来进行计算法与真实场景应用的连通工作，而非一味地等待外部条件的成熟。例如在生物识别技术发展中，人脸识别的社会需求在人工智能技术发展之前并不是客观存在的，而是随着技术的不断发展有创新主体主动创造出的，所以这也是需要企业做更多技术开发与商业化的开拓性行为。

（4）扩散过程中的效应显现与需求反馈

从“机会发现”到“效应显现”的进程是在外部因素作用下由企业组织内部推动和共同影响的，作为促进颠覆性创新扩散的外部力量，创新政策、创新文化和创新平台等都为后发企业的内部努力提供了有力的支持，这一进程随着新技术进入市场并通过价值检验之后逐步增强，将获得更多的机遇并面临更大的挑战，对于企业而言，继续坚持创新、敢于突破是成功实现创新扩散的关键。颠覆性技术创新效应的形成同样也是专利树延伸与产业融合创新的过程，在新的主导技术和工艺流程兴起的过程中，将为新兴企业提供更多实现后发赶超的赛道与机遇，有机会扭转自身发展的不利地位。

（5）新一轮产业变革与机会孕育

随着颠覆性创新效应的形成与创新扩散，外部环境也得到进一步改善，新一轮的创新机遇也进入孕育期。在颠覆性创新的作用下，后发企业主导范式快速形成，同时也进一步推进了创新发展下的学科融合、应用融合与产业融合，因此新一轮的范式变革与机会发现也有可能会引发新一轮创新机会的形成，如此循环从而体现出创新主体间的协调互动关系。这样一来，颠覆性创新活动的实施不仅是驱动相关产业创新的方式，也可能成为知识经济时代下驱动科学发展的主要方式。

3.3.3.3　基于成长特征的颠覆性技术驱动过程分析

（1）前端：基础突破与需求引领

在颠覆性技术形成与发展的前端，基础突破与需求引领是颠覆性技术产生的前提。按照颠覆性创新发展的基本阶段来看，颠覆性技术主要来源于崭新的科学认知思维，不仅包括对原有科学概念的拓展以及对科学探索的认知，也包括对科学价值观念的极大颠覆。基础研究的突破，首先将对主流技术范式产生重大影响，通过新技术研发从而产生新的思考，不断整合技术的使用价值；其次不断挖掘革命性技术或新技术使用路径，对颠覆性技术的产生进行调控或布局。对于颠覆性技术本身而言，必然是现有技术的性能跃迁或跨界整合，要真正产生新的技术价值还必须经过长期的研发投入以及多学科、多主体的共同配合，才能够有效地推进技术研发优势与应用良性循环，以物联网为例，其核心包括大数据、云计算、人脸识别等基础技术，要完成这些技术的集成就必须保证相关技术已经有较高的成熟度以及可拓展性，才能够作为一项延展性技术随物联网不断拓展应用场景，所以颠覆性技术产生必须有基础研究领域的突破与发展。

外部需求是颠覆性技术发展的重要导向，其表现类型主要包括技术应用、产品需求及其使用价值等，其价值需求主要体现于技术应用或技术集成形式。颠覆性技术往往基于外部需求的差异来为用户提供定制化体验服务或差异性系统以实现产品服务的创新，实现对在位企业的颠覆。企业必须在充分利用信息收集并了解用户真实需求的基础上，综合考虑相关企业的成功经验，基于外部需求的差异性提出新的价值主张并以此拓展市场业务，由产品提供者转向服务提供者，实现对主流市场的侵入。

（2）中端：政府驱动与企业研发

在颠覆性技术形成与发展的中端，政府驱动与企业研发是颠覆性技术发展的基础。颠覆性技术的形成发展与新技术研发过程基本相似，都需要有较高的研发投入强度，但颠覆性技术在其发展过程中还会产生风险，例如难以获得市场认可或者被主流技术锁定等。颠覆性技术发展的滞后不仅会威胁到企业的生存，也有可能会影响国家经济安全，2018 年的中兴事件便是典型事例。因此，考虑如何防范和化解国家技术安全潜在风险，政府为颠覆性技术提供必要的政策支持就显得尤为重要，政府需要对颠覆性技术相关领域的研发支持相对倾斜、强调颠覆性技术的未来价值以赢得公众的认可，充分吸引社会各界的关注并调动企业以及科研群落对颠覆性技术的研发积极性。同时建立完善有利于企业发展颠覆性技术的知识产权的保护制度，尽快建立与颠覆性技术发展特征相适应以及企业发展需求相匹配的财政政策，包括财政补贴政策和税收优惠等。

作为颠覆性技术的研发主体，企业承担着更为复杂的工作，不仅需要及时创造或抓住出现颠覆性要素的机会，探索颠覆性技术生长的土壤，还需要充分调动资源，推进核心技术的研发转化进程。从案例中可以看出，为了保证技术创新行为的持续性，需要政府根据技术研发实际情况完善顶层设计，加大对新兴技术的政策支持力度，为其构建技术保护空间，使得技术的研发转化在一个相对稳定且隔绝的生态位中进行，同时在企业间形成网络连接，提升颠覆性创新交叉融合与孕育发展的可能。企业应立足现实需求以及颠覆性技术的阶段性需求，定位于前瞻性的颠覆性技术研发管理和超前部署，依托创新政策为新技术打造保护空间，使其在技术领域选择和新概念征集渠道上拥有更多的路径参考与试错机会，有效提升技术研发转化成功率。而其颠覆性创新的实现主要通过企业内外部资源的有效整合，通过流程创新与架构创新推进商业模式的创新以契合颠覆性技术发展的特征与新需求，基于自身的机会发现与探索能力，以较低的成本开发新产品，并侵入利基市场；在成功运作核心产品进入市场后，建立新的颠覆性技术创新激励机制，持续鼓励企业研发与市场等部门员工持续关注颠覆性技术；积极构建新的产品推广模式和创新生态运营模式，带动上下游企业共同发展，实现共赢。

（3）后端：网络创新与市场推动

在颠覆性技术形成与发展的后端，网络创新与市场推动是颠覆性技术应用的关键。企业自身也应充分认识到利用创新合作有利于加快颠覆性技术研发转化进程。以自动驾驶汽车为例，其成功落地同样离不开企业在建立网络连接、引入跨界资源上做出的努力。以政府部门为核心，联结企业、高校、研究所、银行和风投机构等主体形成开放型科技创新体系，为自动驾驶汽车行业的发展提供了全方位的战略指导与创新支持。借鉴其经验，可以充分联系“政产学研”各创新主体以整合创新资源，重点推进资源整合与科学研究，不断加快企业新技术成果的研发与转化，搭建多层次网络协作关系以持续优化创新生态系统，逐步完善颠覆性技术创新合作服务平台以促进颠覆性创新发展，共同打造适合颠覆性技术成长发展的创新环境。

同时，市场推动也成为颠覆性技术重要驱动力，竞争优势构建成为本土企业实现颠覆性创新的重要路径。首先，企业应对竞争者或是跨界企业的领先技术、创新经验等进行充分搜集与整合并加以分析利用，同时引导用户参与到产品服务的设计、开发、使用和反馈等环节中，及时调整对市场需求的认识，做好切入低端市场或新市场的准备；其次，通过互联网平台与领先用户进行深入对话以掌握市场变化与发掘深度需求，保持市场应用与服务优化的协同性，保证服务设计的准确性；最后，在把握技术潜在市场情况的基础上，尝试开展跨界合作，将自身优势与跨领域的在位企业的领先优势相结合，建立新的商业模式，从而实现颠覆性创新。

（4）再发现：范式变革与机会创造

在颠覆性技术形成与发展的再发现阶段，范式变革与机会创造为再次探索颠覆性技术产生发展创造了机遇。颠覆性技术成长是一个复杂的动态过程，所涉及的资源、要素等更加复杂多样，创新的预判和微调又是孕育技术创新的关键所在。要改变创新研发效能低下的窘境，就必须形成以核心企业为主要节点的网络协作关系，提升对初创企业发展的重视程度，灵活运用多种创新政策，充分调动全社会创新力量，鼓励中小微企业进行技术研发，同时引入第三方参与，充分调动企业研发的积极性，并为其可能面临的技术市场风险提供必要保障。颠覆性创新通过建立不同的颠覆性技术发展模式，最终通过新产品与新产业颠覆主流产品与主流产业，这是创新链条的终点，也是下一轮颠覆性机会形成的关键。颠覆性创新产品虽然是对主流产品的替代，但这种替代不是一蹴而就的，往往需要从基础理论到市场应用、从单个企业到行业的过程，其不确定性往往会伴随其发展的整个过程。颠覆性创新基于市场需求的变化而生，在解决痛点的过程中逐渐清晰，但市场是在不断变化的，当颠覆性技术占据了主流地位，新的需求又将为下一轮颠覆性变革的孕育创造机会。

3.4　本章小结

本章在前文研究的基础上，重点围绕“数智赋能下后发企业颠覆性创新的实践价值”这一问题展开研究，进一步深化颠覆性技术的内在机理与识别培育等方面的研究。为此，本章首先从颠覆性创新的产生背景出发，选取生物识别、自动驾驶、物联网等典型人工智能技术，以此探讨颠覆性技术的产生背景与一般规律；其次，选取典型颠覆性技术发展的相关案例，从技术、组织和环境 3 个层面总结颠覆性技术的成长规律，并从政府驱动、市场驱动及双元驱动等方面梳理颠覆性技术的主要类型并对其发展特征进行总结；最后，综合颠覆性技术发展的现实情况，分析颠覆性技术应用的典型障碍，并在此基础上基于演化类型提出颠覆性技术驱动策略。

第4章

数智赋能下后发企业颠覆性创新价值逻辑与过程模型:“价值形成—价值聚合—价值扩散”

颠覆性创新对于后发企业实现技术赶超具有重要作用。随着颠覆性创新理论的不断完善与普及，关注和探讨颠覆性创新的群体不仅包括高校与科研机构，产业界对颠覆性创新及其实现路径的重视程度也在不断提升。在创新驱动发展战略实施及经济高质量发展的时代背景下，企业探索颠覆性创新应用与新技术价值创造必然会带动技术范式与价值创造模式的快速变革。部分科技企业基于技术创新与网络协同主动在新兴领域密集布局，典型的如海康、云从等，引领一批如智能家居、自动驾驶等智能产业快速成长。物联网作为典型的使能技术，其颠覆性创新的实现不仅来自技术发展本身，还来自在不同领域的应用与价值实现。前文初步探讨了后发企业颠覆性创新及价值创造的相关文献研究及理论基础，而对于在价值创造理论框架下，后发企业如何通过颠覆性创新来创造价值从而获取价值优势，仍需要进行进一步的研究。基于此，本章将以物联网技术创新与产业发展为研究对象，主要以该领域相关企业及机构的案例材料为基础，探讨物联网技术在不同领域应用及价值创造过程中促进颠覆性创新产生演化与关键特征等问题，建立后发企业颠覆性创新价值创造的理论模型并梳理逻辑关系，是对上下文的重要承接。

4.1 研究设计

颠覆性技术是指从现有的技术系统中延伸或进化出新的技术，不局限于传统技术发展的模式与路径，却往往具有强大的市场破坏力，能够逐步逼退并取代原有的技术体系，使得现有的技术体系、创新网络和创新能力发生根本性变革（斯晓夫等，2020）。为此，许多国家为识别培育早期颠覆性技术设立相应的研究机构与发展规划，如美国 DARPA、俄罗斯先期研究基金会、日本 ImPACT 等。我国也在不断提升对颠覆性创新的重视程度，先后在党的十九大报告及政府工作报告中多次强调，要努力在颠覆性创新上取得突破，抢占科技创新制高点。面对世界科技产业革命的浪潮以及人们日益增长的生活需求，尽早掌握颠覆性创新的产生演化并探讨其价值创造过程，对于培育发展颠覆性创新、加快传统产业转型升级具有重要意义，有利于抢夺科技发展与产业变革的战略主动权。

4.1.1 研究目的与框架设计

（1）概念背景

随着技术创新对产业转型与社会变革等多领域的影响不断加深，物联网等颠覆性技术已在社会生产生活等诸多环节得以应用，产生了积极影响。推进颠覆性技术创新应用是帮助企业获取价值优势、提升企业市场竞争力的关键，有利于企业在日益激烈的市场竞争中保持持续稳定的发展步伐（Hopp et al.，2018）。而物联网技术以“感知”为核心，作为重要的使能技术，它可应用于生产生活的各个领域，用于实现万物互联与智能决策，是未来我国实现工业化与信息化融合的重要载体，有望成为下一阶段的极具市场吸引力的万亿级信息产业市场。物联网早在“十二五”规划中就被明确列入国家战略性新兴产业发展规划，借助当前经济发展与产业变革重大契机，物联网作为融合创新与智能决策的核心关键技术，代表着传统制造业与智能技术深度融合创新，将对传统的技术范式与生产流程造成巨大颠覆，进一步带动人们生产方式变革与生活方式创新，是可预见的重大颠覆性创新机遇（马佳等，2019）。

在计算机、互联网之后，物联网有望引领世界信息产业发展的新趋势，一方面对企业制造环节提升生产效率与价值导向性，另一方面在商业领域的应用为用户提升消费体验与交互方式，也对现有商业模式造成巨大冲击，其作用过程与创新效应相对复杂，使得多数后发企业难以精准把握技术特征与优势获取（Chester et al.，2019）。学界普遍认为，新技术应用能够为企业创造价值和获取优势，但对于物联网企业而言，如何通过颠覆性创新实现价值创造，以及获取颠覆性创新价值优势的主要过程等问题尚无清晰的解答（Kamoun，2008）。同时，颠覆性创新的有效演化扩散有赖于成功的商业化落地及市场检验，后发企业作为新技术应用的设计者与实施者，如何促进物联网技术应用及创新扩散从而实现颠覆性创新还有待进一步探索。

（2）理论框架

颠覆性创新是指企业面向利基市场引入满足新用户需求的技术产品或商业模式，通过对原有的技术范式、产品结构或商业模式造成颠覆，逐步破坏现有规则乃至取代在位企业，最终占领整个市场的过程。基于综合视角探讨颠覆性创新的产生演化，既要考虑技术演化发展的内在特征，也要兼顾市场动态扩散过程，Markides（2006）提出颠覆性创新的发展不受区域差异及技术壁垒限制，能够通过对多技术的融合呈现多种价值组合，同时扰乱并促使现行的社会制度及生产规范标准进行重组，虽然不具有推动经济全面增长的能力，但能为新产品和服务的变化提供重要基础（Christensen，2015）。尽管不少学者认识到后发企业能够通过颠覆性创新创造价值获取优势，但对于后发企业如何实现颠覆性创新的过程尚未完全展开，对颠覆性技术应用具体过程、价值创造过程及优势形成过程的探索还相对缺乏（Hine et al.，1999）。

人工智能技术与传统行业的融合创新将对世界格局与社会结构转型产生深刻的影响，促进颠覆性创新的集中涌现，其产生演化过程反映了企业构建连接关系中传递和利用创新要素的水平，也是影响企业培育颠覆性技术的重要基础（Hodgkinson et al.，1997）。本章基于上述理论分析及前文文献梳理，围绕"技术应用—价值创造—优势获取"的逻辑框架展开研究，重点探讨后发企业颠覆性创新的价值创造、理论模型构建等问题。以物联网企业为案例研究对象，以该领域相关企业及机构的案例访谈材料为基础，基于颠覆性创新和价值创造理论，深入剖析物联网技术应用及其价值创造过程，揭示物联网企业颠覆性创新价值优势获取的内在逻辑，为企业颠覆性创新的培育发展提供理论参考（如图 4-1 所示）。

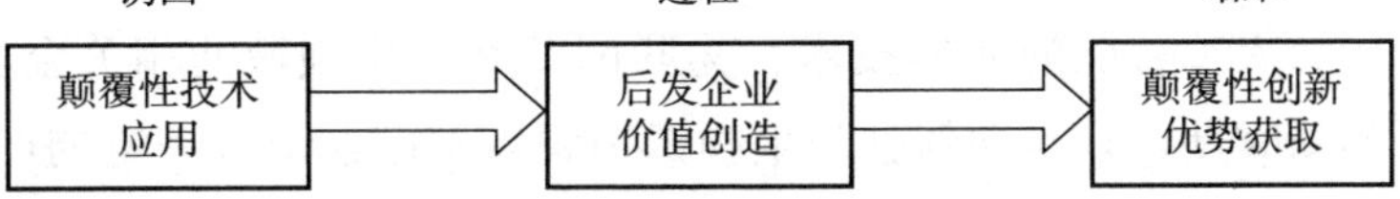

图 4-1　价值创造理论框架

4.1.2 研究方法与案例选择

本章主要探讨后发企业颠覆性创新价值创造的内在逻辑与实现过程，以此构建后发企业颠覆性创新价值创造的过程模型，为进一步探讨价值创造过程奠定基础。为了保证理论饱和性和延展性，本章采用探索性单案例研究并基于理论方法对典型案例进行分析，目的在于构建更为准确且具有普适性的理论体系（Eisenhardt et al.，1989），理由如下：①单案例研究能够更为深入地阐释“是什么”与“为什么”的问题，对探讨物联网企业颠覆性创新价值创造过程以及如何转化为颠覆性创新价值优势等问题具有更强的解释性（Yin，2010）；②考虑到物联网企业的技术创新及价值创造属于过程性问题，需对其内在逻辑进行归纳分析，因此采用探索性单案例研究更为贴合研究需要，从纵向视角所提炼理论及规律总结，相对完备且具有实践指导意义。

本章根据 Eisenhardt（1989）所提出的案例研究范式，遵循探索性单案例研究的基本逻辑与原则，选取物联网技术作为案例研究对象，主要基于以下几点原因：

①考虑到案例企业与研究问题的适配性，物联网技术是典型的颠覆性技术。人工智能技术是本章案例分析的关键样本，当前智能化产品正不断进入人们的视野，而物联网技术作为该类型产业的核心技术，有望促进多个传统产业的转型升级与融合创新，被广泛认为是下一代的颠覆性技术。因此，本章选取物联网技术作为研究对象有助于构建一个颠覆性创新“技术应用—价值创造—优势获取”的路径模型，探讨后发企业颠覆性创新价值创造与优势获取过程。

②考虑到案例的典型性与普适性，物联网企业后发赶超过程具有重要的研究价值。案例分析不仅要能够说明所研究的问题，也需要能够对本土后发企业发展提供一定程度的指导。当前我国正处于人工智能产业融合创新的重要阶段，作为人工智能的典型技术，物联网及其应用领域的相关企业正处于快速发展的新时期，在自动驾驶与生物识别领域都已经形成一定的产业规模，乃至出现了“独角兽”企业，物联网技术作为使能技术，其应用发展过程基本覆盖了人工智能技术发展的一般特征，具有较强的典型性与普适性，探讨其产生演化也可以为同类型的新兴技术研发转化提供经验借鉴。

③考虑案例调查的便捷性和数据的可获得性，商业环境下所积累的物联

网技术群落相关资料已经较为丰富。物联网及其相关技术群落组成概念已基本明晰，具有相对明显的颠覆性技术特征，有大量尚未进行深入分析、丰富且清晰的技术、市场信息可用于单案例分析，同时相关技术都有行业报告以及典型企业网站用于收集最新的业务信息。

4.1.3　资料收集与信效度分析

本章主要通过实地调研、半结构访谈以及二手数据等多种方式进行案例资料收集。一手数据来源主要包括对典型物联网企业（如海康威视、云从科技、云天励飞、佳都科技、万佳安物联等）在智能制造、工业互联网、物联网与云计算、平台策略等方面的资料收集，二手资料包括近年来物联网行业市场分析报告、物联网相关科技研究文献、物联网技术相关媒体报道以及其他公开信息等，力求在保障案例资料收集多样性的基础上，通过数据的三角验证保障资料的可靠性（Ranta et al.，2021）。对案例资料信度与效度的讨论如下：

第一，当前我国正处于人工智能技术与传统产业融合创新的新阶段，未来人工智能领域将成为颠覆性技术涌现的最佳土壤。随着人工智能技术群落的不断发展，物联网等智能技术创新将与传统产业高度融合，产生了诸如人脸识别安检、智能家居和自动巴士等新技术，将对社会生活方式产生深远影响，在现如今颠覆性技术创新案例中，物联网技术具有重要的地位。

第二，近年来，随着外部市场对智能化产品支持力度不断加大，物联网技术潜在的社会经济价值逐渐被人们认识，越来越多的企业采取与知识群落合作的方式推进技术研发，不断加快产业发展步伐。由案例资料可知，产业技术更新强度日益提高，企业更新速率不断加快，依靠互联网快速拓展应用场景使得优势产品迅速推广，快节奏的商业化过程以及新市场发掘为颠覆性技术产生演化研究提供了足够的案例资料来源。

第三，由于人工智能产业发展受到各行各业的关注，其技术发展不仅得到了政府的大力支持，也吸引了一批大型企业参与到研发中，相关案例产业技术创新的信息开源程度远高于其他行业，产业数据能够得到多方面的验证与支持，且技术的发展脉络较为清晰，案例研究的信度要高于其他产业。

4.2 案例描述

物联网产业是传统产业与信息产业深度融合创新的重要代表，其技术创新与产业应用主要以信息技术为核心，具备智能互联与跨界融合等主要特征。物联网产业的发展主要基于互联网技术以及自身所具备的交互服务，难以受到时间空间等方面的制约。用户可以通过物联网获得实时精准的远程虚拟服务，并且由于物联网技术自身的无边界及万物互联等经济特征，企业基于物联网的产品服务将会面临来自整个市场与行业的全面竞争，这也为差异化产品的兴起创造了条件。物联网作为典型的颠覆性技术，其产业的兴起将彻底带动与转变线上销售的模式、效率与体量，进一步加剧产业技术创新变革以及市场竞争，进一步为中小企业的发展带来新的机遇。

4.2.1 物联网的内涵特征

随着科技创新与产业变革进一步激发生产力，颠覆性技术快速发展，社会经济将迎来快速发展，物联网技术作为我国新一代人工智能与信息通信领域颠覆性技术的典型代表，成为当前传统制造业与智能技术深度融合创新的重要突破口（邢小强等，2019）。随着互联网经济的快速发展，物联网这一思想逐渐被大众接受。国际电信联盟曾对物联网的未来发展进行过详细描述，在物联网通信得以普及之后，人类生活的方方面面都将通过传感器及通信网络实现互联互通，从而得到更加便捷的社会生活服务。由此结合技术特征及应用方向对物联网技术进行定义：第一，物联网能够自主开展感知判断等行为，并进行快速传输、智能控制等智能化工作；第二，物联网通过推动外部感知、传输决策的系统集成，不断推进万物互联；第三，物联网的核心功能主要依赖互联网技术的发展，且与互联网相辅相成。

物联网及其相关产业绿色低碳的发展特征进一步满足了世界经济发展的需求，为战略性新兴产业发展带来了新的机遇，也通过为传统产业赋能激发了传统产业的发展动力，促进其进一步转型升级与结构优化（陈思睿等，2019）。全球 5G 商用进程的推进为构建人与物信息交换网络创造了条件，也为物联网技术的快速发展提供了技术支持。近年来，我国高度重视物联网技术发展。2016 年，我国政府工作报告进一步强调了物联网应用的重要价值，而在其后的物联网发展规划中，也在不断完善物联网的战略指引与政策保障，逐步明确了关键技术突破、配套设施建设以及树立行业规范等重要任务。目前国内 20 多个省市已针对物联网产业发展制订了专项计划（丛林，2016）。从列入战略性新兴产业序列到区域经济创新发展的重要战略地位，发展物联网已成为我国传统产业转型升级、补齐信息化建设短板和适应全球化发展趋势的重要举措，有利于实现国家经济发展的"变轨超车"和国家创新强国的重大愿景。

4.2.2　物联网的技术层次

物联网的核心技术在于采用传感设备通过互联网实现人与物、物与物之间的信息交互与智能决策，具有闭环传输、模块处理及互联互通等重要特征。根据物联网技术层次标准，可划分为基础感知、信息传输与数据处理反馈等重要环节，因此包含了庞大的技术群落，主要包括感知层、传输层、应用层等所构成的网络交互。物联网的技术广泛涉及社会经济发展与人民生产生活，属于一个高度集成的社会信息网络工程，已经具有了一个快速应用且不断扩张的广阔市场。美国市场调研公司（Forrester）曾对物联网产业的未来发展趋势进行预测，预计未来数年内物联网将占据信息产业市场的主流地位，因此多数国家将发展物联网作为重要战略部署。借助我国经济转型与产业结构调整的契机，物联网借助技术融合创新对其他行业进行颠覆，深刻引领生产方式变革与生活方式创新，在诸多领域实现颠覆性创新。

①物联网感知层主要实现物体识别、信息获取及传输等功能，是物联网技术发展的基础。感知层核心技术领域主要涉及近场通信、传感器和无线通信等智能感知技术（Schmidt et al.，2020）。感知层的运作主要包括两个方面：一是对周围环境进行感知并将相关信息转化为数据；二是将收集到的信息数据通过短距离传输传送至终端设备。近几年，在国家政策的大力支持下，相关传感技术研发实验室及传感器实验平台等在各省市陆续建成，我国物联网感知及传输技术取得了较大进展，例如海康威视就是国内智能物联网与大数据服务的主要提供商，在视频采集与可视化管理方面处于领先地位。

②物联网网络层主要实现数据传送及信息通信等功能，是物联网技术实现交互的前提（Zhang et al.，2014）。物联网基本通信与信息交互的实现主要依靠公共网络、局域网或专有网络。虽然相关网络技术设施基础已较为成熟，但就物联网网络层的实时交互等需求而言，其信息传递还达不到技术标准，而且由于传感器设备成本尚未得到有效控制，“信息孤岛”的情况屡屡发生，难以在现有的信息网络中实现真正的互联互通。万佳安企业则基于智能安防与家居领域，不断关注“一站式”全套赋能的物联网解决方案。未来的物联网发展中，伴随着用户对高质量便捷服务日益提升的需求以及指数式上升的数据体量，不仅需要完善的物联网产业配套设施来实现广泛的高速传输与信息接入，更对信息安全服务提出了更高的要求。

③物联网应用层主要实现技术转化及应用服务等功能，是物联网产业快速发展的关键（Sheng et al.，2019）。物联网对所收集信息进行传输融合与处理分析，继而通过智能芯片进行判断和决策，实现产品的远程控制与过程管理。应用层的成长发展离不开与具体产业领域和技术场景的深度融合，即与工业农业、交通运输、物流管理和城市管理等领域的数据接入。云天励飞、佳都科技等作为物联网平台的新兴企业，主要关注 AI 赋能城市管理与智慧生态打造等内容，实现信息的实时收集、快速反馈与智能决策，最终为用户提供便捷服务。

4.2.3 物联网技术的应用方向

当前我国物联网技术发展及产业应用虽落后于发达国家，在技术标准、配套设施及政策指导等方面还有待进一步提升，但广阔的应用场景及需求牵引为物联网发展创造了良好的外部条件（Kirschbaum et al.，2005）。随着网络系统建设的推进以及相关传输途径的不断完善，我国物联网产业应用已逐步向农业生产、工业制造、城市治理、交通运输等多个领域快速发展，为中小企业发展带来新的机遇与挑战。物联网在进入我国战略性新兴产业发展规划之后，技术研发及产业应用得到了高度重视，但也应看到，虽然我国物联网技术在感知、传输等环节具有较大优势，但在芯片等硬件制造、决策算法等方面的能力还有待提升，应用层总体还处于培育阶段，因此制约其发展的主要因素在于核心技术研发进程以及硬件设施的成本耗费，同时进一步开发用户的需求场景，探索物联网的技术应用方向。从目前来看，物联网技术的应用发展已经得到了多数企业及消费者的认同，并且在功能拓展的过程中逐步形成了其技术应用的三大主线。根据应用场景来划分，物联网技术应用可以分为生产性物联网、消费性物联网、政策驱动物联网等，三类应用方向基于物联网核心技术，作用于不同的使用场景或生产环节（见表 4-1）。

表 4-1　物联网技术基本概念与应用方向

名称	核心概念	关键技术	应用方向	实施模式	应用领域
物联网	通过感知、识别和控制，实现互联互通与智能决策	大数据、云计算、移动通信	生产性物联网	解决传统产业痛点，赋能转型升级	工业、农业等传统产业领域
			消费性物联网	优化产品体验，提升服务价值与竞争力	与社会生活密切相关的衣食住行等行业
			政策驱动物联网	引领城市向智慧化发展，提升治理水平	城市管理、城市安防、城市交通等

①生产性物联网主要面向供给侧的行业企业，主要是指在物联网的赋能改造影响下传统产业的转型升级，如对工业、农业等传统行业生产活动所必需的基础设施及关键要素等方面的融合创新。

②消费性物联网主要面向需求侧的企业用户，主要是指在平台驱动下物联网与互联网的双向融合形成的服务创新，包括智能家居、智能设备、智能出行等具有相当规模的消费类服务产品。

③政策驱动物联网主要是指在政府部门主导下，基于物联网技术对城市日常管理所进行的改造，如智慧城市、智慧消防等。

4.3　案例分析

基于上述分析，本章聚焦于发展路径清晰、演化特征明显且案例数据可靠的物联网技术并将其作为案例研究对象，针对所获取的相关材料进行了初步编码与分析。先对案例数据进行标签提取、概念提炼、范畴形成等，继而挖掘资料范畴、识别对象属性和梳理逻辑关系，形成了"技术应用—价值创造—优势获取"的逻辑主线，对物联网企业颠覆性创新价值创造过程进行探索性分析，进一步探讨构建物联网企业颠覆性创新价值创造与优势构建的理论模型，对资料分析过程见表 4-2。

表 4-2　物联网企业价值创造的案例数据呈现

数据呈现	标签示例	数据编码	核心构念	
基于对特定市场投放实验，创新阻碍正不断被克服，技术成本不断降低、功能区域完善、识别率提升方面继续发展（aa$_{33}$）。 人脸识别技术可应用于“金融机构—社会治安防控—个人银行服务”（aa$_{33}$）	aa$_{33}$场景需求驱动	技术赋能	颠覆性技术应用	
寻求产业链上下游合作，与大企业建立战略合作关系。为了降低激光雷达的生产成本，百度又与福特公司共同投资激光雷达的生产商 Velodyne（aa$_{39}$）	aa$_{39}$跨界融合	集成创新		
目标市场明确，为不同安全需求客户提供不同解决方案（aa$_{56}$）	aa$_{56}$用户需求反馈	价值共创	价值主张	价值创造过程
以兼容更多使用场景的人脸识别和指纹识别为发展重点，手机制造商成为研发主力。推进结构光和双目视觉等方式加快人脸识别发展，同时重点发展屏下指纹技术（aa$_{54}$）	aa$_{54}$系统整合	规模化生产	价值形成	
受技术和产业成熟度综合驱动，快速提升服务支撑能力，实现人与物、物与物实时交互，进行精确控制和科学决策（aa$_{46}$）	aa$_{46}$智能化决策	智能化管理		
推进物联网核心技术研发及商用化进程，重点增强物联网决策平台运力（aa$_{35}$）	aa$_{35}$综合应用平台	平台运营	价值聚合	
通过手势识别大幅提升线上商品的选购效率和体验（aa$_{84}$）	aa$_{84}$提升交互效率	产品销售	价值扩散	
与合作企业共同推进车联网、激光雷达、深度学习等相关技术发展，降低管理成本（aa$_{122}$）	aa$_{122}$运维成本降低	成本降低	优势获取	
结合无人配送、物流运输、城市环卫、城市交通等应用场景进行适当调整（aa$_{141}$）	aa$_{141}$应用场景拓展	收益增加		
……	……	……	……	
（共计 185 个参考点）	（共计 45 个标签）	（共计 16 个概念）	（共计 6 个范畴）	

4.3.1　基于颠覆性技术应用的物联网企业价值主张分析

物联网企业价值创造过程主要通过颠覆性技术应用来实现，改变了传统环境中相对隔绝的价值创造过程，将产业链条与终端用户等连接在一起，提升交互体验与连接效率（Millar et al.，2018）。但随着场景需求与应用领域的不断拓展，物联网企业形成了不同的价值创造模式，满足了各层次用户的价值需求，也对生产生活方式产生了更为深刻的影响。如表 4-3 所示，本章按照物联网技术应用领域对企业价值主张分析如下：

表 4-3　物联网技术价值逻辑与关键要素

类型	核心价值逻辑	价值主张与形成	价值聚合	价值扩散
生产性物联网	面向供给侧的行业企业，物联网赋能改造影响下传统产业转型升级	面向供给侧赋能传统产业转型升级	技术服务	工业物联网、农业物联网
消费性物联网	面向需求侧的企业用户，平台驱动下物联网与互联网双向融合形成的服务创新	面向需求侧优化用户体验，旨在实现价值共创	产品销售+技术服务	智能家居、智能音箱、共享经济
政策驱动物联网	政府部门主导下基于物联网技术的城市日常管理改造升级	推动城市物联网向大规模、跨领域及综合集成等方向发展，促进推动传统产业转型升级	产品销售+多类型服务	智能安防、公用事业、智慧消防

①生产性物联网。主要面向企业生产制造环节进行融合创新，传统生产制造流程是由企业自身来进行，通过对生产要素及资源的加工来创造价值，但由于企业自身的能力有限，效率低下等生产问题逐步凸显。基于物联网技术对传统产业提供技术改造进行赋能升级，对传统产业进行智能化改造，解决了行业痛点，颠覆了传统的生产制造模式。因此，生产性物联网的核心价值逻辑在于对供给侧的行业企业生产方式进行改造升级，其价值主张在于通过技术赋能为企业转型升级创造价值，通过在传统产业领域的应用促进价值聚合，以技术服务的形式实现颠覆性创新价值扩散（Yu et al.，2010）。

②消费性物联网。主要面向市场用户消费环节进行赋能升级，互联网环境下，部分企业与用户虽然已经形成了价值扩散机制，但由于加工生产环节相对限制，用户仅能参与小型产品的简单定制，物联网是互联网的进一步延伸，主要以万物互联为核心，促进技术服务与智能产品的融合创新，改变了用户的消费体验以及交互方式，并使用户参与到产品定制生产的价值共创环节中，实现产品规模化定制与互联互通（Matthyssens et al.，2005）。因此，消费性物联网的核心价值逻辑在于为需求侧的用户提供定制产品与创新服务，其价值主张在于优化用户的产品体验实现价值共创，通过智能穿戴、智能音箱等各类型消费产品实现价值聚合，通过产品销售与服务创新的形式促进颠覆性创新价值的扩散。

③政策驱动物联网。主要是指在政府部门的引领下，基于物联网技术对社会治理效能的快速提升与精准化。政策驱动物联网主要包括智慧家居、智慧交通和智慧城市等多个层面，通过综合应用生物识别（人脸识别、语音识别）、大数据和云计算决策等颠覆性技术共同建立物联网管理平台，是物联网技术大规模多领域集成化应用的综合体现。因此，政策驱动物联网的核心价值逻辑在于对城市管理模式进行赋能改造，其价值主张在于促进城市管理智慧城市转变，通过智能安防与智慧消防等方式实现价值聚合，通过产品销售与多类型服务的形式实现颠覆性创新价值的扩散。

4.3.2 基于颠覆性创新的物联网企业价值创造过程分析

通过对物联网企业颠覆性创新价值创造过程的分析，可以得知其价值创造模式主要分为4个阶段：一是基于技术价值潜力的开发而形成的针对目标场景或需求的价值主张，二是通过作用于具体环节而产生不同创新效应的价值形成，三是对相关的技术价值进行组合创新形成具有市场竞争优势产品的价值聚合，四是基于商业模式创新对新产品服务进行价值的传递与循环的价值扩散，最终实现具体应用领域颠覆性创新，并不断上升为对整个行业乃至社会技术体制的破坏性效应（Martins et al.，2015）。可以看出，物联网企业通过颠覆性技术的应用来创造价值的过程，主要是感知、传输和处理信息数据，立足工业、农业、交通、物流运输和城市生活等应用场景，基于信息协同、数据处理与智能决策等功能来对其进行赋能升级。物联网技术的应用对传统产业组织管理模式进行了变革，提高了企业生产效率，同时平台网络的建立使得产业链上下游连接更为紧密，为用户参与到价值创造环节中提供了平台，通过构建价值共创提升了颠覆性创新优势（Sinkovics et al.，2014）。由此，可进一步细化物联网企业颠覆性创新价值创造过程的理论模型。

基于上述分析，本章将以“技术应用—价值创造—优势获取”为案例研究逻辑，从物联网技术应用发展的主要过程出发，探讨后发企业颠覆性创新如何通过不同应用层面价值创造获取价值优势。物联网技术在不同的应用方向能够实现不同的价值创造并以此获取竞争优势，是因为物联网作为颠覆性技术应用，进一步影响了现有价值创造方式的变化以实现价值优势演化，每个阶段的发展特征如图4-2所示。

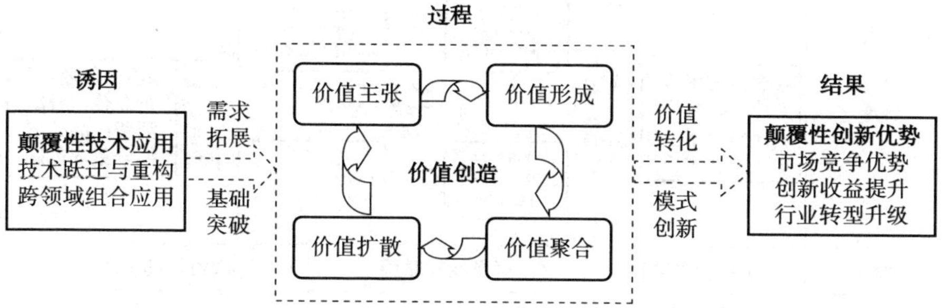

图 4-2　基于颠覆性技术应用的后发企业价值演化过程

对生产性物联网、消费性物联网、政策驱动物联网等颠覆性创新案例资料的对比分析后发现，三类应用路径都在不同程度上表现出对主流市场的侵入态势，并且随着社会认同度的提升其影响程度正不断提升。颠覆性技术来源于原始性、重要的基础理论的发现与突破，并能与现有技术相结合，从而达到普遍性应用的目的，因而具有主流技术所不具备的前沿性与突破性优势（Vecchiato et al.，2017）。物联网技术的应用最先与其他核心技术如大数据、云计算等进行融合，继而对企业产生影响。物联网作用于企业主要是通过市场需求与部署成本的模式重构，逐步实现价值主张、价值形成、价值聚合和价值扩散的颠覆性创新价值创造过程，由此不断向市场传递创新产品获取优势，最终随着价值优势与创新收益的增加，行业转型升级步伐不断加快，消费产品结构拓展，实现了物联网技术平台的综合集成创新以及对传统行业销售模式的颠覆（Mcgrath et al.，2010）（如图 4-3 所示）。

4.3.3　后发企业颠覆性创新价值创造与优势获取的过程模型

物联网通过应用于产品生产与企业日常管理中，重点将产品的生产流程（如设计、生产、销售以及售后等）连接在一起（Song et al.，2018），不仅有助于提升劳动生产率，还是我国加快推进信息化建设发展、实现"两化"融合目标的重要路径。综合集成物联网技术在 3 个不同应用方向的发展特征，进一步探讨颠覆性技术应用创造价值获取优势的具体模式，由此绘制后发企业颠覆性创新价值创造的过程模型，即基于互联互通、智能决策的价值主张，后发企业通过发挥物联网技术在不同应用场景的价值潜力来创造价值从而获取价值优势（如图 4-4 所示）。

维度	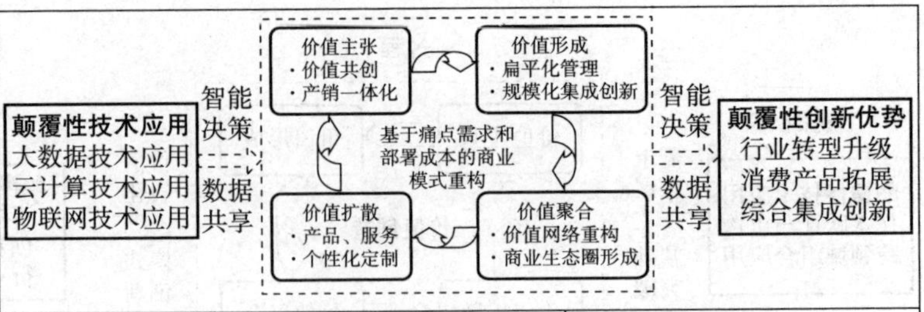		
类型	生产性物联网	消费性物联网	政策驱动物联网
颠覆性技术	物联网	物联网、数字化技术	物联网、大数据与云计算
颠覆性技术应用	信息系统构建、数据库建立	数据标准化、订单联网、生产联网、发货联网等	智能决策、数据共享、数据互联
作用点	生产方式	生产方式、交易方式	合作方式、获利方式、组织架构
价值创造	规模化定制模式 S→A→B S：平台 A：上游企业 B：下游企业	价值共创模式 S→B→C S：平台 B：企业 C：用户	平台使能模式 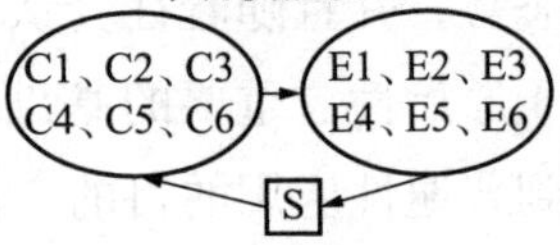 C：用户 E：企业 S：平台
成效	实现低成本、高收益	为消费者提供便利的、差异化的服务，获得低成本、高收益	实现架构创新、网络协同、用户参与

图 4-3　基于颠覆性技术应用的物联网价值创造过程模型

（1）阶段Ⅰ：颠覆性创新价值形成与优势产生

颠覆性技术基于企业定位与市场需求提出价值主张继而逐步形成具有破坏性影响的能力、结构以及颠覆方式的应用等，但颠覆性技术的转化应用以及价值形成也会受到多方面因素的影响（张延平等，2019）。生产性物联网的价值主张在于对企业生产环节的赋能升级，重点在于通过多传感器信息融合来提升生产效率和促进产业转型升级，因此在其价值形成机制中，生产模式以提高效率扩大规模为主，实现运营管理的信息化；对于消费性物联网而言，其发展的关键在于不断增强与用户连接的紧密性，优化交互过程提升消费体验；政策驱动物联网的价值主张在于实现大范围的人与物、物与物的信息实时交互，进行精确控制和科学决策，实现节能减排、城市互联等，因此，智慧城市的价值形成必然要依托大规模多维度立体化的物联网信息平台，通过与企业、用户等方面的共同联系来推进网络合作与架构创新。

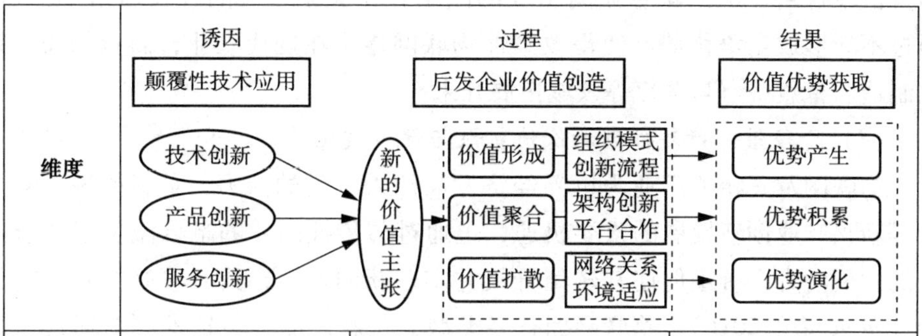

类型		生产性物联网		消费性物联网		政策驱动物联网
价值主张		面向供给侧生产制造	→	面向需求侧服务创新	→	立体化信息采集+技术服务
价值形成	生产模式	规模化	→	数字化	→	智能化
	管理模式	信息化管理		扁平化管理		极致扁平化管理
价值聚合		企业参与	→	用户参与	→	企业、用户、供应商多方主动参与
价值扩散		技术服务	→	产品+技术服务	→	产品+多类型服务
应用方向		生产方式的革新	→	对消费者资源的挖掘	→	对价值网络资源的开发
价值优势		经济价值优势：低成本、高收益	→	用户价值优势：便利性、相对低价、差异化；经济价值优势：低成本、高收益	→	生态价值优势：知识获取、用户参与、网络协同、平台运营

图 4-4　颠覆性创新价值创造及优势获取过程

（2）阶段Ⅱ：颠覆性创新价值聚合与优势积累

一项新技术尤其是颠覆性技术进入市场，企业必须找准用户的痛点，为用户的真实需求与价值服务。随着实时交互及智能决策技术的不断成熟，物联网企业逐步具备了量产化的条件，主要着眼于构建配套的模式，通过在试点区域进行实际应用，不断推进技术研发与相关功能的适应性调整。生产性物联网颠覆性创新价值的开发主要由企业作为参与主体来完成，通过为企业提供技术服务来进行实际应用，生产性物联网实现了生产方式的革新，旨在降低企业成本、增加创新收益；消费性物联网的价值聚合必须以用户价值为导向，增强数字化技术的应用，使用户参与到价值创造的环节中，不断推进定制化服务的完善以及技术研发与相关功能的适应性调整；政策驱动物联网的价值聚合路径也依赖企业间结成的战略合作关系，共同开发新市场需求，通过不断形成竞争优势，使得政策性物联网逐步在现代农业、商贸物流、智能制造、智慧城市与医疗等领域拓展开来。

（3）阶段Ⅲ：颠覆性创新价值扩散与优势演化

物联网及其相关产业为世界经济发展注入了新的活力，是新能源、新制造等新兴产业创新发展的重要机遇，也通过与传统产业的融合激发了传统产业的发展潜力，有望促使其转型升级并实现新的发展，具有较好的发展前景（Teece et al.，2016）。物联网拥有多类型的创新产品，当技术创新通过实验要求，则需要结合具体的商业化应用场景进行推广，不断探索利基市场以培育颠覆性创新，例如在物联网与家庭场景融合的过程中形成智能家居服务，实现了多维度的互联互通与创新应用，意外地实现了对传统小区管理及家居使用模式的颠覆。物联网企业在价值创造过程中获取了价值优势，其中，生产性物联网主要着眼于生产方式改造与效率提升、个性化产品定制化服务以及提高产能降低成本，提供了经济价值优势；消费性物联网通过建立海量数据处理平台和数字化工厂，对传统商业逻辑进行颠覆，实现了以用户需求为中心的价值共创模式，提供了经济价值优势与用户价值优势；政策驱动物联网实现了整体性的数据共享互联，对诸多产业格局及企业运营产生冲击，整合多主体参与共同建立创新生态，提供了生态价值优势（梅亮等，2014）。

4.4 研究结论

本章基于颠覆性创新与价值创造理论，以物联网技术案例材料为基础，采用探索性案例研究方法，从价值创造视角解析了物联网企业应用颠覆性技术创造价值获取优势的主要步骤，归纳出“技术应用—价值创造—优势获取”的理论框架；在此基础上，进一步对后发企业颠覆性创新价值创造过程进行深入分析，提炼出“价值形成—价值聚合—价值扩散”这一核心逻辑。研究结论如下：

根据颠覆性技术应用价值创造的过程分析，可以归纳出“技术应用—价值创造—优势获取”的理论框架。①颠覆性技术应用是诱因，主要通过颠覆性技术创新、产品创新和商业模式创新等作用于企业的价值主张来实现。②后发企业价值创造是过程，随着企业提出新的价值主张并围绕其配置创新资源，逐步推进价值形成、价值聚合和价值扩散等关键过程。③颠覆性创新价值优势获取是结果，随着技术跃迁、组织变革与环境适应等因素的变化，颠覆性创新价值优势也随着价值创造过程而逐步产生、积累与演化。

通过对后发企业颠覆性创新价值创造过程的深入分析，可以提炼出"价值形成—价值聚合—价值扩散"这一核心逻辑。①价值形成的前提在于关键共性技术突破以及新技术跨领域组合应用，物联网技术通过不同的技术融合创新进入不同的应用场景，形成了生产性物联网、消费性物联网和政策驱动物联网，继而满足了不同的价值需求，逐步产生价值优势。②价值聚合是颠覆性创新价值优势形成的关键，后发企业根据不同的场景需要以及内外部因素的影响进行价值聚合，融合不同的技术优势并释放不同的价值潜力以积累价值优势。③企业创新战略以及外部环境变化进一步促进了价值扩散，物联网由生产性到消费性再到政策驱动，从经济价值优势转向生态价值优势，物联网技术的价值潜力不断提高、融合创新不断深化，影响层面也在随之提升，最终促进了价值优势演化。

相关研究结论对于物联网企业及相关行业发展也具有一定启示。①后发企业通过增加技术组合并将其转化为新的价值，分别创造经济、用户和生态等价值优势，因此在核心技术方面，有关政府部门及企业管理者应重视统筹推进物联网标准体系建设，推动技术研发转化与平台能力发展，鼓励多方合作积极拓展物联网应用场景，为物联网技术研发应用创造更多机遇。②价值聚合的关键主线以用户或场景需求为导向，通过持续发挥颠覆性技术价值潜力来推进企业价值创造及优势获取。因而在颠覆性技术开发过程中，应重视后发企业所发挥的培育和融通等功能作用，发挥后发企业在促进颠覆性创新发展中的积极效应，提升重点领域的规模化应用水平，培育一批面向国家重点领域及服务重大需求（如高端制造、城市安全、社会管理等方面）的物联网服务优势企业。③国家层面的宏观战略布局有利于推动颠覆性技术创造的价值扩散与优势演化，这主要是由于政策投入力度增强以及合作主体增加，实现了数据共享互联，增强了物联网技术的竞争力。因此，当前应明确国家及地方专项资金的支持范围及适用领域，由政府部门牵头进一步搭建物联网企业信息共享与资源共享的桥梁，优化物联网发展的外部环境。

本章通过多种途径结合的方式收集数据、采用探索性案例分析以建构理论，提炼出"价值形成—价值聚合—价值扩散"这一核心逻辑，对于进一步探索后发企业颠覆性创新价值创造逻辑与过程等关键问题具有重要意义。但由于所选取的物联网技术发展过程具有一定的特殊性，对于理论模型及所得结论是否可应用于其他行业，还需要进行进一步检验。因此，在后续章节中将围绕以下内容进行深化：一是在横向扩大样本范围（如自动驾驶、生物识别等典型行业）进行多案例对比分析，继续丰富理论框架；二是在纵向进一步探讨价值形成、价值聚合和价值扩散等关键过程对颠覆性创新价值优势的影响，继续深入分析后发企业颠覆性创新价值创造的内在逻辑及实现过程等问题。

4.5 本章小结

本章为理论模型构建，主要在前文研究综述及理论视角的基础上，进一步对后发企业颠覆性创新价值创造的内在逻辑及主要过程的理论模型进行探讨。主要采用探索性单案例研究方法对生产性、消费性和政策驱动等主要类型物联网企业颠覆性创新价值创造过程进行分析，围绕“技术应用—价值创造—优势获取”的逻辑主线，提炼出“价值形成—价值聚合—价值扩散”这一核心逻辑，为后续章节的研究提供理论支撑。

第5章
基于扎根理论的后发企业颠覆性创新价值形成机制

人工智能与社会经济的深度融合将为现有技术范式、产业格局和社会生活等带来巨大变革与深远影响，把握新技术领域颠覆性创新的演化特征，帮助企业及时调整技术创新战略规避风险，有利于构筑人工智能先发优势、在国际科技竞争中实现“变轨超车”。本章主要以 14 家人工智能相关企业和机构的深度访谈数据为基础，采用扎根理论并借助质性分析软件 NVivo 11 来进行资料编码，归纳出技术范式转变、组织动态演化和价值网络创新等实现颠覆性创新的价值形成机制，构建了人工智能企业颠覆性创新价值形成的理论模型。分析人工智能企业颠覆性创新价值形成机制，不仅有助于深化颠覆性创新理论研究，对于企业实现颠覆性创新由技术驱动转向市场推动也具有积极的指导意义。

5.1 引言

随着以机器学习、生物特征识别和计算机视觉等为代表的智能技术群落逐项落地与聚变赋能，人工智能逐步成为新一轮科技革命和产业变革的核心动力，其所引领以绿色、智能和泛在为特征的群体性技术革命不断催生新产业新模式的颠覆性创新，引起了社会各界的广泛关注。为了把握时代发展新机遇，习近平总书记在党的十九大报告及 2018 年两院院士大会中多次强调颠覆性创新对我国加快建设创新型国家的重要性，要求以颠覆性技术创新为突破口，实现我国科技的自主可控、赶超引领。探索颠覆性创新价值形成的关键机制，符合我国正确认识和培育发展新技术领域颠覆性创新并在未来竞争中占据战略主动权的现实需求。

基于新技术逐步取代主流技术并对现有市场产生破坏性影响的过程，

Christensen（1997）提出颠覆性创新的概念，认为新技术可以从根本上破坏主流市场或创造新市场，由此初步阐述了颠覆性创新的产生与演化过程，即新技术通过轨道转换来满足利基市场或新市场需求，逐步由新市场或边缘市场向主流市场扩散并实现对市场的重大影响（许泽浩等，2018；斯晓夫等，2020）。但颠覆性创新的动态演化过程中内外部因素同样存在差异影响与综合作用（杨蕙馨等，2019），并且由于技术轨迹、组织管理与外部环境的不确定性，颠覆性创新的演化特征及扩散效应可能出现差异，因此并非所有看似符合技术发展趋势或具有较高市场期望的潜在颠覆性技术最终都能够实现颠覆性创新（石俊国等，2017；周洋等，2019）。现有研究从技术或市场视角对颠覆性创新概念特征、扩散效应等进行了较多研究（苏敬勤等，2016；周洋等，2017），但从全过程视角下探讨企业颠覆性创新能力及机制的研究相对缺乏，对颠覆性创新产生与演化过程等问题缺少系统解释（周江华等，2012；张光宇等，2016）。Nagy（2016）也认为企业实施颠覆性创新活动应当综合考虑技术创新、生产流程、商业模式及市场环境等影响因素。

综上所述，本章将重点探索以下问题：后发企业颠覆性创新的价值形成过程是怎样的？哪些因素对企业颠覆性创新价值形成过程产生影响？企业通过何种关键机制实现颠覆性创新？因此，本章以 14 家人工智能领域相关企业及机构的深度访谈资料为基础，基于扎根理论探讨后发企业实现颠覆性创新的关键机制，从中挖掘后发企业颠覆性创新价值形成的主要过程，以期丰富颠覆性创新理论框架，更好地指导相关企业开展创新实践。

5.2 研究方法与研究设计

5.2.1 概念界定

颠覆性创新理论用以解释企业面向利基市场引入满足低端或新用户需求的技术产品或商业模式，逐步破坏现有规则乃至取代在位企业的过程（李亚婷等，2016），自提出后受到社会各界的高度关注，概念内涵研究从模糊走向清晰并不断拓展深化，研究范围也从关注产品或服务中的技术创新逐步拓展至产品服务及商业模型创新（Wan et al.，2015）。颠覆性创新也是一种技术，可以提供与主流技术不同的价值来源，并且最初在主流用户所重视的性能方面不如主流技术，因此在早期开发阶段，基于颠覆性技术的某种产品只能存在于那些需要其非标准性能属性的细分市场中（张庆强等，2021）。借鉴颠覆性创新优势形成理论，Christensen 等（2015）提出颠覆性创新的价值源自企业的相对优势，即通过识别企业自身技术范式、组织管理和价值网络等要素共同构成可拓展核心，来评判颠覆者的相对优势并预测潜在市场空间以及客户类型，从而将优势转化为具体的颠覆性产品或服务以突破阻碍进入上层市场（张庆普等，2018）。

5.2.2　研究思路

Christensen 等（1995）提出理解颠覆性创新演化对于识别预测颠覆性创新至关重要，现有研究分别从技术、组织和市场等不同角度探讨了颠覆性创新产生与演化的相关问题：①技术演化。受库恩科学范式理论启发，Dosi（1982）指出技术轨道转换（Technological Trajectory Transition）源自产业发展过程中技术积累和范式变迁，是经济和技术等共同作用下技术范式限定的技术演化轨迹，也是技术创新演化所遵循的基本规律。Wessel 等（2012）认为新进企业颠覆在位企业核心业务的能力，来源于技术人员所提供的产品性能改进率与现有市场的改进率两种轨迹的不匹配，而跨界整合式新技术所具备的分散性与组合性是颠覆性创新潜力的重要来源（周洋等，2019）。Reinhardt 等（2015）提出产品嵌入性是促使技术范式转变和影响颠覆性创新动态演化的核心因素。因此，基于性能跃迁与跨界整合的技术演化是企业实现颠覆性创新的前提，成本与性能构成了颠覆性创新的潜在优势以及市场生存能力，一旦突破主流技术锁定实现市场侵入，新技术将逐步占领并最终领导主流市场。②组织创新。后发企业通过形成与颠覆性创新相适应的管理模式，重新界定价值网络的范围边界，管理者根据市场需求变化而对组织管理进行调整、优化和创新，因而组织创新是决定企业创新优势的关键要素，Vecchiato（2017）提出在位企业即将被颠覆的一个特征是“无法认识到正在崛起的‘社会’市场”，可以看出，企业家创新意愿对于颠覆性创新具有重要影响。企业通过重新定义技术价值、配置创新资源等形成保护空间，由此创造包含颠覆性创新价值的产品服务和商业模式。建立颠覆性创新分析框架不仅要关注技术本身，企业实施颠覆性创新的意愿和组织管理创新模式等也是颠覆性创新形成和培育的基础（Li et al.，2018）。③价值创新。颠覆性创新是通过新技术或产品服务提出新的价值主张，或者优化价值网络关系来为顾客创造和传递更多的价值。Schmidt（2008）提出传统价值曲线如果出现无法满足的次要属性，就可能会出现新的低成本产品，当该产品性能逐渐获得主流市场认同，新产品将会遵循低端侵蚀路径进入市场并产生破坏性效应，一旦市场环境发生变化或需求积累达到市场条件限制，潜在的市场需求将成为颠覆性创新的重要导向，由此 Markides（2006）提出应对颠覆性创新的技术、产品和价值网络等进行区分，认为基于价值网络的颠覆性创新具有更强的竞争力。所以，为用户创造价值是颠覆性创新的内核，新技术只有通过价值网络实现与低端用户及新用户需求轨道的最佳匹配或者创造了某种新的价值组合，才能够实现对主流市场的侵入。

颠覆性创新理论从概念内涵到产生演化，涉及层面从单一企业到产业层面，由技术演化、组织创新再到价值创新，已积累了丰富的研究成果，但仍存在一些理论“缺口”：现有研究对于企业颠覆性创新能力及机制等问题的解释力仍较为单薄，探讨新技术优势形成过程以及如何逼退在位企业乃至占据主流市场的理论研究相对缺乏；对于颠覆性创新的技术演化、组织变革与市场扩散等过程的系统分析不够深入，尤其是不同维度的影响因素及其作用机制的研究亟待进一步探讨（Danneels et al.，2004）。解决以上问题的关键，在于综合考虑颠覆性创新产生、成长及扩散这一创新活动全链条，并结合本土情境企业实践进行更为深入的理论探索与案例验证（Dotsika et al.，2017）。基于此，本章以人工智能企业为研究对象，围绕颠覆性创新产生演化等核心问题，重点探讨后发企业颠覆性创新价值形成的关键因素，进一步归纳与提炼颠覆性创新价值形成机制，目的在于弥补现有研究的不足，为企业实施颠覆性创新战略、政府制定相关创新政策提供决策参考。

5.2.3 研究方法

由案例归纳形成理论的质性研究方法，对于现象及组织的内部要素结构及关系具有较强的解释力：一是从案例数据中挖掘深层次的逻辑关联，在理论建构方面具有优越性；二是在一种开放的研究情境下，案例研究更有可能产生更简练和更完备的理论（Eisenhardt et al.，2007）。鉴于本章所涉及的人工智能颠覆性创新价值形成与内在逻辑等问题尚无定论，需要收集丰富的案例资料予以支撑，并基于现象抽离概念、形成范畴来建构理论，因此，本章遵循 Glaser 等

（1967）提出的扎根理论分析范式展开研究。

5. 2. 4　案例选择

根据研究目标及主要问题，本章制定如下选取标准以进行案例选择：①所选后发企业案例以营利性商业活动为主导，以实现可持续发展为目标；②聚焦于市场需求，有大量区别于价格竞争的产品或技术服务；③具备一定的研发优势，依托技术可拓展性提供创新产品服务。

基于上述标准，本章选择人工智能企业作为研究对象，理由如下：第一，人工智能企业积极寻求战略变革与业务创新，为寻求和适应新市场，其核心技术、组织形态和商业模式能够实现快速迭代，是研究颠覆性创新演化发展的理想对象；第二，人工智能有大量区别于价格竞争的商业活动，技术赋能改变了营销与售后等与顾客最为贴近的环节，将以往对顾客需求滞后回应转变为“产销合一”的实时互动，提升与消费者共创价值的可能；第三，人工智能技术具有显著的溢出效应，通过技术赋能切入新市场向客户提供创新产品及智能化解决方案，有助于进一步分析颠覆性创新的演化过程。鉴于人工智能产业在中国情境下发展的超前性与特殊性，研究其技术群落变迁有助于掌握颠覆性创新的价值形成机制，为其他行业的发展提供经验借鉴，因而将人工智能企业作为本章的样本。

由于人工智能体系架构复杂且涉及跨领域的多技术融合创新，为了在资料编码时能够得到尽可能丰富的概念范畴同时保证客观性与有效性，本章参照《人工智能安全标准化白皮书（2019 版）》及相关行业报告，以人工智能技术层级划分（见表 5-1）为依据对样本企业进行理论抽样，即根据理论饱和程度反复进行添加、比对等步骤，最终选定了 14 家企业展开研究。人工智能技术层级包括基础层、技术层和应用层，其中基础层是人工智能产业发展的基础，如大数据、云计算等作为通用技术赋能并服务于各行各业，有效促进了颠覆性创新技术萌芽；技术层包括平台支撑和关键技术等，只有保证数据资源与算法支持，企业才能推进关键技术迭代整合以加快性能跃迁，不断推进颠覆性创新技术演化；应用层包括产品服务及行业应用，主要围绕市场需求进行试验，以推进技术商业化落地，加快颠覆性创新市场扩散。在实际情况中单个企业可能隶属多个层级，这对于扎根分析而言是有利的，因为可以提供更为丰富的概念范畴，有助于各层级企业资料达到理论饱和（仝自强等，2019）。需说明的是，由于人工智能技术的特殊性，多数企业无法独立承担某些基础层关键共性技术的研发风险，在此过程中地方新型研发机构发挥了重要作用（孟溦等，2019），为保证研究逻辑的连贯性，选取了两家新型研发机构加入样本对象进行研究。

表 5-1　人工智能技术层级划分

技术层级		技术体系
基础层	基础设施	智能服务器、传感器、端侧设备、高性能芯片
	数据（集）	图像处理、语音处理、自然语言处理
技术层	平台支撑	算法模型、运算能力、数据资源
	关键技术	计算机视觉、自然语言理解、智能语音、人机交互等
应用层	产品服务	智能机器人、自动驾驶、人脸识别、智能客服等
	行业应用	智能安防、智慧金融、智能家居、智能交通等

资料来源：根据《人工智能安全标准化白皮书（2019 版）》及相关行业报告整理。

5.2.5　数据收集与分析

为全面把握人工智能行业背景及发展特征，笔者在调查启动之前对相关领域的专家、学者及技术人员进行初步访谈，为形成调查问题与开展理论抽样提供了有益参考。为了保障案例研究信度和效度，本章基于三角测量法将一二手资料与回访调查相结合，整理出了近 20 万字的原始资料。一手资料的获取途径有以下两种：第一，分别在北京、广州和深圳对企业进行实地调研；第二，对企业的主要合作机构进行访谈。本章主要通过实地走访与半结构化访谈的方式来收集一手资料，访谈对象尽可能涵盖企业高管、部门经理以及技术人员等（郑彦宁等，2021），见表 5-2。

二手资料的获取途径有以下三种：①以“颠覆性技术”或“颠覆性创新”为主题词在 SCI/SSCI 权威期刊和国内 CSSCI 数据库中检索相关文献；②有关颠覆性创新的书籍和杂志，如国内外颠覆性创新相关著作以及 *Harvard Business Review* 等刊登的多篇相关重要文章；③国内外行业规划及智库研究报告，如美国的《2019 国家人工智能研发战略计划》、我国的《人工智能安全标准化白皮书（2019 版）》、毕马威和阿里研究院联合发布的智能经济时代系列研究报告等。

本章基于扎根理论对原始材料进行编码分析，目的在于从现象提炼关键要素并进行梳理，自下而上地建构理论。案例数据分析基本过程为：采用开放式编码（Open Coding）、轴心式编码（Axial Coding）和选择式编码（Selective Coding）的分析范式，来挖掘资料范畴、识别范畴属性和探讨范畴关系，通过对现象的归纳分析进行理论建构以获得解释性理解（邢小强等，2019）。为了保障研究工作的高效、科学和客观，本章运用质性分析软件 NVivo 11 来辅助编码及预分析工作，在此过程中不断地对所获取的资料进行整理与比对，各节点编码一致性百分比均达到 80%以上。

表 5-2　案例调查列表

公司名	技术领域	技术层级	位置	调查对象与时间
BFD	大数据智能决策	技术层、应用层	北京	与总经理、技术人员等会谈 2 小时
DPX	技术赋能、软硬件研发	基础层、技术层	北京	与部门经理、研发人员等访谈 1.5 小时
NH	人脸识别与数字化应用	技术层、应用层	广州	与总经理、信息中心总监、研发总监等会谈 2 小时
YC	深度学习、自动驾驶	基础层、技术层	广州	与部门经理及技术人员会谈 1.5 小时
AJB	智慧社区与智能家居	技术层、应用层	广州	与总经理及技术人员等会谈 1 小时
KY	计算机视觉、智能芯片	技术层、应用层	广州	与董事长、市场部经理和技术人员等会谈 2 小时
JD	车联网、大数据服务平台	技术层、应用层	广州	与董事长、副总裁和技术部负责人等会谈 2 小时
GXX	云计算、物联网	基础层、技术层	广州	与董事长、执行副总裁、首席信息安全专家、研发中心总监、技术资质部经理等会谈 2 小时
LWZL	智能监控、云平台	技术层、应用层	深圳	与部门经理、总裁助理及市场经理等会谈 1.5 小时
WJA	物联网、智能安防	应用层	深圳	与董事长、市场部经理等会谈 1 小时
YFT	3D 人脸识别、智慧城市	技术层、应用层	深圳	与董事长、总经理、副总经理以及研发中心、应用软件开发部、智能算法部及市场部总监等会谈 2 小时
YTLF	深度学习，人脸、车牌识别	技术层、应用层	深圳	与副总经理、研发副总、战略创新中心高级经理、战略政策经理等会谈 2 小时

续表

公司名	技术领域	技术层级	位置	调查对象与时间
ZKXJ	技术研发、高新企业孵化	基础层、技术层	深圳	与董事会助理、研发部主任会谈 2 小时
GGD	精密装备与机器人制造	基础层、技术层	佛山	与部门主任、技术人员会谈 2 小时

注：因案例研究涉及一些敏感问题（如企业创新意愿、技术布局等），故隐去公司名称以字母代替。

5.3 分析过程

5.3.1 开放式编码

开放式编码是将原始资料进行界定与提炼，从而实现概念化与范畴化的过程，主要步骤为贴标签、概念化、范畴化。通过对资料进行抽象提炼和逐级缩编，得到社会治理精细化、智能化决策、跨界融合等 186 个标签，再对这些标签做进一步比对，按照逻辑关系重新归纳整理，该过程反复迭代直至理论饱和，最终所有标签被整合为 65 个概念并归纳于 9 个主范畴中，编码部分过程展示见表 5-3。

表 5-3 扎根理论编码过程（部分）

原始资料	贴标签	概念化	范畴化
它的核心理念就是用技术来解决社会治理的一些问题，通过精准智能的发现，然后精准推送、管理闭环 3 个步骤来进行“由简到繁再到简”的过程（aa_{33}）	aa_{33}社会治理精细化	a_{16}基于技术赋能的社会治理应用	A_2 技术轨道跃迁
防灾减灾系统是基于 AI 技术在短视频平台上的应用，在发布预警灾害信息之后，平台对用户拍摄的视频进行整合收集处理，为应急处置措施提供决策支持（aa_{35}）	aa_{35}智能化决策		
安防就是一个跨界应用的例子，NVR 硬板录像机在安防领域的应用实现了整个行业的创新（aa_{39}）	aa_{39}跨界融合	a_{22}新技术跨界融合与集成创新	
不只是单纯的红外，还有一些活体检测的算法，通过感知皮肤温度计算出是人体皮肤还是动物皮毛，比如戴面具的话整个温度都是一样的，人脸、鼻尖和鼻翼就有温度差（aa_{46}）	aa_{46}技术集成		

续表

原始资料	贴标签	概念化	范畴化
这个趋势对于我们而言也是机遇，单一的竞争优势没有这么强，但是集成一个系统，这个系统越大、越复杂，我们的品牌优势跟系统整合能力的优势就越明显（aa_{54}）	aa_{54}系统整合	a_{34}系统集成与服务创新	A_5 新的价值主张
开发商把物业作为后续增值服务的重要内容，他做他们的 App，把它变成刚需，加大中间部分使用强度（aa_{56}）	aa_{56}后续增值服务		
通过手势识别大幅提升线上商品的选购效率和体验（aa_{84}）	aa_{84}提升交互效率	a_{48}提升购物效率与消费体验	
很多公司将具体场景跟人脸识别图片识别结合，用 AI 自动化建模，突出 3D 沉浸式体验（aa_{89}）	aa_{89}沉浸式体验		
目前 NS 在重点打造平台中心，围绕人工智能核心平台，去释放基础的智力、数据以及计算等相关资源（aa_{122}）	aa_{122}综合应用平台	a_{62}公共技术服务平台	A_8 组织结构创新
在业务电子化、业务数字化以及流程自动化的基础上，积累大量的数据，将大数据、云计算作为技术支持（aa_{136}）	aa_{136}云技术支持		
公司非常注重技术的创新，从成立之初到现在申请各类知识产权达到数百项并以发明专利为主（aa_{138}）	aa_{138}研发型团队建设	a_{71}技术导向的组织结构优化	
通过城市大脑来赋能我们新警务新治理、核心零售等方向，也是公司现在最主要的发展航道（aa_{141}）	aa_{141}发展航道		
……	……	……	……
（共计 805 个参考点）	（共计 186 个标签）	（共计 65 个概念）	（共计 9 个范畴）

5.3.2　轴心式编码

轴心式编码基于开放式编码结果对概念间的内在逻辑关系做进一步挖掘与概括。借鉴 Yin（2010）的观点，本章运用典范模型进行轴心式编码，即采用“条件—情景—脉络—中介条件—行动/互动策略—结果”这一编码范式来处理概念和范畴的连接问题。典范模型是扎根理论研究中初步建构理论的重要途径，即利用某种现象的条件与脉络，综合考虑中介条件、针对情景采取的行动/互动策略以及该行动/策略所带来的实际结果，从而更为深刻地掌握现象（范畴）的本质及内涵。比如，在开放式编码中出现的“技术性能提升”“创新技术赋能驱动”等 10 个概念可以整合到一条“轴线”中（如图 5-1 所示）：随着智能技术性能提升以及技术赋能驱动，企业不断提升技术细分优势并促进技术分叉以突破技术壁垒、弥补技术势差，由此企业通过产品服务功能组合创新实现系统集成创新，通过技术与产品的互联互通实现新技术跨界融合，最终将人工智能技术成果应用于社会治理和视觉增强等场景中。

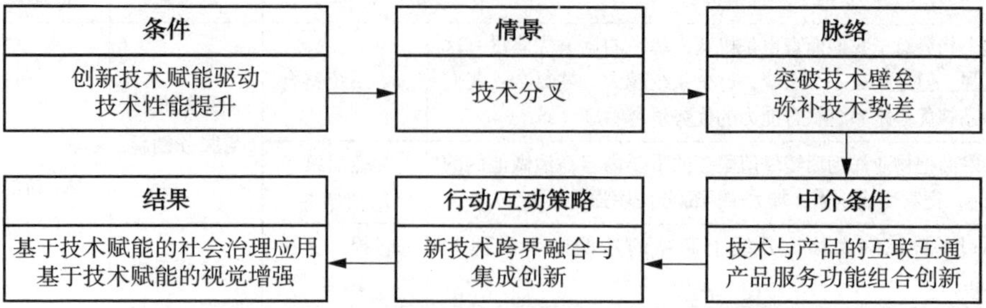

图 5-1　主范畴“技术轨道跃迁”的典范模型

5.3.3　选择式编码

选择式编码主要是在范畴化的基础上对核心范畴进行选择，进一步讨论范畴间的逻辑关系，同时将未饱和的范畴补充完整，以提炼出具有高度概括性和可解释性的核心范畴，形成能够清晰说明各范畴内部概念的故事线，最终发展成为系统翔实、成熟完备的理论。对轴心式编码所得 9 个主范畴进行分析，进一步对概念范畴间的逻辑关系与体系结构进行梳理，得到本章数据编码过程及最终编码结果（如图 5-2 所示）。基于编码结果对故事线梳理如下：

①技术范式转变主要产生于企业技术演进与范式变革，主范畴包括技术累积与迭代创新、技术轨道跃迁、技术风险治理机制、创新机会识别与技术预见等。人工智能企业依赖开放包容的创新土壤展开对新技术场景的挖掘，同时智能技术的可拓展性也让企业更善于识别创新机会、开发利基市场空间。企业通过技术预见机制及开放式创新体系推动核心技术迭代创新，并应对技术市场风险做出适应性调整，从而逐步形成颠覆性创新的核心优势。

②企业组织所进行的动态调整与管理创新有效促进了颠覆性创新的发展，包括组织结构创新和创新动态能力等（韩晨等，2017）。在企业家意愿与技术创新的组织惯性的推动下，企业根据环境变化与市场需求进行动态调整，采取搭建公共技术服务平台、避免区域同质化竞争以及组织结构调整等措施，加强与高校群落衔接实现知识转移，不断推进产业智能化改造与技术赋能，建立技术与组织的柔性衔接，全面提升快速转化产品服务的能力、有效节省企业运维成本，进一步促进颠覆性创新发展。

③颠覆性创新通过建立新的价值主张来重构市场边界，并基于产业创新生态链展开深度合作，从而对市场进行切入以实现价值扩散。人工智能企业通过系统集成与服务创新实现了对市场边界的重构，有利于突破消费者惯性

障碍、打破现有竞争格局并开创蓝海（黄海洋等，2011）。为了进一步利用产业创新生态链及利基市场空间，企业间建立互利共赢的企业合作关系，不仅体现于在位企业与初创企业之间的知识转移，也包括上下游产业链深度合作与分工精细化，在形成新的价值扩散模式后，企业重点关注市场细分需求和潜在威胁，重塑价值实现模式以实现市场侵入，实现颠覆性创新的市场扩散。

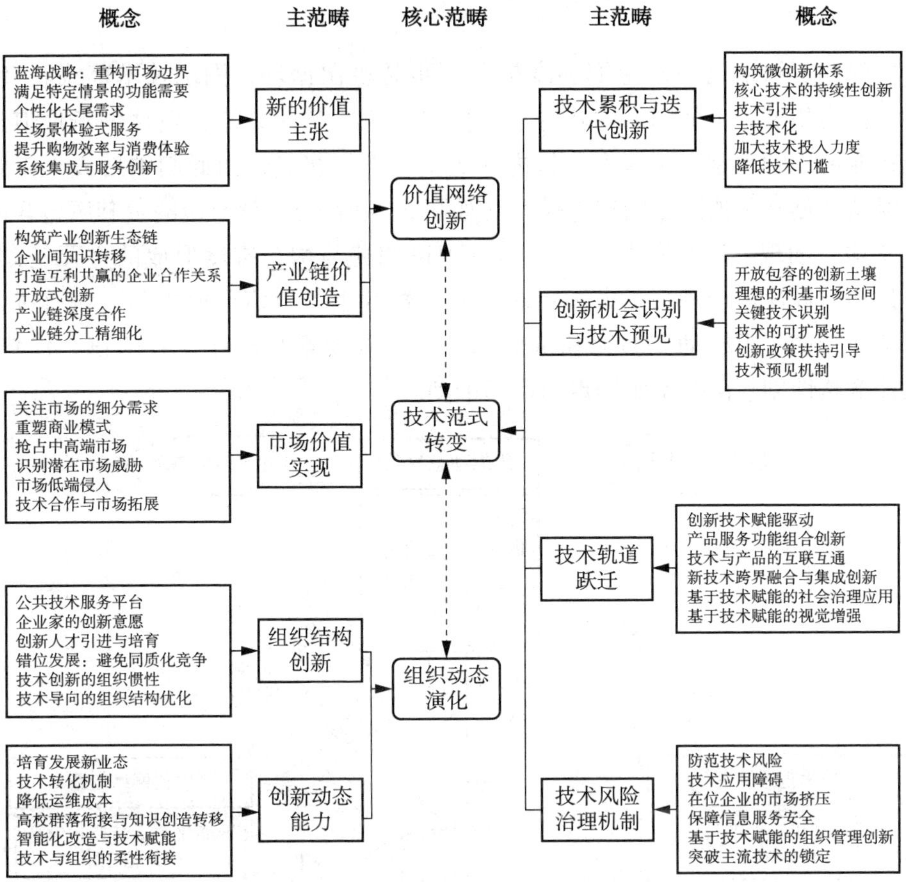

图 5-2　颠覆性创新价值形成的编码结果

5. 3. 4　理论饱和度检验

基于扎根理论建构模型需要对理论饱和度进行检验，本章通过采用另外 4 家同类型企业访谈资料以及二手资料交叉验证的方式进行检验。通过比较案例同样遵循开放式编码、轴心式编码和选择式编码的分析范式，来对现象进行归纳分析。结果显示，所提炼的概念范畴与原材料中的基本符合，对于影响企业颠覆性创新产生与演化过程的关键因素，均未发现新的理论范畴以及新的构成因子和交叉关系，模型中，相关范畴及概念的发展已经较为丰富，因此可以认为上述模型实现了理论饱和（周青等，2020）。

5.4 理论模型与案例分析

经过资料编码与理论饱和度检验等步骤多次循环，围绕技术范式转变、动态能力拓展、价值网络创新等重点探讨了人工智能企业颠覆性创新价值形成机制的影响因素，并探索分析内在逻辑与关键机制，由此归纳形成人工智能颠覆性创新价值形成的理论模型（如图5-3所示）。核心范畴及其所包含的概念均“涌现”自原始材料，是本章理论阐述与构念维度形成的重要基础，所建构的理论模型刻画了人工智能企业颠覆性创新价值形成机制，即通过技术范式转变、组织动态演化和价值网络创新等要素打造颠覆者的核心优势，促使颠覆性创新由技术驱动走向市场推动。

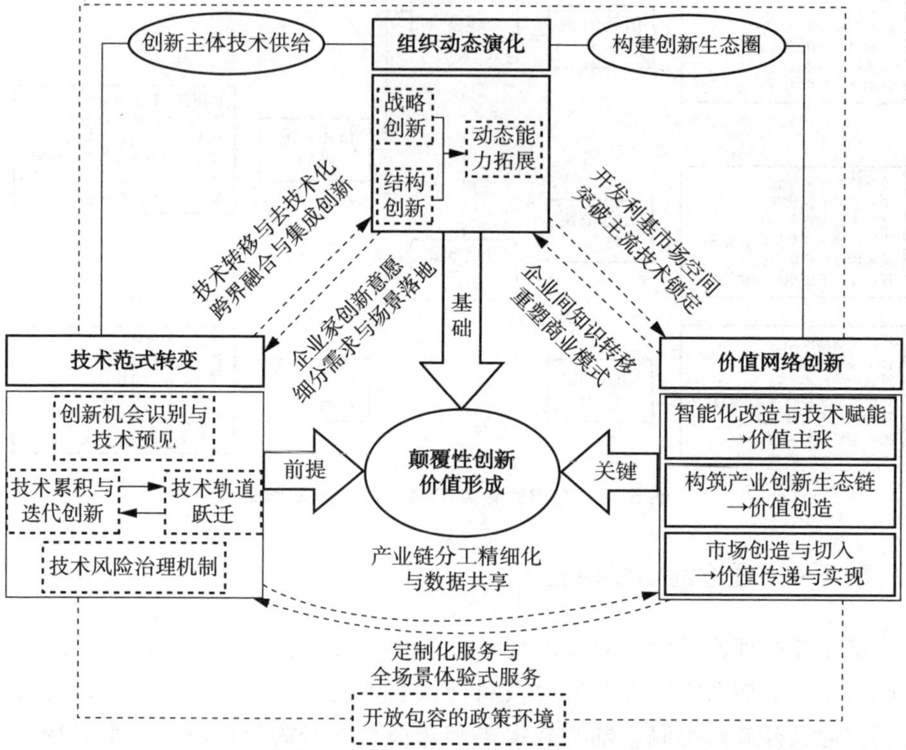

图5-3 颠覆性创新价值形成的理论模型

5.4.1　技术范式转变：累积—识别—跃迁—防范

技术范式转变是实现颠覆性创新的前提，企业着眼于创造新的需求增长点，通过挖掘新的技术应用场景来探索市场机遇，而智能技术良好的嵌入性也让企业更善于发现和抢占利基市场，然后通过跨界融合与集成创新、构筑微创新体系等来推进技术累积与迭代创新，有效把握和解决技术障碍与技术风险，促进技术轨道跃迁以获取颠覆性创新优势（Schuelke et al.，2018）。核心技术的累积与迭代是企业技术范式转变的基础，“技术累积”是指在技术研发、市场环境等诸多因素的影响下，新技术沿着技术范式所限定的方向不断演进的过程，持续的技术累积将逐步影响主流产品以促进原有技术组合的迭代和突破（Guo et al.，2019；张龙鹏等，2021）。人工智能企业主要通过构筑微创新体系来保障核心技术的持续性创新，在技术、产品服务或商业模式上积累足够的竞争优势，例如为了突破智能传感器与算法模型的限制，企业通过促进基础硬件突破或者新产品服务的“去技术化”等方式来降低技术成本与门槛，目的在于加快新技术应用，加快企业智能化改造进程。

创新机会识别与技术预见为企业实施颠覆性创新活动提供引领，包括预测新技术是否能满足市场中的某类需求和所能提供的性能水平，以及所造成的颠覆蕴含着怎样的价值（靳宗振等，2017）。人工智能所孕育的颠覆性创新大多立足多元化应用场景或聚焦于细分需求主推小众化定制产品服务，这意味着企业必须具备敏锐的创新机会识别能力，能够预知潜在的技术发展趋势和寻找理想的利基市场空间。需要指出的是，颠覆性创新机会的识别不仅为新进者指引方向，也让在位者的防范措施有的放矢（黄鲁成等，2019），但这种“防范”不是绝对的，不少在位者也选择了积极的应对方式，即通过技术引进或战略合作等方式扶持新进企业技术研发，以此参与到颠覆性创新机会的开发过程中，有效地防范自身“被颠覆”的风险（梁中等，2021）。

开放包容的政策环境是催生颠覆性创新的重要土壤，政府能够通过不同性质的政策工具来改变颠覆性技术的发展路径，但颠覆性创新中的政府作用仍缺乏足够的关注（黄子洋等，2019）。颠覆性技术在其演化或与其他技术融合的过程中离不开政府作用的有效发挥，以广州市智能网联汽车产业为例，全自动驾驶的出现将会让交通标识逐步退出或变换呈现方式，交通法规对人的约束或将为对车辆行驶模式的规则细化所取代，最终实现道路资源利用最大化以及传统运输业的颠覆。但由于全自动驾驶技术（感知—预测—决策—控制）的特殊性以及外部影响因素（天气、路况、突发事件）的复杂性，甚至还涉及配套设施建设与公众信任机制等，其试验应用离不开区域的文化包容性、市场化程度以及政策支持力度，广州本身有着良好的创新文化，交通运输部、广东省交通集团和南沙区政府共同打造智能网络汽车的测试和示范区，专门设立自动驾驶跑道用于测试，不断探索智能网联汽车的政策规制措施，在技术转型的过程中很好地解决了时间窗口的问题，有效地促进了智能网联汽车产业的发展。

技术轨道跃迁是技术沿着既定轨迹发展时受到技术和市场双重因素作用而产生分叉或拐点的状况，以性能提升或跨界融合来提升技术优势，创造出新的技术演化轨迹从而具备颠覆性潜力（罗仲伟等，2014）。人工智能企业的颠覆性技术轨道跃迁主要有两种形式：一是性能跃迁式，主要以突破技术壁垒、弥补技术势差为导向，通过性能提升与功能优化促进技术轨道跃迁，进入市场后采取新的资源配置方式，从而实现技术锁定与市场扩散，例如视频结构化通过感知设备的大数据采集及快速分析，能够丰富行人的特征数据，包括身高、体态、衣物颜色和心理情绪等，同时采取以“数据+算力+算法”运作范式为核心的资源配置方式，它的核心理念就是“由简到繁再到简”——通过精准发现、推送和快速处理 3 个步骤来处理海量数据，实现对社会治安综合治理的极大变革，有效推动了平安城市、平安社区的建设。数据显示，自 2016 年采用视频结构化及相关技术后，广州视频破案率从 2010 年的 10%提升到了 75%以上。二是跨界整合式，主要通过新技术跨领域重组以及技术与产品互联互通来延伸新的技术轨迹以实现颠覆性创新，跨界整合式的技术在应用初期往往十分粗糙，需要持续进行迭代创新才能实现技术跨越，例如人脸识别技术在安防领域的应用，开始只是作为“增强型视频监控”来进行图像采集和治安管理，在治理效能提升上饱受诟病，而随着“人脸识别+机器学习+云计算”等集成技术的不断发展与成熟，人脸识别实现了与社区管理、楼层家居的数据联动。该技术作为数据入口拓展了应用场景并提供技术端到服务端的整体解决方案，从而创造了智能安防、智能家居等更为广阔的市场空间（如图 5-4 所示）。

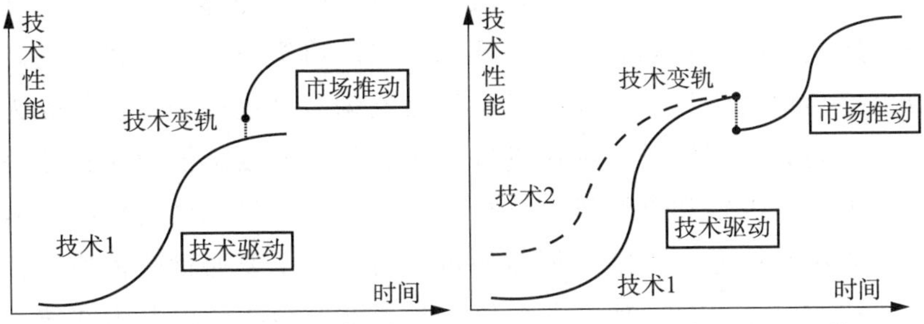

图 5-4　颠覆性创新的技术演化路径

企业实施颠覆性创新活动需要更加清楚地了解行业内细微差别，重点关注技术风险治理，但颠覆性创新发展过程中面临着来自多方面的障碍因素：①新技术障碍，即存在较大的市场需求，但当前智能技术水平仍难以满足，如“AI+医疗”虽然可以对人体健康指数进行测量，但对具体病症的诊断仍无法实现；②技术应用障碍，即技术已较为成熟，但由于客观条件制约，较难进入某些场景，如互联网三维数字化建模展示平台中的 3D 实景沉浸式体验及多屏互动，由于云端压缩和高速传输技术尚未成熟，用户无法通过普通的个人终端来打开高精度的 3D 模型；③技术信任障碍，是指消费者缺乏对新技术的信任，较难接受新的产品服务，如智能安防是与楼盘合作的形式推广，但多数消费者出于隐私考虑拒绝智能产品进入社区，导致智能安防产业发展受限；④技术生态障碍，即受限于外部环境难以改变现有竞争格局，例如智能网联汽车产业一旦兴起则可能颠覆运输业、制造业、城市规划、网络安全、交通执法等数十个传统行业，改变社会公众认知、突破现有产业格局是产业成长壮大的关键。

5.4.2　组织动态演化：战略创新—结构创新—能力拓展

组织结构创新是实现颠覆性创新的基础，企业根据环境变化重新定义竞争力、根据环境需求适应整合配置创新资源，市场需求变化、企业家创新意愿及组织创新惯性是组织动态能力提升的重要因素（王晨筱等，2018），人工智能企业通过建立与颠覆性创新演化特征相契合的组织结构及能力体系，从而在创新战略引领、创新惯性及智能化改造的推动下获取竞争优势（郁培丽等，2019）。人工智能不仅是对主流技术范式的颠覆，也是对企业自身组织结构与管理模式的颠覆。面对外部竞争环境变化，企业不得不建立与颠覆性创新演化特征相适应的组织形态，以拓展动态能力与获取可持续竞争优势。企业通过引导战略创新来进行变革，首先为智能技术选择不同的应用场景，利用良好的生态位重叠度降低同质化竞争；其次通过关键技术识别和市场机会分析，为企业未来发展探索新的机遇。实现与知识群落对接是组织结构创新的重要目的，主要通过两种途径：一是打造公共技术服务平台，如在业务电子化、业务数字化以及生产流程自动化的基础上构建云平台，提升企业的资源配置效率，积累海量数据为企业提供决策参考；二是建立独立的技术创新载体，例如企业集中优势力量及资源单独成立内置研发部门，负责前沿技术研发转化及场景落地。目前制约智能技术大规模落地的原因，是公共服务数据的数量和质量还难以达到技术门槛，尤其对于初创公司来说，本身并不具备这方面的资源禀赋，在公共服务和行业共性技术方面则更依赖新型研发机构等新型创新主体进行供给。

人工智能企业的成长必然伴随着战略变革与效率提升，创新动态能力是转变发展方式、增强创新动力和提升竞争优势的具体体现（苏鹏等，2016），即“动态”（根据环境变化重新定义竞争优势）和“能力”（根据环境需求重新配置创新资源以形成核心优势）（罗仲伟等，2014）。企业动态能力在创新战略引领和智能技术推动下进行拓展提升，形成“学习—整合—转化—改造”的能力体系。在学习阶段，企业围绕自身技术布局进行创新资源配置，通过新型研发机构的技术突破以及加强与高校群落的衔接来实现知识创造转移，基于源头创新来推进技术驱动、提升应用创新能力；在整合阶段，企业对所获取的分散知识进行辨别复制、消化吸收，加快技术研发进程，探索新技术的应用场景以提升创新价值；在转化阶段，企业围绕技术应用场景从技术研发、解决方案到组织运营、产品销售、后续服务等方面组建新的运作流程，保障技术与组织的柔性衔接，推进智能技术的产业化落地；在改造阶段，企业基于对新技术的持续性创新培育发展新业态新模式，通过智能化改造或技术赋能来大幅降低用户的运维成本，搭建智能化资源配置的最优范式（如图 5-5 所示）。

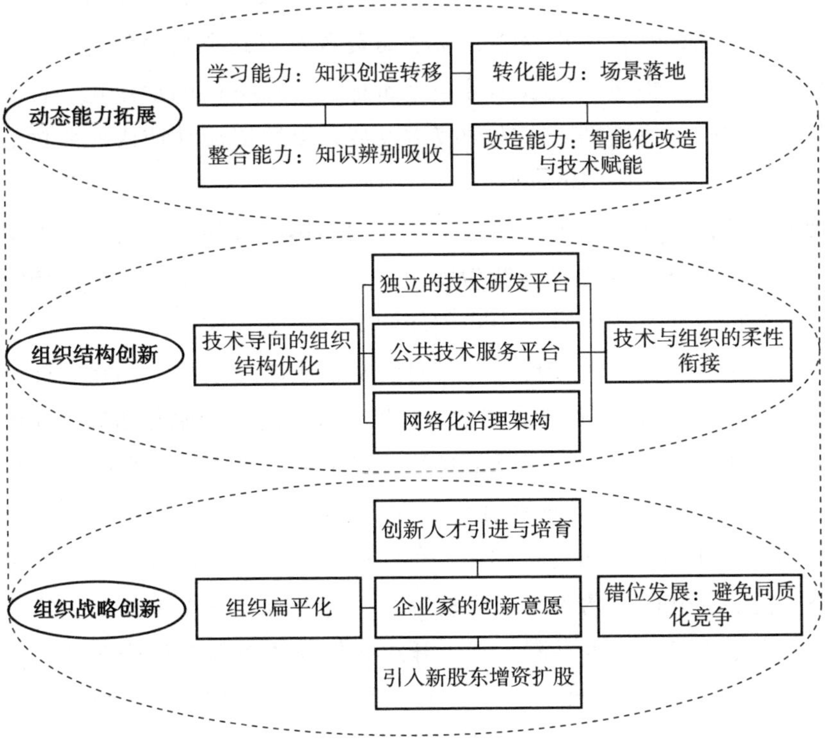

图 5-5　基于颠覆性创新的组织动态演化

5.4.3　价值网络创新：价值主张—价值跃变—价值实现

价值网络创新是实现颠覆性创新的关键，智能技术的赋能优势以及市场化应用的精准性使得人工智能企业具备多路径切入的能力，同时加快产业链的深度合作与分工精细化，采用定制化服务突破现有消费惯性障碍创造新的蓝海，进一步转变价值创造与传递模式从而获取颠覆性创新优势（Harmaakorpi et al.，2005）。人工智能企业改变了单一价值链环节以及原有的价值扩散方式，颠覆性创新也往往产生于以满足客户需求为导向的价值创造活动，并伴随着已有企业价值链、供应链的极大扩充。企业通过提出新的价值主张和构建商业生态圈来为消费者提供更多共创价值的机会，使得人工智能企业成为颠覆性创新的重要土壤，其价值创造模式包括：一是定制化服务，即引入消费者参与价值创造环节，通过双向即时互动提升购物效率与消费体验，提供精准化推荐及个性化服务（Sushil et al.，2015）；二是价值共创，通过调整供应链的柔性化生产水平，激励消费者参与到产品服务的设计、生产或销售的环节中，促进智能技术环境下价值链、供应链的规模化、自动化和实时化网状协作，以内部需求驱动技术发展，以数据流动加快商业价值的实现（Mele et al.，2010；Huang et al.，2018）。

现如今知识与数据在价值创造中发挥的作用越发显著，使得原本依赖资本、物质的传统价值链逐步延伸为依赖知识、服务的无形价值链，传统的以企业为主要价值来源的垂直集中式创新模式，正逐步向价值共创、多元分散的全产业链整合式创新模式转变。因而后发企业通过颠覆性创新实现价值跃变（柳卸林等，2017）。首先是产业链深度合作，定制化服务通过产业链分工精细化，打通产业生态链，保障信息流、资金流、业务流的智能连接与系统管理，打造互利共赢的产业链合作关系（Mezger et al.，2014）。例如通过“AI+物联网”平台建立智能社区人、车、房核心数据全面关联，实现智能识别、路径指引、电梯联动和家居联动等，推进全时空下多维数据立体感知与管控。其次是构建商业生态圈，基于开放式创新体系与在位企业共同构筑产业创新生态链，利用成熟的品牌、资源、流量等共同开发云端底层技术产品，从单纯的企业合作变成了共同运营的战略合作伙伴，有效衔接孵化与投资，实现技术到产品服务的转变，有利于加快研发资源的整合利用与知识转移，促进新技术研发突破与产业化落地。

如图 5-6 所示，后发企业主要通过低端市场切入（在低端分离市场引入新的产品服务、满足用户细分需求逐步逼退在位企业和侵蚀主流市场）或高端市场切入（以较高的产品性能、不断降低的成本价格和建立新的价值网络由高端分离市场向主流市场扩散）来实现颠覆性创新（周洋等，2017）。智能技术群落的集聚赋能实现了颠覆性技术创新、产品服务创新和商业模式创新的重新定义，为企业的市场切入提供了多种路径，提出了新的价值实现模式。以目前应用场景最为广泛的人脸识别技术为例，该技术的市场切入方式包括：一是高端分离市场切入，如人脸识别在机场、地铁等场景的应用，由于存在管理需求和客户感受等不同的需求点，人脸识别除了应用于旅客分级安检通关，还将提供会员引导、智能营销等差异化服务，重点提升其运行服务能力及用户体验；二是低端分离市场切入，例如在社区、家庭等中小型场景的应用，通过重点关注市场细分需求来提供技术解决方案，如重点关注对老人的出现频率、儿童脱离安全区域以及其他极端行为的检测；三是低端边缘市场切入，如新零售就是通过云计算与人脸识别技术深度分析不同时段用户的消费行为及交互行为特征，然后反馈给商家以推送精准化、人性化的定制商品服务，改变了以往季度性的广告投放方式，根据人群外部特征及购买需求选择广告投放，提升商业营销的精准性（Hwang et al.，2008）。

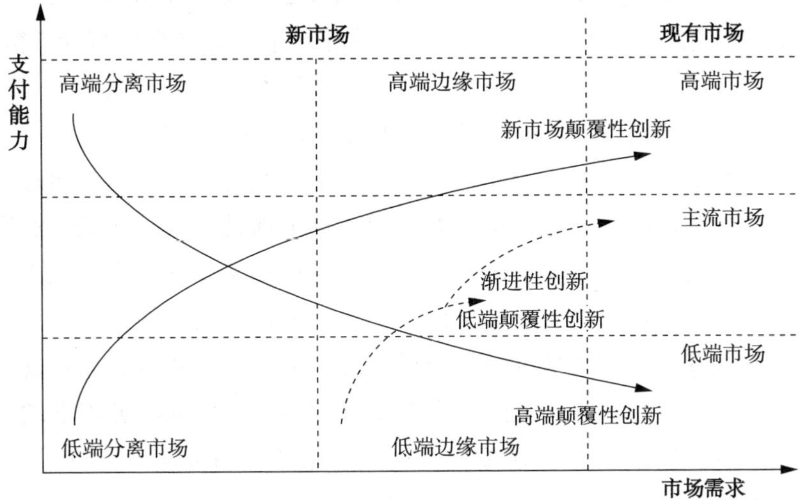

图 5-6　颠覆性创新的市场演化轨迹

5.5　研究结论

本章主要对人工智能企业颠覆性创新价值形成机制进行扎根分析，基于颠覆性创新价值创造描绘出人工智能技术群落催化产业转型升级的一系列故事线，包括 186 个标签、65 个概念和 9 个主范畴，基于现象提炼和逐级缩编等方法构建了人工智能技术颠覆性创新价值形成的理论模型。通过对人工智能颠覆性创新价值创造阶段的分析，深入阐释了后发企业颠覆性创新价值形成过程：通过加快技术战略创新与技术范式转变，及时调整组织结构适应外部环境变化并不断打造后发企业的可拓展核心，形成新的价值创造与实现模式以增强竞争优势。

人工智能之所以成为颠覆性创新涌现的最佳土壤，是因为企业在其核心技术演化过程中围绕“技术—组织—环境”建立了价值形成的关键机制：首先，智能技术创新在演化发展过程中的正向作用更为显著，企业通过提升研发投入、构筑微创新体系推进技术累积与迭代创新，重点防范技术风险与解决技术障碍，旨在实现降低技术门槛或去技术化、促进技术轨道跃迁以获取颠覆性创新优势；其次，外部创新环境与市场需求、企业家创新意愿及组织创新惯性是面向技术创新的组织结构优化的重要推动因素，人工智能企业通过建立与颠覆性创新演化特征相契合的组织形态及能力体系，从而具备颠覆性创新的组织优势；最后，人工智能行业主张产业链深度合作与分工精细化，并采用定制化服务突破现有消费惯性障碍和创造新的蓝海，进一步通过价值创造与传递模式的创新进行市场切入，从而获取颠覆性创新优势。

本章研究结论对于人工智能及相关行业发展具有一定启示。通过对价值形成模型的分析，可以看出创新技术识别与技术预见是人工智能企业实现技术轨道跃迁的前提，企业通过挖掘新的技术应用场景来探索市场机遇，着眼于创造新的需求增长点来实现市场侵入，而智能技术良好的产品嵌入性也让企业更善于开发、抢占利基市场；创新动态能力是人工智能企业实现战略结构创新的基础，企业根据环境变化重新定义竞争力、根据环境需求适应整合配置创新资源，从而在创新战略引领及智能化改造的推动下获取竞争优势；市场切入方式是人工智能企业实现价值网络创新的关键，智能技术的赋能优势以及市场化应用的特殊性使其具备多种路径切入多类型市场的能力，相较而言，人脸识别技术的应用场景较为广泛，技术的赋能优势与可拓展性使得人脸识别被广泛应用于机场地铁、社区家居和新零售等多种场景。

5.6 本章小结

本章围绕“后发企业颠覆性创新价值形成机制与扎根分析”这一关键问题展开研究，扎根于14家人工智能企业与机构培育发展颠覆性创新的现实情境，通过对深度访谈材料的现象提炼与逐级编码，得到186个标签、65个概念和9个主范畴，构建了人工智能企业颠覆性创新价值形成的理论模型，分析了人工智能颠覆性创新价值形成的关键因素及其作用机制，提出人工智能企业之所以成为颠覆性创新涌现的最佳土壤，原因在于通过加快技术范式转变、调整组织战略拓展创新能力以及打造新的价值创新模式等，不断提升外部环境变化的适应能力，从而具备了颠覆性创新的市场竞争优势。

第6章 基于fsQCA的后发企业颠覆性创新价值聚合路径

颠覆性创新以市场需求为导向，是基于技术跃迁和价值创造的全过程创新，能够快速变革现有组织结构、产品体系及主流市场。尽管目前已证实颠覆性创新的产生演化也会受到来自技术创新、组织变革与外部变化等诸多因素的影响，但仍缺乏探讨不同维度影响因素对颠覆性创新价值聚合的综合影响及组态作用的研究。本章以“后发企业颠覆性创新价值聚合路径”为关键问题，以27家人工智能企业案例资料为基础，基于fsQCA分析其影响因素及组态作用，探讨组织、技术与环境因素构型对AI企业颠覆性创新的价值聚合路径，尝试打开颠覆性创新价值形成演化的“黑箱”，以便进一步对中国情境下的颠覆性创新理论研究做出贡献。

6.1 引言

随着人工智能技术加速突破以及应用场景的快速推广，科技企业纷纷借助AI技术孕育颠覆性创新、加快实现“变轨超车”，但由于商业化进程以及管理机制、外部环境等非技术性问题的困扰，后发企业难以取得“颠覆性”的理想效果，例如自动驾驶技术被广泛认为人工智能推动传统运输行业变革的“突破口”，且目前已进入真实场景测试阶段，但由于近年来其所面临的场景限制（极端天气、复杂路面情况）以及监管压力（事故风险、责任认定）等问题日益凸显，该行业要想实现真正的商业化与规模化绝非易事（苏屹等，2019）。在新一轮科技革命和产业变革的浪潮下，如何把握影响企业颠覆性创新价值聚合的关键因素并分析其组态作用，探索符合企业特征的发展模式，成为当前我国后发企业亟待解决的重要问题。

颠覆性创新是指企业面向利基市场或新市场引入更低成本的技术产品或

商业模式满足用户需求，促使产品制造模式、产业组织模式、商业运行模式发生重大变革，实现快速扩张乃至逐步取代在位企业的过程，而“颠覆”发生的关键在于新技术逐步具备主流技术的缺失性能以及改变市场格局的能力优势。Nagy 等（2016）指出颠覆性创新通过组织管理变革与网络关系优化，以更高性能或低成本满足用户需求，实现用户效用与市场效益最大化。然而现有文献还存在一定局限性：单从技术或市场层面出发，难以体现不同维度的影响因素对颠覆性创新的综合影响，而对于其影响因素之间又存在何种联系、对颠覆性创新产生演化是否具有某种聚合路径等，仍有待进一步探讨。

6.2 模型构建

6.2.1 颠覆性创新前因条件

颠覆性创新是对新技术通过性能提升与价值创新等方式满足非主流市场用户需求、最终实现主流市场突破与颠覆的概念化总结（Christensen，1997）。Bower（2002）进一步丰富了颠覆性创新的内涵，阐释了商业模式创新对颠覆性创新的影响，提出了新市场创新和低端创新两种不同类型的演化路径。Govindarajan 等（2006）以智能手机和座机为例，提出了高端颠覆性创新的概念并对其市场扩散的影响因素进行了分析。颠覆性创新以全新的价值主张以及创造新需求为核心，是基于技术产品创新、市场创造和产业培育的全过程创新，能够快速变革现有组织结构、产品体系及价值网络。有学者基于市场视角提出颠覆性创新是企业依靠探索利基市场、关注底层用户需求等不同策略切入非主流市场的过程，颠覆性创新之所以难以在主流企业出现，主要在于其现有的商业模式无法负担转型过程中可能产生的市场风险（张爱萍等，2017）。

6.2.2 颠覆性创新影响因素

颠覆性创新不是一个事件，而是一个过程，其产生与演化往往受技术突破、组织架构与市场应用模式等诸多因素的影响。颠覆性创新通过技术研发拓展产品服务的功能属性，以更高的竞争优势侵入市场，快速获得更多的用户，继而对原有的技术范式、产品结构或商业模式产生影响，最终占领整个市场。Schmidt 等（2018）对颠覆性创新的用户特征及扩散效应进行比较，指出技术创新是连接技术价值与市场价值的纽带，涉及组织管理和价值网络等多个方面，而随着技术演化、市场动态和外部环境等相关因素的融合方式与作用机制的构成差异，颠覆性创新的实现路径也有所不同。

①技术创新是颠覆性创新产生的重要来源，主要在技术跃迁和机会识别等方面得以体现（Clauss et al.，2017）。技术跃迁是指企业通过转换技术轨道、提供新的功能属性来满足用户期望或改变市场标准，颠覆性创新技术在初始阶段不一定具备颠覆能力，且有可能在某些属性上表现较差而不受主流客户重视，其通过低成本或新的价值来吸引用户（Christensen et al.，2006）。Markides（2006）认为颠覆性创新是对现有技术体系的破坏性冲击，主要以市场为导向实现性能跃迁并逐步发展至主流客户的价值标准，从而具备了侵入主流市场的能力。Reinhardt 等（2015）提出颠覆性创新有着更明显的技术优势和更强的市场生存能力，将会逐渐逼退乃至取代已有的主流技术继而凸显自身的颠覆性，最终占领并领导主流市场。因此，技术跃迁是影响颠覆性创新优势的重要因素之一。机会识别是指对企业前沿技术发展趋势或市场创新机会进行识别。黄鲁成等（2012）指出由于颠覆性创新具有不确定性和高风险性等特征，早期识别颠覆性创新有利于捕获创新机遇并规避风险；冯利杰等（2019）进一步指出创新机会识别有助于把握市场需求、为企业技术跃迁指明方向。因而机会识别是企业探寻利基市场的前提，能够有效促进颠覆性创新优势形成。

②组织管理是颠覆性创新形成的重要空间，主要体现在管理创新和功能拓展两方面。管理创新是指企业根据技术特征或市场需求等制定颠覆性创新战略，以加快流程创新和管理创新。颠覆性创新目标在于满足新市场需求，企业需要通过促进架构创新、优化创新流程等方式获取用户认可，Danneels（2004）认为在不同的市场类型及适用条件下，采取不同的组织创新战略是得到主流市场认同、实现颠覆性创新的关键。企业作为创新主体，组织优势的充分发挥将为颠覆性创新的实现提供有力支撑。功能拓展是指企业通过与外部组织合作对自身功能进行拓展，为颠覆性创新提供发展所需的创新要素以

及构建培育空间。Govindarajan 等（2006）认为颠覆性创新源自企业通过自身技术范式、组织管理和价值网络等要素共同打造的相对优势，继而将优势转化为具体的颠覆性产品或服务以突破市场阻碍。Vecchiato 等（2013）提出颠覆性创新的实施主体及管理模式的不同往往会对企业的创新路径和优势构筑的方法产生重要影响，企业可通过优化生产流程和组织功能等来改变既定的技术范式及价值创造方式，从而取得根本性突破。因而，组织功能拓展能够有效促进颠覆性创新优势的形成。

③外部变化是颠覆性创新扩散的重要机遇，主要体现于外部适应与网络创新等方面。外部适应是指企业不断提升新技术的环境适应力并加快实现产业化应用的过程。颠覆性创新的实现不仅需要技术跃迁和组织创新，还取决于与外部环境的相容性，Chen 等（2017）指出外部环境变化不仅会影响技术本身，也会影响主流用户对颠覆性创新的接纳度。黄子洋等（2018）提出促进内生驱动机制与空间跃迁维度的结合可以为颠覆性技术培育构建保护空间，旨在发挥政策工具在颠覆性技术跃迁过程中的引导作用。外部适应对企业形成和发挥颠覆性创新优势具有至关重要的作用（马文聪等，2018）。网络创新是指企业通过价值网络为用户创造和传递全新的价值。价值网络是颠覆性创新价值创造的重要载体，后发企业实施颠覆性创新也需要根据颠覆性创新的阶段性演变特征探索价值网络构建升级的具体路径。Guo 等（2019）认为价值实现的终端在于用户，颠覆性创新只有被价值网络接纳才能实现市场扩散，价值网络节点也可分散市场风险来保证后发企业的稳定发展。由此可以认为，网络创新对颠覆性创新优势的充分发挥具有重要影响。

6.2.3 组态模型构建

价值聚合是指企业通过对技术产品的功能属性进行重新组合与定义，使其在满足主流用户需求的基础上提供边缘价值，从而有效提升了相对竞争优势（Brady et al.，2005）。后发企业通过价值聚合进一步促进了颠覆性创新的实现，主要以市场需求为导向，开展基于技术跃迁和价值创造的全过程创新，快速变革现有组织结构、产品体系及主流市场（Christensen et al.，1997）。尽管目前已证实颠覆性创新的产生演化也会受到来自技术创新、组织变革与外部变化等诸多因素的影响，但多数研究仍停留于分析单一（类）因素对颠覆性创新的影响作用，缺乏探讨不同维度因素对颠覆性创新的共同影响及聚合路径等方面的相关研究（杨蕙馨等，2019）。鉴于此，本章在充分梳理现有研究成果的基础上，结合技术、组织和环境等维度选取技术跃迁、机会识别、管理创新、功能拓展、外部适应和网络创新 6 个相关核心条件变量，构建企业颠覆性创新优势的组态模型（如图 6-1 所示），以此探讨企业颠覆性创新价值聚合的影响因素及其组态作用等问题。

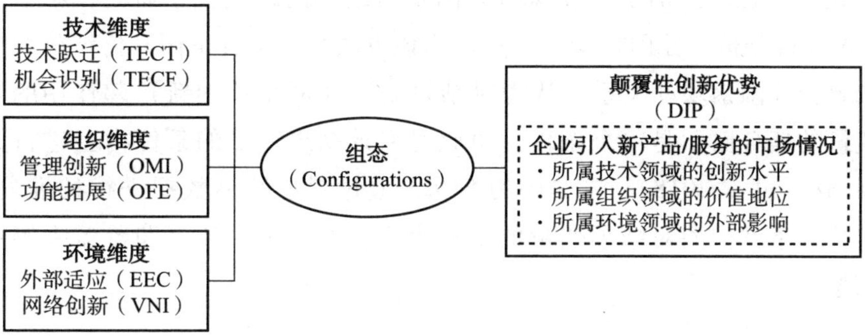

图 6-1　组态模型

6.3　研究设计

6.3.1　研究方法

定性比较分析（Qualitative Comparative Analysis，QCA）是一种以集合论和布尔逻辑运算法则为基础、重点解决构型视角研究问题的分析方法，其核心思想在于通过探索变量间的因果关系以及不同前因条件组合构型，来分析影响结果变量的典型路径并建立解释模型（Fiss et al.，2007）。根据样本集合形态的差异，定性比较分析可细分为清晰集（crisp-set QCA，csQCA）、模糊集（fuzzy-set QCA，fsQCA）和多值集（multi-value QCA，mvQCA）三种类型。分析结果准确性主要由一致率（Consistency）和覆盖率（Coverage）等指标衡量。一致率是指组合构型与材料中逻辑条件的关系程度，该值范围在 0~1，一般大于 0.8 即可认为该前因条件符合理论要求；覆盖率是指前因条件构型对结果变量的隶属度，即在组合构型满足一致性要求的前提下在最终结果中的所占比例。QCA 方法对样本量及数据的要求较低，便于处理前因条件复杂、因果非对称性和跨层变量等特殊问题，同时降低样本对象的复杂性，对案例进行更深层次的解读（张驰等，2017）。该方法兼具定性与定量优势，既适用于小样本的案例研究，又可以用于大样本的实证分析（Ragin et al.，2008；寿柯炎等，2018）。

为了回答“后发企业实现颠覆性创新价值聚合的影响因素及其组态作用”这一问题，区别于以往探讨单因素与结果的线性关系研究，本书选用 fsQCA 进行分析，原因在于：一是因为该方法基于集合论而非传统的线性关系来解释多因素联动关系，认为对结果变量（颠覆性创新）起作用的是条件变量的集合而不是单个条件，由此对引致结果变量的条件构型进行解释（Cosenz et al.，2018）；二是因为 fsQCA 通过对连续型数据进行校准处理，能够分析条件构型对结果变量的解释力度，即通过一致率和覆盖率等指标来衡量。

6.3.2 样本选择

本章选择人工智能企业作为研究对象的原因在于：一是人工智能企业通过技术赋能实现新市场切入，有大量区别于价格竞争的商业活动，为寻求和适应新市场，积极寻求核心技术、组织形态和商业模式的快速迭代，是研究颠覆性创新培育发展的理想对象；二是人工智能企业通过技术赋能改变了营销与售后等离顾客最为贴近的环节，提升了企业与消费者共创价值的可能，其市场价值实现除了技术影响，也为探讨组织管理及外部适应等因素影响提供了良好的现实材料。另外，考虑到资料收集需要满足典型性、丰富性与易得性等原则，同时根据 QCA 模型规范的相关研究（杜运周等，2017），当前因条件为 6 个时，样本量超过 25 个即可区分随机数据与真实数据，以保证结果内部效度（谢洪明等，2018），最终本章选取了 27 家企业进行分析，见表 6-1。

表 6-1 样本企业编码及领域

企业代码	技术领域	企业代码	技术领域
DPX	智能芯片	WJA	物联网、智能安防
BFD	智能终端平台	AJB	智慧社区与智能家居

续表

企业代码	技术领域	企业代码	技术领域
KSKJ	计算机视觉	LWZL	智能监控、云平台
TYZN	智能医疗	YTLF	智能芯片、计算机视觉
TSWL	无人驾驶	TPKJ	深度学习
HWJ	智能芯片、机器人	YBX	机器人
SDKJ	智能驾驶	YJCX	自动驾驶
YCKJ	计算机视觉	JFKJ	智能无人机
XMZX	自动驾驶	SWSJ	计算机视觉
JDKJ	车联网、大数据服务	GDYT	智能金融
KDXF	智能语音	NBCX	农业物联网
KY	计算机视觉、智能芯片	KD	视频会议与监控
GXX	云计算、物联网	XPQC	自动驾驶
YFT	人脸识别、智慧城市		

6.3.3　数据来源与处理

为了保证案例数据收集的准确性，本章选用多种数据收集及分析方法相结合的方式进行预处理，数据来源包括：①2018—2019 年团队分批次对 27 家企业进行实地调研，对相关人员等进行 1~2 小时的半结构化访谈，将录音整理为案例文本并编码；②企业官网与相关新闻报道、企业研发中心申报材料等是对一手资料的重要补充，为分析企业技术水平、创新网络等提供了条件，是探讨颠覆性创新影响因素的重要依据；③国内外行业规划及智库研究报告，比如《2018 世界人工智能产业发展蓝皮书》《2019 中国人工智能商业落地研究报告》《2019 年中国独角兽企业研究报告》等，是结果变量赋值标准的重要佐证；④通过中国知网收集文献资料对相关企业案例及变量进行完善与验证。

本章采取逐级编码与统计分析相结合的方式对人工智能企业案例材料进行深入分析，保证有两人以上参与单个案例的编码过程，以便进行编码分析与交叉验证，基本步骤包括：①建立所有变量支撑材料的索引表格，结合二手材料进行交叉验证；②依据已形成的变量赋值标准对相应材料进行进一步的提炼与比较，再次进行交叉验证；③对设定条件变量及结果变量的合理性进行检验，确认对应数值；④导入 fsQCA 3.0 版本软件进行充要性分析。

6.3.4 变量赋值标准

(1) 结果变量赋值标准

以往研究中有学者从技术特征、市场动态和外部环境等维度中开发了多个指标来刻画企业颠覆性创新的多维特征，这对本章有如下启发：一是技术水平能在一定程度上体现创新潜力，但并不能完全代表企业颠覆性创新优势；二是人工智能企业作为新兴企业，在细分领域的侵入方式及产品表现也能够反映市场效果及破坏性程度。因此，本章将企业颠覆性创新优势作为探讨其组态问题的结果变量（吴菲菲等，2020）。鉴于研究数据来自 27 家人工智能企业案例材料，本章将结果变量的锚点设定为 0、0.33、0.67 和 1，其中“1”和“0”代表完全隶属与不隶属；“0.67”和“0.33”属于交叉点，即偏隶属和偏不隶属（彭伟等，2019）。赋值标准见表 6-2。

表 6-2 结果变量赋值标准

构念维度	变量名称	赋值依据	分值
结果变量	颠覆性创新优势（*DIP*）	所在领域的“独角兽”企业，有核心技术创新，具备较强的市场影响力	1
		所在领域的领先企业，有少数技术达到领先水平，市场表现良好	0.67
		所在领域的优秀企业，逐步向自主研发生产转型，市场份额增长较快	0.33
		所在领域的一般企业，主要依赖技术进口，市场表现一般	0

(2) 条件变量赋值标准

由于颠覆性创新属于复杂构念，本章以技术水平、市场表现和外部环境等不同维度的影响因素为条件变量，探讨其组合构型对颠覆性创新产生演化的影响，然后根据资料编码结果及赋值标准（李双路，2016），采用直接赋值法逐一进行赋值（见表 6-3）。

表 6-3　条件变量的赋值标准

<table>
<tr><th colspan="2">构念维度</th><th>变量名称</th><th colspan="2">变量定义与赋值标准</th></tr>
<tr><td rowspan="6">条件变量</td><td rowspan="2">技术维度</td><td>技术跃迁（TECT）</td><td>从技术来源、技术性能与发展潜力等方面进行测度，共 9 条标准</td><td rowspan="4">达到 7 条及以上赋值为 1；
达到 4~6 条赋值为 0.67；
达到 2~3 条赋值为 0.33；
达到 1 条及以下赋值为 0</td></tr>
<tr><td>机会识别（TECF）</td><td>从企业创新机会识别及相关机制构建情况进行测度，共 9 条标准</td></tr>
<tr><td rowspan="2">组织维度</td><td>管理创新（OMI）</td><td>从企业创新的主动性、敏感性和协调性等方面进行测度，共 9 条标准</td></tr>
<tr><td>功能拓展（OFE）</td><td>从企业与外部的合作形式、合作效用等进行测度，共 9 条标准</td></tr>
<tr><td rowspan="2">环境维度</td><td>外部适应（EEC）</td><td>根据企业应对外部环境变化的适应性程度进行测度，共 11 条标准</td><td rowspan="2">达到 9 条及以上赋值为 1；
达到 6~8 条赋值为 0.67；
达到 3~5 条赋值为 0.33；
达到 2 条及以下赋值为 0</td></tr>
<tr><td>网络创新（VNI）</td><td>从企业价值网络的连接情况和创新水平进行测度，共 11 条标准</td></tr>
</table>

如表 6-3 所示，在技术维度方面，本章选取技术跃迁和机会识别作为条件变量。技术跃迁主要是围绕技术的来源、功能及潜力进行测度，例如判断核心技术是否以更低成本实现现有功能及服务，以及核心技术是否具有较强的发展潜力等（Obal et al.，2013；彭伟等，2019）（见表 6-4）；机会识别主要是指企业对技术发展趋势及市场需求的预判，如是否识别技术竞争热点、空白点、核心技术领域，识别现有及潜在竞争对手，是否关注到主流企业未关注或未重视的底层或细分市场等（Paap et al.，2004；黄鲁成等，2015）。

表 6-4　条件变量的赋值标准调查问卷（部分）

<table>
<tr><th colspan="2">请根据贵公司的实际情况勾选符合的内容</th><th>满足则在框内打“√”</th></tr>
<tr><td rowspan="10">技术跃迁</td><td>①企业核心技术源于简单模仿、模仿再创新、购买引进和技术入股等</td><td>□</td></tr>
<tr><td>②企业采取独立研发、合作开发和委托开发等开展基础研究，实现技术领先</td><td>□</td></tr>
<tr><td>③企业核心技术包括主流技术的性能跃迁</td><td>□</td></tr>
<tr><td>④企业核心技术包括主流技术与其他技术的跨界融合</td><td>□</td></tr>
<tr><td>⑤企业核心技术通过功能简化（或去技术化）提高了客户的满意度</td><td>□</td></tr>
<tr><td>⑥企业以更低的技术成本和价格而实现了现有功能、服务或产品</td><td>□</td></tr>
<tr><td>⑦企业核心技术的配套技术或相关基础设施具有较高的成熟性和可靠性</td><td>□</td></tr>
<tr><td>⑧企业核心技术具有较强的发展潜力，能够催化技术群落发展</td><td>□</td></tr>
<tr><td>⑨企业核心技术通过进入底层市场或在位企业未关注的市场空间进行发展</td><td>□</td></tr>
<tr><td>该项赋值（满足 7 条及以上赋值为 1；满足 4~6 条赋值为 0.67；满足 2~3 条赋值为 0.33；满足 1 条及以下赋值为 0）</td><td></td></tr>
</table>

注：题项由笔者根据相关文献整理所得，由于篇幅所限仅展示部分内容（总体见附录）。

在组织维度方面，本章选取管理创新与功能拓展作为条件变量。管理创新主要衡量管理者的创新意愿及行动，比如是否为新技术的开发分配足够资源、是否有较高的敏感性寻找创新机会（李海舰等，2019）；功能拓展是指企业为加快创新要素扩散而进行的组织结构优化及拓展，例如是否与高校、科研机构等建立合作平台、是否建立技术转移转化机制等（刘海兵等，2018）。

在环境维度方面，本章选取外部适应与网络创新为条件变量。由于外部环境变化的测度较为复杂，选取与企业创新活动密切相关的题项，例如对经济形势以及创新政策的关注程度、对潜在合作对象以及竞争对手的评估等；网络创新选取企业价值主张、价值扩散和最终价值实现等相关题项，例如企业是否将客户价值作为出发点、是否主动构建网络关系等（Govindarajan et al.，2006）。

6.3.5 编码信度检验

基于资料编码的直接赋值需要验证编码信度，以保证研究结果的科学性与客观性。本章通过采取比较编码结果的一致性以及二手资料交叉验证的方式进行信度检验。结果显示，成员资料编码一致性大于85%，对于案例有着较好的解释性（杜运周等，2017），而对于不同的编码赋值，则通过多人讨论的方式保证得到一致的认可，最后与二手资料的比对也完全符合实际情况，表明编码的信度较好。

6.4 分析过程

6.4.1 必要性分析

就单个前置条件是否为造成结果变量发生的必要条件进行单因素必要性分析，一般来说，一致率大于0.9的变量则被认为是必要条件。由表6-5可知，各个前置因素影响企业颠覆性创新优势的必要性均低于门槛值，说明单个前置因素对企业颠覆性创新产生演化的解释力度较弱，不作为必要条件讨论。

表 6-5　单因素必要性分析

前因条件	一致率	覆盖率	前因条件	一致率	覆盖率
TECT	0.841232	0.914948	*OFE*	0.736177	0.965803
~*TECT*	0.575829	0.474609	~*OFE*	0.628752	0.458791
TECF	0.884155	0.944908	*EEC*	0.841232	0.969945
~*TECF*	0.548973	0.462716	~*EEC*	0.575829	0.455056
OMI	0.630332	0.889632	*VNI*	0.874945	0.971698
~*OMI*	0.682464	0.479201	~*VNI*	0.522117	0.430901

6.4.2　组态分析

基于 fsQCA3.0 软件对 27 家人工智能企业颠覆性创新的前因条件构型进行分析。将一致性阈值设定为 0.75，案例频数阈值设定为 1，目的在于筛选掉达不到分析条件的案例数据，经过分析后得到复杂解、中间解和简单解。一般来说，复杂解会出现过多的构型而存在重复性解释，简单解会因为过于简化必要条件而与事实不符，中间解以相对简化的方式充分解释结果变量，所以选择中间解进行解释。参照 Ragin（2008）提出的组态分析框架，用“●”表示条件存在，“⊗”表示该条件不存在，“空白”表示该条件影响不显著（见表 6-6）。

表 6-6　前因组态分析

变量	方案			
	1	2	3	4
TECT	●	●		●
TECF	⊗	●	●	●
OMI	●	⊗	⊗	●
OFE	⊗		●	●
EEC	●	●	●	
VNI		●	●	●
原始覆盖度	0.314376	0.445498	0.446287	0.472354
唯一覆盖度	0.105845	0.131912	0.132701	0.211690
一致率	1	1	1	1
结果覆盖度	0.921801			
结果一致性	1			

如表 6-6 所示，经 fsQCA 分析得到促进人工智能企业颠覆性创新产生演化的构型共有四组，单条组合或总体结果的一致性均大于最低阈值 0.75，表明四组构型均为结果变量的充分条件。覆盖率是说明条件构型对结果变量的解释程度，根据分析结果可看出四组条件构型分别解释了 31.44%、44.55%、44.63%和 47.24%的样本。由此，本章结合相关案例，根据结果对所得到的每组构型的含义进行分析。

①“技术驱动组织协同型”路径分析。组态 1（*TECT*×~*TECF*×*OMI*×~*OFE*×*EEC*）表明高技术跃迁、低机会识别、高管理创新、低功能拓展和高外部适应有利于实现颠覆性创新，而网络创新不属于相关条件变量。这意味着企业不会投入过多的资源关注用户偏好与追求网络创新，而是加大技术研发投入推进技术跃迁，同时促进组织管理变革提供颠覆性创新培育空间。低机会识别与低功能拓展表明企业虽然会根据所获取的资源信息重新配置创新资源，形成特定的组织功能以实现对技术趋势及创新机会的预判；但其过程更倾向于以低成本的方式进行，同时提高资源配置利用效率。高外部适应则是指企业以技术驱动为核心，有针对性地提升其对外部环境变化的适应力。总体而言，高技术跃迁使得企业更为关注技术本身，重视提升对于创新资源的配置利用效率，为颠覆性创新的产生提供了可能，但由于缺乏对市场期望及用户偏好的把握，也容易产生性能过剩及商业化困难等问题。

②“技术驱动网络协同型”路径分析。组态 2（*TECT* * *TECF* * ~*OMI* * *EEC* * *VNI*）表明高技术跃迁、高机会识别、低管理创新、高外部适应与高网络创新有利于实现颠覆性创新，功能拓展并非相关条件变量。在组织内部资源有限的情况下，企业除了充分投入于核心技术快速迭代以及对创新机会的精准预判，还需要了解外部环境中政策、市场、社会认知等因素的变化及时调整创新战略。区别在于，“技术驱动网络协同型”更加重视与政府、上下游企业、中介平台、行业协会和用户等形成的关系网络以及用户偏好对自身技术产品服务的导向性。企业通过网络主体间深度合作与交叉连接促进了价值创造与传递过程，能够及时了解并引导顾客的需求并创造新市场，但由于组织管理的协同不足，企业在新技术开发与市场战略选择上缺乏主导性，抗风险能力较弱。

③“平台协作价值驱动型”路径分析。组态 3（*TECF*×~*OMI*×*OFE*×*EEC*×*VNI*）表明高机会识别、低管理创新、高功能拓展、高外部适应与高网络创新有利于实现颠覆性创新，技术跃迁并非相关条件变量。Christensen

（2015）指出，后发企业实施颠覆性创新的过程需要经历市场机会识别、渠道整合和组织提升、价值网络重构等步骤。这意味着企业长期采用核心技术持续性创新与具体场景融合的模式，通过自身组织功能的拓展，利用平台合作与网络关系资源来为用户创造价值，是跨界整合式颠覆性创新的主要来源。相对来说，该类型企业则较难保证核心技术性能优势，相关配套技术及基础研发设施的成熟性与可靠性偏弱，一旦缺乏对融合技术的持续性创新，则很难保证长期的技术领先。

④“全面协同型”路径分析。组态 4（*TECT*×*TECF*×*OMI*×*OFE*×*VNI*）表明技术、组织和价值网络等因素的多样化联合是实现颠覆性创新的原因，而外部适应不属于相关条件变量。其含义在于，如果企业的技术产品与创新形式容易受到公众质疑，当外部包容性较低时，企业则难以从外部环境中获取资源支持以及社会认同。该类型企业往往选择忽略现有的技术范式与行业标准，充分配置和利用组织内部及价值网络资源对产品方案展开创新，自身的技术优势是保证产品更新迭代的基础，良好的组织文化以及创新惯例保证了技术与市场的有效衔接，使得企业的技术研发转化能够向商业化平稳过渡，而价值网络是加快落地进程与获取价值认同的关键因素：一方面通过与网络成员的合作获取认同直至引入政府部门帮助建立新的行业标准减少创新阻力，另一方面通过形成价值链打破组织边界集聚群体优势，降低了单个节点应对市场风险的能力，最终基于用户对具有新价值的产品服务的需求创造新市场，逐步实现对主流市场的侵入乃至取代。

6.5　研究结论

本章以 27 家人工智能企业案例材料为基础，采用 fsQCA 方法整合技术跃迁、机会识别、管理创新、功能拓展、外部适应和网络创新 6 个条件变量，对企业颠覆性创新价值聚合路径的影响因素及其组态作用进行分析。主要结论如下：

价值聚合是指企业通过对技术产品的功能属性进行重新组合与定义，使其在满足主流用户需求的基础上提供边缘价值，从而有效提升了相对竞争优势。后发企业通过促进技术演化、组织变革和环境变化等不同维度因素的组态进行价值聚合，进一步促进了颠覆性创新的实现。技术跃迁给后发企业带来核心技术优势跻身行业领先行列，同时通过识别创新机会保证对利基市场需求的探索；管理创新为技术突破与模式变革提供有效支撑，并利用外部合作实现功能拓展，为技术创新整合跨界资源、稳固培育空间；外部适应旨在获取创新资源及社会认同，同时通过深化网络主体间的合作关系，围绕新技术转移转化建立稳定渠道形成集聚优势，重点培育面向社会的颠覆性创新。

后发企业颠覆性创新价值聚合路径来源于内外部因素对颠覆性技术应用所产生的组态影响，其组态路径对于后发企业发展具有一定的借鉴价值。本章通过分析得到技术驱动组织协同、技术驱动网络协同、平台协作价值驱动以及全面协同四类创新路径。技术驱动组织协同企业通过饱和性的技术研发及组织内部资源投入，具备较强的外部环境适应力以促进企业实现技术创新；技术驱动网络协同企业对价值网络与用户偏好有更深的把握，但组织协同的缺乏使其难以把握市场的主导性；平台协作价值驱动企业整合跨界资源为用户创造价值，但难以保证长期的核心技术优势与领先地位；全面协同企业充分利用技术、组织和价值网络等资源的多样化联合推动产品创新，一旦突破创新阻碍将实现对全行业乃至社会的颠覆。由于后发企业在技术创新、组织管理及环境应对等能力上存在差异，使之匹配更为合理的组态策略更有利于颠覆性创新的形成扩散。

6.6 本章小结

本章围绕“后发企业颠覆性创新价值聚合路径与组态分析”这一关键问题展开研究。本章基于“技术—组织—环境”等维度，采用 fsQCA 探讨了相关因素对人工智能企业颠覆性创新价值聚合路径的影响及其组态作用，结果发现，人工智能企业实现颠覆性创新价值聚合具有不同的前因组态：技术驱动组织协同企业通过饱和性的技术研发及组织内部资源投入，具备较强的外部环境适应力以促进企业实现技术创新；技术驱动网络协同企业对价值网络与用户偏好有更深的把握，但组织协同的缺乏使其难以把握市场的主导性；平台协作价值驱动企业整合跨界资源为用户创造价值，但难以保证长期的核心技术优势与领先地位；全面协同企业充分利用技术、组织和价值网络等资源的多样化联合推动产品创新，一旦突破创新阻碍将实现对行业乃至社会的颠覆。

第7章 基于系统仿真的后发企业颠覆性创新价值扩散效应

前文的探索性案例研究及 QCA 分析表明，企业通过加快技术范式转变、及时调整组织战略和内部结构，不断打造新的价值创造模式以适应外部市场环境变化从而加快颠覆性创新形成，但对于企业所创造的价值如何与颠覆性创新要素相联系，从而形成具有破坏性影响的颠覆性创新优势，仍需要进一步对后发企业价值扩散效应与颠覆性创新优势演化进行综合分析。本章从价值创新与复杂系统的视角出发，根据企业价值扩散效应对颠覆性创新优势演化的动态影响构建二阶系统动力学模型，建立 3 个子系统变量间的数学方程，采用 Vensim 软件对企业颠覆性创新优势演化过程进行模拟仿真分析，重点讨论当价值扩散效应中的主要参数发生变化时，其对颠覆性创新的影响机制和作用程度。本章将据此进一步深化相关构念，并通过总结前几章的研究结果，构建一个企业颠覆性创新优势演化扩散的系统动态模型，解构并仿真情境价值变化与优势演化的关系。

7.1 理论模型与仿真方法

7.1.1 理论模型

颠覆性创新是指企业通过新技术应用获取价值而逐步逼退在位技术、占据主流地位的创新过程（Christensen et al.，1995），颠覆性技术往往具备主流技术所不具备的功能属性，以更低成本或更高性能来对主流技术的价值产生破坏性影响，从而为企业建构颠覆性创新优势（Christensen，2015）。企业通过应用颠覆性技术创新产品或服务并优化其创新流程与管理模式等，对原有的价值创造和传递模式进行变革，能够充分满足现有市场中不被重视的或创造更为广泛的需求点，从而使企业具备更强的市场竞争优势（刘安蓉等，2018）。人工智能企业颠覆性创新价值形成及传递机制的相关案例研究揭示了后发企业颠覆性创新优势产生形成问题，对于企业如何发掘颠覆性技术价值潜力、推进价值创造模式变革并传递价值增强价值优势等问题（Utterback et al.，2005；程鹏等，2018），仍缺乏从动态视角出发，对颠覆性创新优势形成演化的动态过程进行分析，因此本章将以后发企业价值扩散效应对颠覆性创新优势演化的影响为关键问题，重点探索企业价值创造过程中价值扩散关键因素与颠覆性创新优势演化的相互关系。

复杂系统理论与TOE框架为本章提供了重要的理论基础与分析视角。根据复杂系统理论，任何存在相互关联及影响的事物可称为系统，而系统间同样存在相互作用且又可归属于更上一级的系统范围（Haken，1977）。复杂系统中事物的相互关系及组成结构存在差异性，而其组合形成的系统属性也不尽相同（Achtenhagen et al.，2013）。基于TOE框架的后发企业颠覆性创新优势演化可视作一个非线性的动态反馈系统变化过程，在这一过程中企业颠覆性技术的应用与价值创造、市场和组织对技术的需求以及技术对组织发展的需求等相关条件相互联系且不断延伸（张枢盛等，2021）。后发企业能否实现颠覆性创新很大程度上是由其颠覆性技术应用价值所决定的，而后发企业的市场价值如何实现、衔接颠覆性创新优势与企业价值创造关键环节为何且具有何种影响，有待进一步构建复杂系统分析其动态演化（Liu et al.，2020）。

为了保证理论模型构建的客观性，本章选取了5家高新技术企业进行实地调研，通过对其颠覆性创新优势形成过程进行深入探索，梳理归纳企业价值创造与传递模式对颠覆性创新优势的影响与作用规律（李晓莉等，2017）。这5家企业作为典型案例，属于具有较强创新优势且基本实现或正处于颠覆性创新优势扩散时期的后发企业，同样符合前文所选取的颠覆性创新典型企业的特征标准（Ackerman et al.，2020）。在调研过程中，主要采用半结构访谈的方式来对目标人员进行访谈，调研对象包括但不限于战略管理、技术研发和市场营销等部门人员，同时与二手资料交叉分析进行三角验证。访谈内容主要包括企业实现技术跨越的主要过程与创新效应，企业对市场价值的挖掘与探索过程，企业在颠覆性技术领域的创新产品及其市场表现，影响企业颠覆性创新绩效的主要因素等，同时重点关注上述内容的逻辑关系与创新效应等核心问题，为系统模型构建提供了有力支撑（Carlsen et al.，2010）。

基于理论基础与对相关行业企业的深入调研，构建了价值扩散效应对颠覆性创新优势演化影响理论模型，重点对后发企业价值扩散效应对颠覆性创新优势演化的动态影响进行模拟仿真，探讨后发企业价值创造环节与颠覆性创新优势的相互关系，并就过程中对二者产生重要影响或衔接作用的关键变量进行深入分析（如图 7-1 所示）。

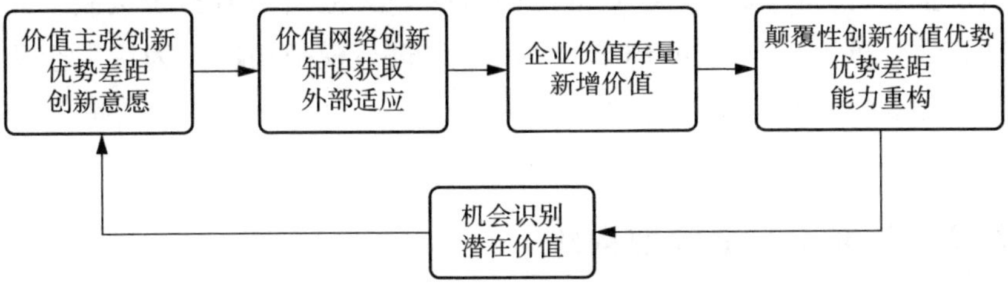

图 7-1　理论模型

7.1.2　仿真方法适用性分析

系统动力学是以系统反馈控制理论为核心，通过模拟复杂系统演化发展过程来探讨内在逻辑的分析工具，是分析复杂系统的重要方法。基于系统动力学的仿真分析能够有效弥补案例分析与定量分析方法的局限性，更加清晰地描绘后发企业颠覆性创新演化过程的动态性、非线性和阶跃性等重要特征，更加准确地展示不同价值创造过程的对比检验（郭韬等，2020）。具体而言，运用系统动力学分析工具探讨后发企业颠覆性创新价值扩散效应与优势演化问题，其适用性主要体现在以下两个方面：

①系统动力学是分析企业颠覆性创新优势演化等动态问题的基本工具。后发企业颠覆性创新优势演化过程既涉及技术研发转化、组织架构与运营模式创新以及价值网络创新等重要环节，也是从价值形成、聚合到传递整个价值创造过程的具体体现，属于复杂的非线性动态反馈系统，具有整体关联性、动态性与非线性的特征（Schmidt et al.，2020）。系统动力学尤其是二阶动态仿真是描述和解释该类复杂非线性问题的重要工具，因此可用于对企业颠覆性创新价值优势形成过程等问题的探讨和分析。

②系统动力学可以为探讨和检验影响后发企业颠覆性创新优势形成的前因条件提供良好的实验方法（张艳丽等，2020）。系统动力学所采用的因果回路、正负反馈等对于分析后发企业颠覆性创新价值扩散效应与优势演化问题

较为契合，且基于复杂系统理论构建后发企业颠覆性创新价值演化模型，能够准确清晰地刻画企业价值扩散效应与颠覆性创新优势演化的相互关系，并通过调整关键变量的参数预测核心变量在不同条件下的变化，从而为探讨关键科学问题提供理论依据（Lui et al.，2016）。

基于此，本章基于复杂系统与系统动力学理论基础与分析方法，构建和模拟后发企业价值扩散效应对颠覆性创新优势演化的动力影响机制，并借助系统动力学分析工具 Vensim PLE 与 Anylogic 进行模拟仿真，为后发企业颠覆性创新优势演化研究提供可行性。

7.2 系统动力学模型构建

7.2.1 价值扩散对颠覆性创新优势影响机制的仿真模型

基于上文价值扩散对颠覆性创新优势演化影响机制的理论模型，本节进一步构建后发企业通过价值创造与传递实现颠覆性创新优势提升的系统动力学模型。该模型由企业价值存量子系统、价值网络重构子系统、颠覆性创新优势子系统 3 个子系统构成，本章将对 3 个子系统及其关键变量因果关系和所形成的非线性动态反馈系统进行理论分析，并就其如何相互作用与影响颠覆性创新优势提升进行探讨。

（1）企业价值存量子系统

企业通过应用颠覆性技术满足用户效用从而产生价值，企业价值存量的提升是实施颠覆性创新活动的前提（Chan et al.，2006）。企业对创新机会的识别与把握是发展颠覆性创新的重要前提，通过对潜在利基市场机会的挖掘以及不断调整对新技术产品的研发投入，来实现企业自身价值存量的增加（Geum et al.，2014）。价值存量的提升进一步带动了企业对新技术的关注度，更加注重对其开发与延伸，同时也对产业链及用户合作关系产生正向影响，并与新技术所带来的新的价值主张共同促进价值网络重构。有学者基于系统动力学原理，从核心系统（技术系统、资源系统和价值系统）和辅助系统（环境应对）等方面构建了光伏产业创新模型，认为企业技术创新能力有助于提升产业创新绩效，并以此梳理形成了四种类型的价值产业路径，并指出组织内部管理相关要素对技术创新绩效的影响要大于外部因素（蒋振威等，

2017）。随着时间的推移以及市场需求的变化，企业价值也会逐步流失。但总体而言，企业价值存量子系统是整个系统的逻辑起点，后发企业只有不断地提升价值积累才能实现技术与组织的协同、价值网络创新等，为促进颠覆性创新创造可能（Chen et al.，2016）。

（2）价值网络重构子系统

在商业生态系统中，达成战略合作关系、相互联系与支撑的利益相关者共同构成了价值网络（蔡春花等，2020）。在后发企业创新发展的过程中，价值网络重构是衔接技术价值与创新优势等环节的重要节点，也是颠覆性创新进入市场的重要基础。根据 TOE 模型的观点，一种包含技术应用情境的产品在其应用过程中主要涉及三方面的影响条件，即技术条件、组织条件和环境条件（柳卸林等，2015；Palmié et al.，2019）。就后发企业颠覆性创新发展过程而言，企业要实现后发赶超，就必须不断推进新技术的研发迭代，并通过网络协同配置资源，以此提升技术创新效率侵入市场。有学者基于价值角度指出数字化对工业制造的赋能作用是通过由价值重塑转向价值创造来实现的，同时提出数字经济赋能的契机主要在于由要素驱动到数据驱动、由产品服务到消费体验、由产业关联到生态构建、由合作竞争到互利共生（焦勇，2020）。因此，企业通过价值网络重构来提升知识获取与外部适应能力，旨在提升技术与组织、环境衔接的紧密程度，为促进颠覆性创新优势增强提供必要条件，也是促进后发企业实现颠覆性创新效应、加快新兴技术跃迁的关键步骤（Casadesus et al.，2013；朱桂龙等，2018）。

（3）颠覆性创新优势子系统

企业创新意愿是影响颠覆性创新早期发展以及市场接纳的重要因素（Reinhardt et al.，2015）。创新意愿反映的是企业对前沿技术及信息的接受程度以及开拓新领域、从事创造性工作的主动性与积极性。企业创新意愿是整合组织创新能力与外部环境适应力的关键，通过对创新知识的整合与价值的传递，进一步缩小后发企业与在位企业的技术势差，继而实现企业技术跃迁（Velu et al.，2015）。

7.2.2　因果关系图及主要反馈

根据企业价值扩散与颠覆性创新优势演化的相互关系分析，本章建立了价值扩散与企业颠覆性创新的因果关系图（如图 7-2 所示），部分变量命名则以前文分析为依据，在此不再赘述。图 7-2 中所包含的主要反馈如下。

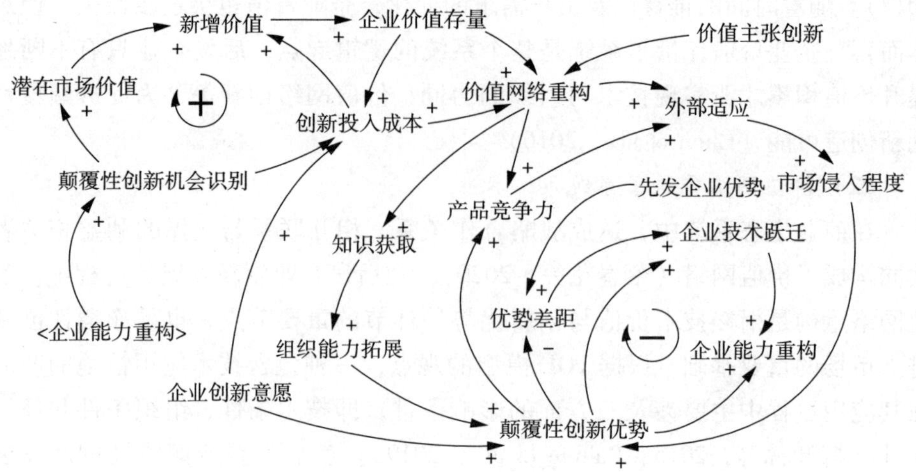

图 7-2 因果关系

①企业能力重构→颠覆性创新机会识别→潜在市场价值→新增价值→企业价值存量→价值网络重构→知识获取→组织能力拓展→颠覆性创新优势→企业能力重构。

②企业能力重构→颠覆性创新机会识别→潜在市场价值→新增价值→企业价值存量→价值网络重构→外部适应→市场侵入程度→颠覆性创新优势→企业能力重构。

③企业能力重构→颠覆性创新机会识别→潜在市场价值→新增价值→企业价值存量→价值网络重构→知识获取→组织能力拓展→颠覆性创新优势→优势差距→企业技术跃迁→企业能力重构。

④企业能力重构→颠覆性创新机会识别→潜在市场价值→新增价值→企业价值存量→价值网络重构→外部适应→市场侵入程度→颠覆性创新优势→优势差距→企业技术跃迁→企业能力重构。

⑤企业能力重构→颠覆性创新机会识别→潜在市场价值→新增价值→企业价值存量→创新投入成本→价值网络重构→知识获取→组织能力拓展→颠覆性创新优势→企业技术跃迁→企业能力重构。

⑥企业能力重构→颠覆性创新机会识别→潜在市场价值→新增价值→企业价值存量→创新投入成本→价值网络重构→外部适应→市场侵入程度→颠覆性创新优势→企业技术跃迁→企业能力重构。

⑦企业能力重构→颠覆性创新机会识别→潜在市场价值→新增价值→企

业价值存量→创新投入成本→价值网络重构→知识获取→组织能力拓展→颠覆性创新优势→优势差距→企业技术跃迁→企业能力重构。

⑧企业能力重构→颠覆性创新机会识别→潜在市场价值→新增价值→企业价值存量→创新投入成本→价值网络重构→外部适应→市场侵入程度→颠覆性创新优势→优势差距→企业技术跃迁→企业能力重构。

⑨企业创新意愿→创新投入成本→价值网络重构→知识获取→组织能力拓展→颠覆性创新优势→企业能力重构。

⑩企业创新意愿→创新投入成本→价值网络重构→产品竞争力→外部适应→市场侵入程度→颠覆性创新优势→企业能力重构。

⑪价值主张创新→价值网络重构→知识获取→组织能力拓展→颠覆性创新优势→企业能力重构。

⑫价值主张创新→价值网络重构→产品竞争力→外部适应→市场侵入程度→颠覆性创新优势→企业能力重构。

7.2.3　模型假设与系统流图

7.2.3.1　模型假设

价值扩散对于颠覆性创新优势演化的影响构成一个复杂动态模型，通过系统动力学模型可以分析和检验企业颠覆性创新形成过程中不同影响因素的作用机制，进而明确不同后发企业价值扩散效应对其颠覆性创新优势形成演化的影响程度（Pandit et al.，2018）。由此，本章提出以下假设：

假设 1：后发企业实现颠覆性创新的关键在于积累颠覆性创新优势，而后发企业颠覆性创新优势增强主要通过应用颠覆性技术创造价值（杨蕙馨等，2019），因此假设企业通过识别创新机会、挖掘潜在市场价值等方式来实现价值积累与传递，并通过不同价值扩散效应包括价值网络重构等方式来连接组织与市场能力，以此增强颠覆性创新优势以实现能力重构，最终达到技术跃迁并实现颠覆性创新。

假设 2：本章重点关注在 TOE 框架下后发企业如何通过价值创造实现颠覆性创新，暂不对在位企业针对颠覆性创新所主动采取的技术锁定应对策略及其衍生的交互过程进行讨论，因而假定先发企业优势为常量以简化模型。

假设 3：本章所选取的关键变量如知识获取、市场侵入程度等与颠覆性创新优势增强之间存在时滞效应，但由于本章主要通过构建颠覆性创新优势的系统模型来探讨各变量间的相互关系以及影响作用，时间滞延并不从研究结论上对系统产生影响，因此无须考虑时间延迟问题。

假设 4：本章主要以后发企业创新活动所引发的能力重构和颠覆性创新优势演化关系为关键科学问题，暂不对颠覆性技术识别、细分市场划分的有效性以及价值主张接受程度、后发企业能力重构等变量自身运作机制进行讨论，对不同组织间颠覆性创新优势做一般性讨论。

7.2.3.2 系统流图

基于后发企业颠覆性创新优势演化的因果关系图，进一步绘制其系统流图（如图 7-3 所示），主要包括 26 个变量，其中，状态变量 4 个、速率变量 6 个、辅助变量 9 个、常量 6 个、外生变量 1 个。

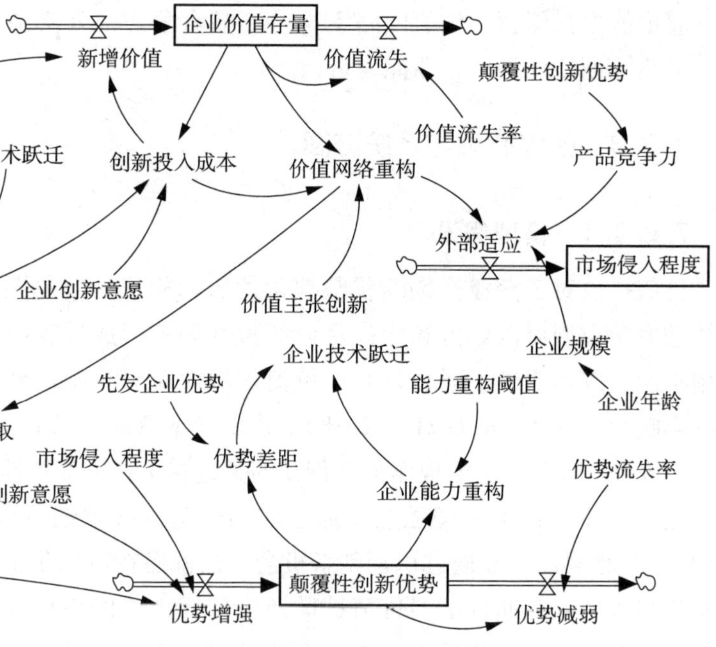

图 7-3 颠覆性创新优势演化的系统流图

4 个状态变量分别是企业价值存量、市场侵入程度、组织能力拓展和颠覆性创新优势；6 个速率变量分别是新增价值、价值流失、知识获取、外部适应、优势增强、优势减弱；9 个辅助变量分别是潜在市场价值、颠覆性创新机会识别、创新投入成本、价值网络重构、产品竞争力、企业能力重构、企业规模、企业技术跃迁、优势差距；6 个常量分别是价值主张创新、先发企业优势、能力重构阈值、企业创新意愿、价值流失率、优势流失率；外生变量是企业年龄。各系统变量及赋值见表7-1。

表7-1 系统关键变量性质与赋值

序号	变量名称	变量性质	符号	赋值
1	企业价值存量	状态变量	SEV_t	—
2	市场侵入程度	状态变量	MP_t	—
3	组织能力拓展	状态变量	OCD_t	—
4	颠覆性创新优势	状态变量	DIA_t	—
5	潜在市场价值	辅助变量	MPV	—
6	颠覆性创新机会识别	辅助变量	$DIOI$	—
7	创新投入成本	辅助变量	IIC	—
8	价值网络重构	辅助变量	VNR	—
9	价值主张创新	常量	Vpi	1.5
10	产品竞争力	辅助变量	PC	—
11	企业年龄	外生变量	age	—
12	企业规模	辅助变量	SCA	—
13	企业能力重构	辅助变量	REC	—
14	企业技术跃迁	辅助变量	ETT	—
15	能力重构阈值	常量	Tr	1000
16	优势差距	辅助变量	$DIAG$	—
17	先发企业优势	常量	Fm	1200
18	企业创新意愿	常量	Ew	3
19	新增价值	速率变量	$Value^{(+)}$	—
20	价值流失	速率变量	$Value^{(-)}$	—
21	知识获取	速率变量	$Kwg^{(+)}$	—
22	外部适应	速率变量	$Eadp^{(+)}$	—
23	优势增强	速率变量	$Enh^{(+)}$	—
24	优势减弱	速率变量	$Enh^{(-)}$	—
25	价值流失率	常量	λ	0.015
26	优势流失率	常量	μ	0.025

7.3 方程构建与有效性检验

因果关系图是绘制系统动力学流图的前提，在绘制后发企业价值扩散效应对颠覆性创新优势演化影响机制因果关系图的基础上，进一步拓展为流图并基于变量间的相互关系建立方程。需要指出的是，由于本章所涉及的关键变量，如企业创新意愿、价值主张创新等大多难以找到现成的数据资料，因此不能采用较为常见的列举统计数据的方式对模型进行直接模拟与预测（Cheng et al.，2017）。鉴于此，本章参考王其藩（2009）、郭韬等（2020）的方法，基于现实情境来对变量参数进行赋值并反复调试以达到系统的平衡态，以作为参数赋值的参考依据，同时对部分变量采取设置表函数的方式来对关键变量进行仿真，以求更为客观地反映真实情况。

7.3.1 方程构建

综合考虑前文的理论模型、因果关系图和系统流图，在明确各变量间相互关系及其作用的基础上进一步构建其数理方程（曹平等，2020）。本节主要基于现有文献所采取的理论方法以及数学逻辑推导而得出假设关系，目的在于使变量相互关系的数学表达更加简洁准确且符合现实逻辑，避免出现不合常理的问题表述。数学方程的构建主要围绕以下 3 个子系统展开。

7.3.1.1 企业价值存量子系统

引入状态变量企业价值存量（SEV_t），假设企业价值存量与价值流入存在函数关系，设为价值存量=新增价值［$Value^{(+)}$］-价值流失［$Value^{(-)}$］，在 Vensim 中的数学表达式为

$$SEV_t = \int_{t_0}^{t} [Value^{(+)}(s) - Value^{(-)}(s)]\, s + SEV(t_0) \tag{7-1}$$

由相关文献可知，企业价值创造［$Value^{(+)}$］主要有两种方式：一是通过对细分市场的探索获取潜在的市场价值，即通过对颠覆性创新机会的预测识别，来发现潜在的利基市场（MPV），从而选择市场切入以创造价值

（程鹏等，2018）；二是随着自身创新优势的不断提升，企业开始具备较强的自主创新能力，由此不断提高创新投入成本（*IIC*）从而创造价值。由此得到方程：

$$Value^{(+)} = MPV + IIC \tag{7-2}$$

颠覆性创新机会识别（*DIOI*）与潜在市场价值（*MPV*）属于正相关的函数关系，有学者提出企业自身的机会识别水平越高，对潜在市场价值的探索越准确迅速（Pohle et al.，2006），得到

$$MPV = e^{(DIOI-2)} \tag{7-3}$$

后发企业的创新投入成本（*IIC*）主要受以下因素影响：一是企业价值存量（SEV_t），具有较高价值存量的企业拥有更高的价值创造与价值获取水平，也相对更容易实现价值创新（林春培等，2015）；二是企业创新意愿（*Ew*），具有较高创新优势的企业往往会保持较高的研发投入强度，以保持自身在技术创新上的领先地位；三是颠覆性创新机会的识别能力（*DIOI*），对创新机会的识别探索也是影响企业价值存量的重要因素。数学表达如下：

$$IIC = DIOI \times f_1(SEV_t) \times f_2(Ew) \tag{7-4}$$

其中，f_1（SEV_t）以及 f_1（*Ew*）分别表示企业价值存量和创新意愿对创新投入成本影响的函数关系，在 Vensim 中采用表函数的方式进行模拟，表函数选取如图 7-4 和图 7-5 所示。

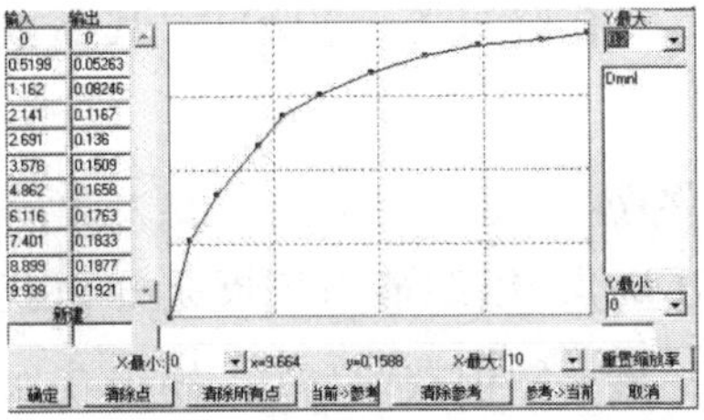

图 7-4 创新投入成本与价值存量表函数

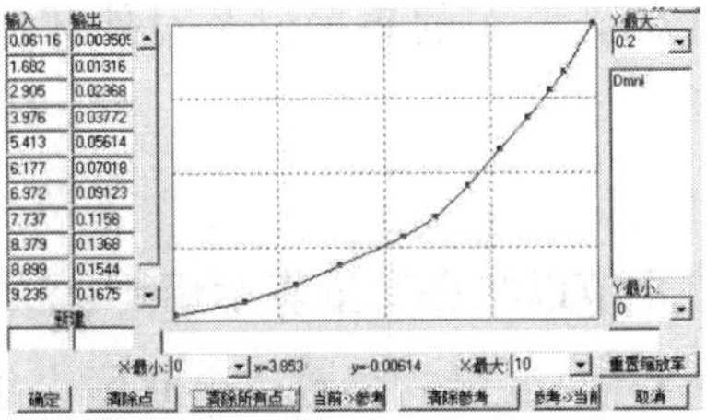

图 7-5 创新投入成本与企业创新意愿表函数

进一步建立颠覆性创新机会识别（*DIOI*）与企业能力重构（*REC*）的函数关系，为了与实际情况保持一致，本章参考胡畔（2018）等的做法，主要采用 IF THEN ELSE 语句对机会识别能力变量值域进行限定，假设企业在获得颠覆性创新优势之后具备了实现动态能力拓展与重构的基础，同时着眼于市场创新机会，因此当企业能力重构小于等于 0 时，机会识别能力保持为一个

稳定值；当企业能力重构大于0时，可以认为企业能力重构达到条件，机会识别能力得到快速提升，一段时间后逐步稳定。颠覆性创新机会识别与企业能力重构的函数关系可表示为

$$DIOI=\begin{cases}0.5 & REC\leqslant 0\\ 2-e^{-ETT} & REC>0\end{cases} \tag{7-5}$$

现实情境中，企业价值会随着产品结构调整、市场需求变化等而逐步减少，但为了简化模型，本章假设企业价值流失［$Value^{(-)}$］仅受企业价值存量（SEV_t）以及价值流失率（λ）的影响，且设为定值，其数学表达为

$$Value^{(-)}=SEV_t\times\lambda \tag{7-6}$$

7.3.1.2 价值网络重构子系统

价值网络重构（VNR）主要受企业价值存量（SEV_t）、创新投入成本（IIC）以及价值主张创新（Vpi）的影响。颠覆性创新优势来源于价值扩散，企业价值存量作为价值的重要来源，价值存量越大代表企业价值网络重构的趋向越高，也就越容易实施颠覆性创新（Lomi et al.，2001）。价值能否顺利创造并获取，一方面来源于技术创新水平是否处于领先地位，主要由后发企业在颠覆性创新领域的投入成本来决定；另一方面则是由用户对企业价值主张创新的接受程度来决定。当企业所提出的新的价值主张更容易被社会接受时，则代表企业获得了所倾向的利基市场的初步认同，有利于创新资源的集聚以及对外部环境的适应（孔晓丹等，2020），其函数关系为

$$VNR=SEV_t\times IIC\times Vpi \tag{7-7}$$

本节以状态变量表示组织能力拓展（OCD_t），组织能力拓展是知识获取［$Kwg^{(+)}$］变量的函数，由此假设组织能力拓展=知识获取增加-知识获取减少，表示为

$$OCD_t=\int_{t_0}^{t}[Kwg^{(+)}(s)-Kwg^{(-)}(s)]\,\mathrm{d}s+OCD(t_0) \tag{7-8}$$

为了简化系统模型，本节假设知识获取［$Kwg^{(+)}$］是价值网络重构（VNR）的正相关函数，知识减少为0，其含义在于后发企业通过产业链或平台嵌入构建深度合作关系，并顺利将其转化为创新能力，促进了创新知识的获取。

$$Kwg^{(+)} = VNR \times \pi \tag{7-9}$$

以状态变量表示市场侵入程度（MP_t），其与外部适应［$Eadp^{(+)}$］的函数关系可表示为

$$MP_t = \int_{t_0}^{t} [Eadp^{(+)}(s) - Eadp^{(-)}(s)]\, \mathrm{d}s + MP(t_0) \tag{7-10}$$

外部适应［$Eadp^{(+)}$］是表示颠覆性创新效应的关键变量，主要受价值网络重构（VNR）、企业规模（SCA）、产品竞争力［f_3（PC）］的影响。

$$Eapd^{(+)} = VNR \times SCA \times f_3\ (PC) \tag{7-11}$$

假设企业规模（SCA）是企业年龄（age）的函数，产品竞争力［$f_3(PC)$］用以表示颠覆性创新优势对产品竞争力的影响，在仿真分析中采用表函数形式进行模拟。具体函数形式如图 7-6、图 7-7 所示。

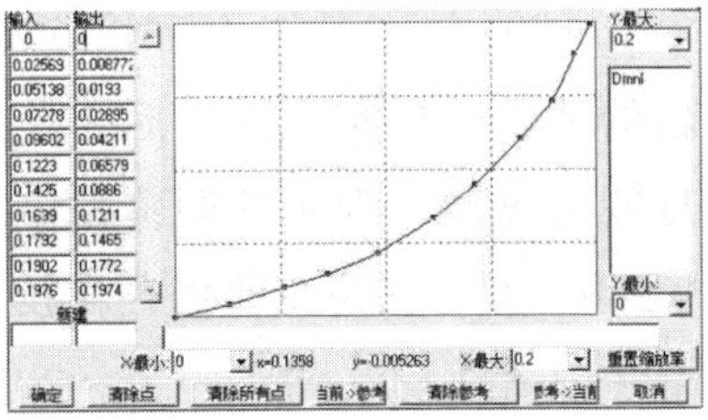

图 7-6　颠覆性创新优势与产品竞争力表函数

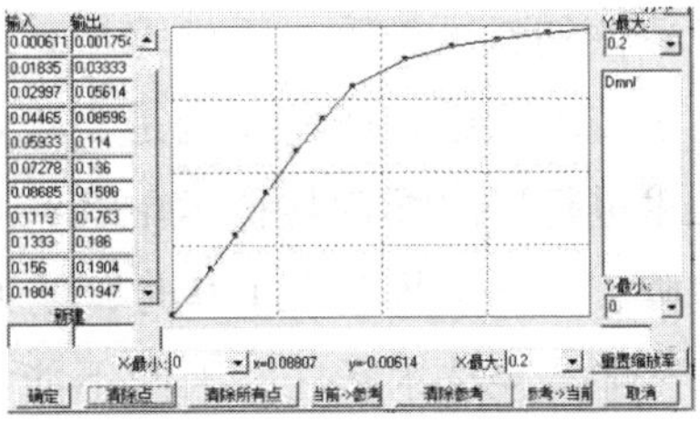

图 7-7　企业年龄与企业规模表函数

7.3.1.3　颠覆性创新优势子系统

最后在模型中引入颠覆性创新优势（DIA_t）作为状态变量，假设优势净增长是其主要变量，可设方程为颠覆性创新优势增长＝颠覆性创新优势增强－颠覆性创新优势减弱，在 Vensim 中的数学表达式为

$$DIA_t = \int_{t_0}^{t} [Enh^{(+)}(s) - Enh^{(-)}(s)]\, \mathrm{d}s + DIA(t_0) \tag{7-12}$$

根据颠覆性创新相关文献可知，颠覆性创新优势增强［$Enh^{(+)}$］主要受企业创新意愿（Ew）、组织能力拓展（OCD_t）和市场侵入程度（MP_t）等方面的影响。企业创新意愿是企业实施颠覆性创新活动的重要导向，管理者对于未来市场以及技术发展的期望将对颠覆性创新效应产生直接影响（Schmidt et al.，2008）。组织动态能力是企业实现颠覆性创新的必要条件，主要通过组织架构与运营模式创新等方式优化生产流程及商业模式，逐步实现价值网络重构（Visnjic et al.，2016）。市场侵入程度是新技术市

场表现的主要标准，代表了用户对新产品的接受程度，对企业优势的增强有积极影响。

$$Enh^{(+)}=MP_t \times Ew \times OCD_t \tag{7-13}$$

颠覆性创新优势（DIA_t）随着技术迭代与需求变化逐步衰减［$Enh^{(-)}$］，因此可假设颠覆性创新优势减弱=颠覆性创新优势×优势流失率：

$$Enh^{(-)}=DIA_t \times \mu \tag{7-14}$$

假设企业优势差距（*DIAG*）为先发企业优势（*Fm*）与颠覆性创新优势之差，则有

$$DIAG=Fm-DIA_t \tag{7-15}$$

企业能力重构（*REC*）可表示为 *INTEGER*（颠覆性创新优势/能力重构阈值）+1，即可进一步建立企业技术跃迁（*ETT*）的函数关系。假设企业在获取颠覆性创新优势后，逐步缩小优势差距（*DIAG*）与提升能力重构（*REC*）来实现技术跃迁。技术跃迁是实现产品创新的关键，在实现跃迁后企业围绕新技术进行资源配置与技术配套，实现自身能力重构，为实施颠覆性创新打下基础。当技术势差大于 0 时，能力重构等于 0，即与在位企业仍存在技术势差，未能实现技术跃迁，因此不能实施颠覆性创新活动（谢雨鸣等，2019）。当存在先发优势且优势差距小于等于 0 以及能力重构大于 1 时，可认为企业颠覆性优势已满足条件，能够实现技术跃迁。因此，企业技术跃迁与优势差距的函数关系可采用 IF THEN ELSE（优势差距≤0：AND：企业能力重构>1，1，0）语句来实现，表示为

$$ETT=\begin{cases}1 & DIAG\leqslant 0，REC>1\\ 0 & DIAG>0\end{cases} \tag{7-16}$$

7.3.2 有效性检验

7.3.2.1 系统边界测试

系统边界测试的目的在于观察系统中所设变量是否存在内生性，并通过复合模拟检验系统对相关变量赋值的变动是否敏感（Larsen et al.，2002）。本节的研究对象是后发企业价值扩散与颠覆性创新优势的动态系统，旨在分析不同价值扩散效应对颠覆性创新优势的影响机制。需强调的是，本章所构建的二阶系统动力学模型是基于企业案例材料结合颠覆性创新理论所进行的重

新架构与阐述，而非对现有颠覆性创新案例的抽象与验证，因而重点关注的是企业颠覆性创新优势形成的价值逻辑的可靠性与可拓展性，以及系统结构与边界的客观性。

结合相关案例及文献明确系统设定的情境，结合颠覆性创新理论、价值创新理论和复杂系统理论并基于 TOE 框架对该系统模型的边界进行划分，由于二阶仿真模型的数据并非来自统计数据导致无法进行信效度检验，因此结合前文扎根分析、QCA 分析对相关变量的概念、相互关系等进行界定，从而对模型结构与边界进行检验。在确定系统边界及相关概念因果关系后，结合理论框架，根据现有案例材料的实际情况对模型进行检验与修正，通过复合模拟可以看出，本章所构建的因果关系图及系统流图都具有一定的客观性与合理性。

7.3.2.2 一般性与极端性检验

（1）一般性检验

一般性检验是指在完成方程构建与模型调试后，对模型的结构及量纲进行合理性检验，主要通过 Vensim 自带的“模型检验”与“单位检验”功能对模型结构与量纲进行自检验。检验结果显示本模型结构及单位均无问题。

（2）极端性检验

极端性检验是指对模型在极端情况下进行有效性测试，主要是通过将模型中的几个关键变量设置为极端值，观察模型是否保持稳定性与一致性。本节主要考察企业创新意愿与价值主张创新为极端值时对临近关键变量（如颠覆性创新优势与价值网络重构）的影响。如图 7-8 所示，当企业创新意愿为单侧极值时，可见当企业创新意愿为最大值时，颠覆性优势增加达到最佳效果；当企业创新意愿为 0 时，表示企业没有任何创新动力，也不会增加任何创新优势。如图 7-9 所示，当价值主张创新为最大值时，价值网络重构同样也达到了最佳效果；当价值主张为 0 时，表示企业的价值主张未被市场所接受，不具备构建价值网络的条件，与实际情况相符。以上两个极端值检验证明了本章建立的二阶系统模型具有一致性与稳定性。

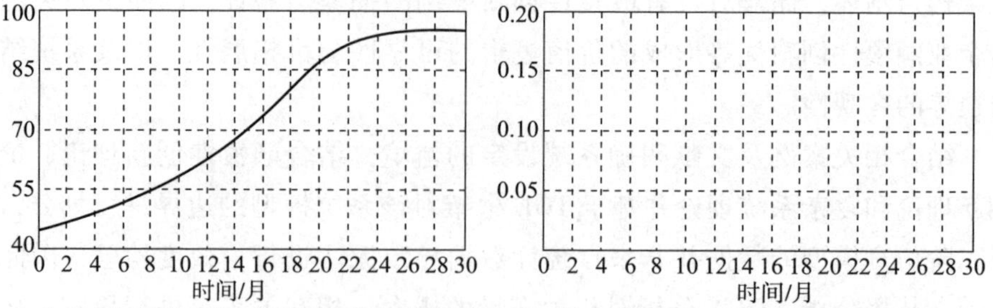

（a）企业创新意愿为6时颠覆性创新优势提升　（b）企业创新意愿为0时颠覆性创新优势提升

图 7-8　企业创新意愿极端值检验

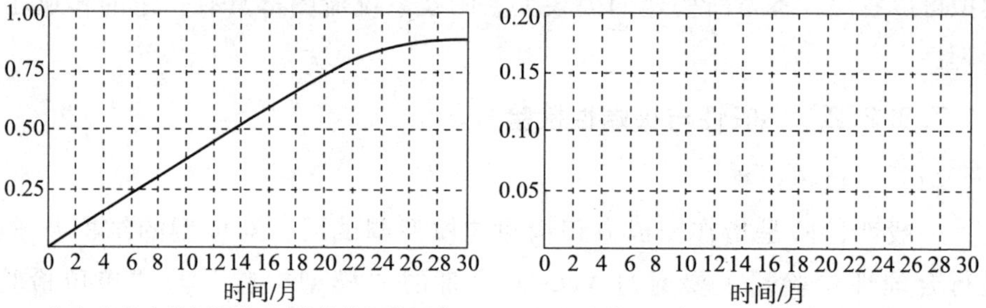

（a）价值主张创新为5时的价值网络重构　（b）价值主张创新为0时的价值网络重构

图 7-9　企业价值主张极端值检验

7.4　系统仿真分析

7.4.1　系统运行结果

本章主要采用 Vensim PLE 以及 Anylogic 软件根据系统流图及相关函数关系对价值创造过程与颠覆性创新优势演化的问题进行模拟仿真分析，模型初始值设定如下：INITIAL TIME = 0，FINAL TIME = 30，TIME STEP = 2，Units for Time = Month。需指出，模型假设为 30 个月主要是针对新产品或服务进入市场并逐步扩散的理论周期，为简化模型暂不讨论在市场检验阶段基于用户反馈对颠覆性技术的迭代完善，以及颠覆性创新扩散中可能存在的时滞问题（Chesbrough et al.，2002）。仿真分析分别展示了企业价值存量、创新投入成本、市场侵入程度、价值网络重构、优势增强、组织能力拓展、颠覆性创新优势、优势差距、企业技术跃迁等变量的动态变化。

7.4.1.1　企业价值存量子系统

图 7-10 为企业价值存量子系统的仿真结果。如图 7-10 所示，随着系统时间的推移，企业价值存量稳步增长，在达到峰值后缓慢回落；而创新投入成本则是快速增长，在同一时间点有所回落，之后逐步达到稳定值。在主循环中，随着企业颠覆性创新优势的增强，企业能力逐步实现重构，颠覆性创新机会识别的能力得以提升，一方面促使企业加大创新投入力度，另一方面有效地拓展了其潜在市场价值，实现了企业价值存量的稳步增长。随着企业价值存量达到峰值，可认为企业已满足了颠覆性创新的实现条件，对于主流市场的切入逐步完成，市场逐步饱和，价值存量有所回落，而随着颠覆性创新的实现，企业对于现有技术产品服务的创新投入有所控制或转为探索新的创新机会，创新成本也因此快速增长后迅速衰减。

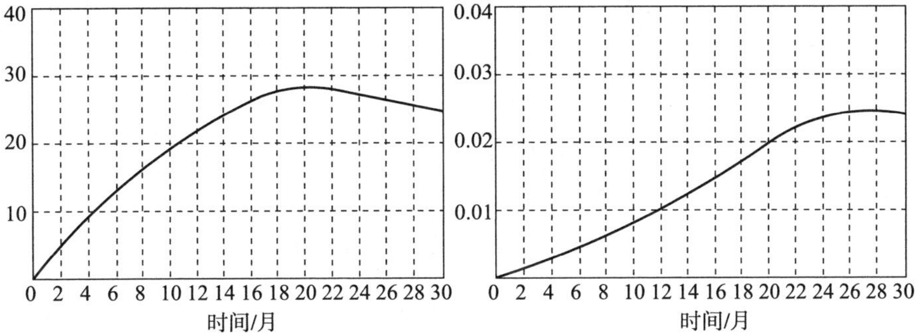

（a）企业价值存量　　（b）创新投入成本

图 7-10　企业颠覆性创新过程的仿真结果（1）

7.4.1.2　价值网络重构子系统

图 7-11 为价值网络重构子系统的仿真结果。如图 7-11 所示，受创新投入强度变化的影响，企业价值网络重构水平变化也包括从快速增长到增速减缓的阶段性变化，而企业组织能力增长相对缓慢，在价值网络重构水平达到峰值后也开始有所回落，而市场侵入程度则保持相对稳定的增长，在企业实现颠覆性创新后速率有所提升。价值网络是企业建立深度合作关系、实现价值创造过程的主要载体，是企业实现颠覆性创新的关键环节，并且随着价值

网络关系的优化，一方面提高了企业的创新知识获取，拓展了组织动态能力（陈衍泰等，2015）；另一方面在提升产品竞争力的同时收集用户反馈，不断提升环境适应力，实现对主流市场的侵蚀。当企业实现颠覆性创新，创新投入成本的快速回落也使得价值网络重构降低，组织拓展能力相对减弱，而市场侵入程度则有一定提升。

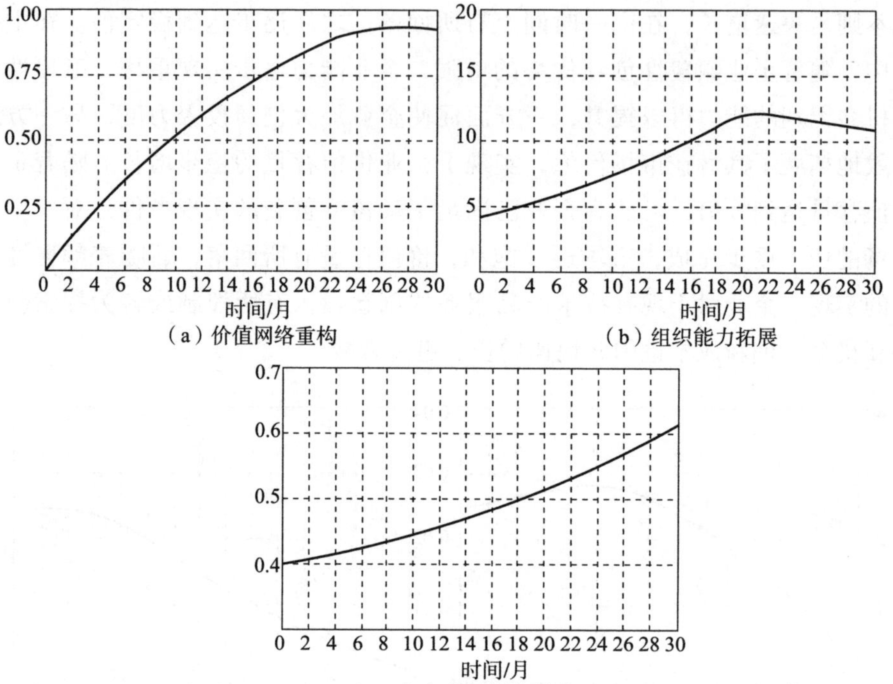

（a）价值网络重构　　（b）组织能力拓展

（c）市场侵入程度

图 7-11　企业颠覆性创新过程的仿真结果（2）

7.4.1.3　颠覆性创新优势子系统

图 7-12 为颠覆性创新优势子系统的仿真结果。如图 7-12 所示，随着仿真模拟的进行，在 0~20 个月之间企业颠覆性创新优势保持快速增长，到 20 个月后增速减缓，与在位企业创新优势的差距也在不断缩小，而随着颠覆性创新的实现，企业实现技术跃迁从而促进了企业能力的重构。在主循环中，颠覆性创新优势影响企业技术跃迁，二者与企业能力重构呈正相关，颠覆性创新优势又对创新投入成本、产品竞争力等方面产生影响，随着企业能力重构的实现也有力推进了颠覆性创新机会的识别。

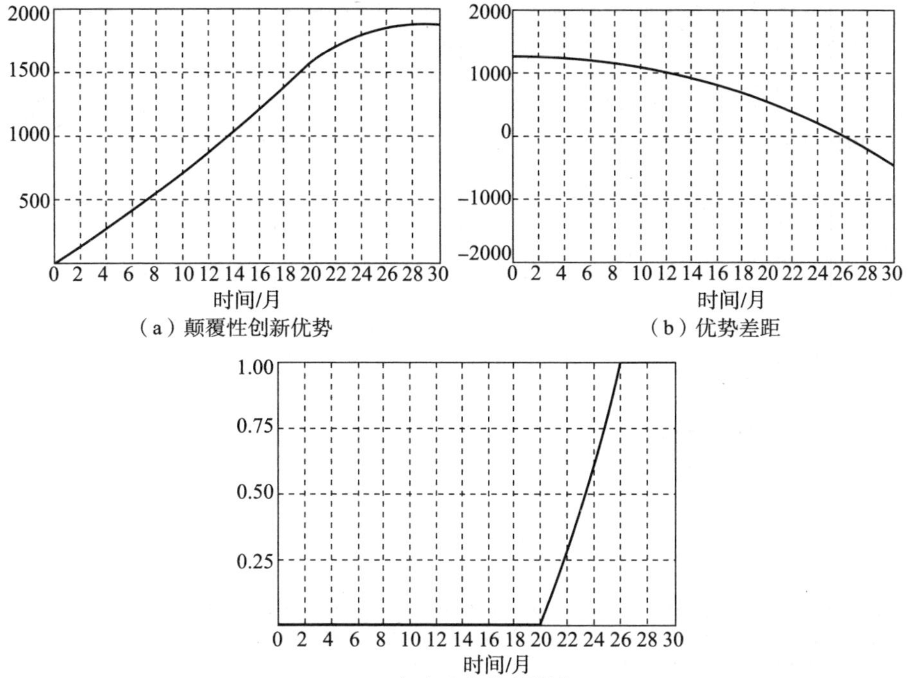

（a）颠覆性创新优势

（b）优势差距

（c）企业技术跃迁

图 7-12　企业颠覆性创新过程的仿真结果（3）

7.4.2　关键变量动态仿真分析

7.4.2.1　创新投入成本、价值网络重构与颠覆性技术跃迁

有部分学者提出颠覆性创新的本质在于企业应用颠覆性技术创造价值，要实现颠覆性创新，就必须不断提高研发投入，同时加快推进价值网络重构，仿真模型对此进行了验证（蔡霞等，2019）。如图 7-13 所示，在企业发展的前中期，创新投入成本以及价值网络重构等都处于快速增长态势，优势增强速率也在不断提升，但对于企业技术跃迁没有明显的影响，而到了第 20 个月颠覆性创新优势的累积已经达到了一定值，企业技术发生跃迁，同时伴随着颠覆性创新效应的释放，企业的创新投入成本与价值网络重构等迅速回落到一个稳定值，颠覆性创新优势增强速率也随之放缓。可以看出企业的创新投入与价值网络重构是推动技术跃迁与颠覆性技术跃迁增强的关键因素，但存在一定的积累性与逸散性，相关变量积累到一定程度时才会引发颠覆性创新的扩散效应，随后迅速衰减而逐步稳定在一个可持续的状态。

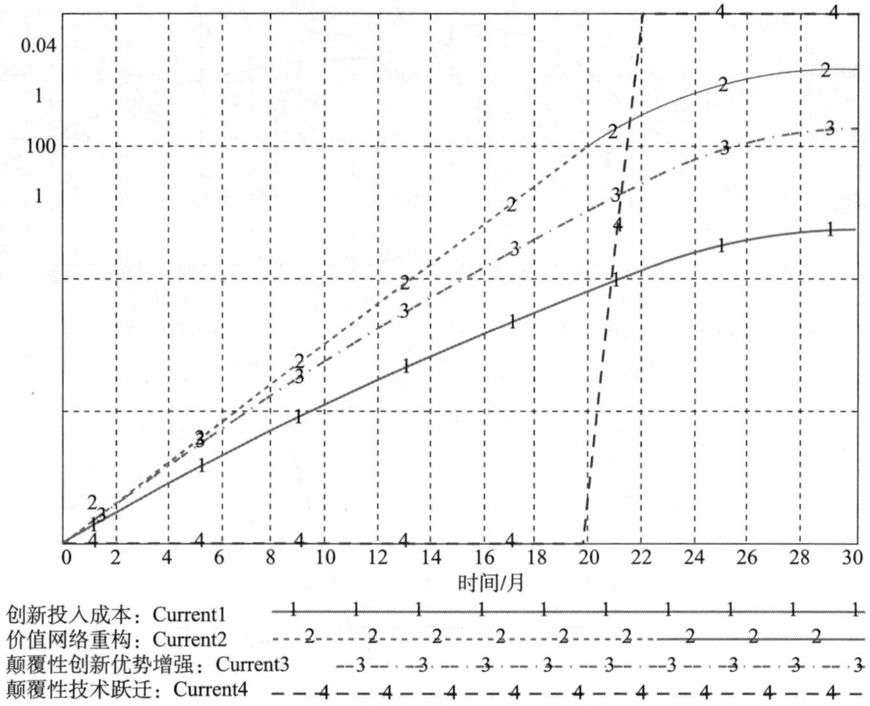

图 7-13　技术跃迁过程中创新投入成本、价值网络重构与优势增强

7.4.2.2　组织能力、市场侵入变化与颠覆性创新优势增强

在 TOE 理论中组织管理与外部影响是影响颠覆性创新的重要因素，图 7-14 分别对组织能力拓展与市场侵入程度的存量与流量关系以及变化规律进行了分析。在企业实施颠覆性创新活动的过程中，组织能力拓展与市场侵入程度保持稳定增强，当达到 20 个月的时间点时企业实现技术跃迁，组织能力拓展与市场侵入程度等变量均形成拐点，从临界点开始，组织能力拓展转为缓慢增长，市场侵入程度转为快速增长，这种变化在图（a）中得到解释。在拐点之前，企业知识获取保持高速增长，但由于创新知识对能力提升的滞后影响，知识获取与组织能力的拓展并不完全同步，而是知识获取速率远大于组织能力拓展，因而到达拐点后，知识获取迅速衰减并维持在低水平状态，这也对组织能力拓展产生消极影响使其增速相对放缓，存在一定的负面效应，随着企业创新优势的提升，产品竞争力呈现出先平稳增长再快速提升的态势，这也使得市场侵入程度在拐点之后进入快速增长阶段。

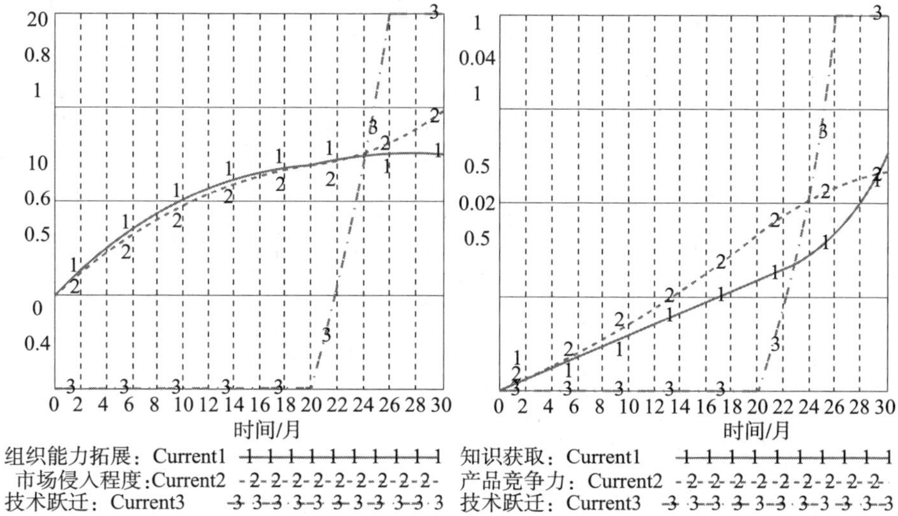

（a）能力拓展、市场侵入变化与技术跃迁 （b）知识获取、产品竞争力与技术跃迁

图 7-14 组织能力拓展、市场侵入变化与颠覆性创新优势

为了进一步探讨颠覆性创新优势增强过程中组织、环境等方面关键变量的影响，本节对价值网络重构、企业技术跃迁等辅助变量以及知识获取、外部适应及优势增强等速率变量的相互关系进行讨论（吴晓波等，2019）。如图 7-15 所示，企业价值网络重构通过知识获取与外部适应推动颠覆性创新优势的快速增长，随着创新要素的不断累积，后发企业的发展进入拐点，即通过颠覆性创新效应实现了技术跃迁，与此同时，价值网络重构与知识获取等要素累积方式得以减弱，优势增强的增长速率保持相对稳定，以实现颠覆性创新的持续进行。

由上述仿真分析可以看出，后发企业价值扩散效应中对颠覆性创新优势（优势增强）存在影响的变量主要包括价值主张创新、企业创新意愿、价值网络重构、组织能力拓展（知识获取）、市场侵入程度（外部适应）、企业技术跃迁、企业能力重构等。以上分析表明本节所构建的二阶系统模型能够客观描述企业价值扩散效应与后发企业颠覆性创新优势形成的关系，部分因果变量相互联系程度和水平将在下文进一步探讨。

7.4.2.3 价值主张、创新意愿与颠覆性创新战略制定

（1）价值主张创新对价值网络重构子系统的影响分析

价值主张创新是后发企业实现网络关系重组、实施创新战略和加快价值扩散与获取同时提升环境匹配能力的重要前提，随着价值主张的变革，企业

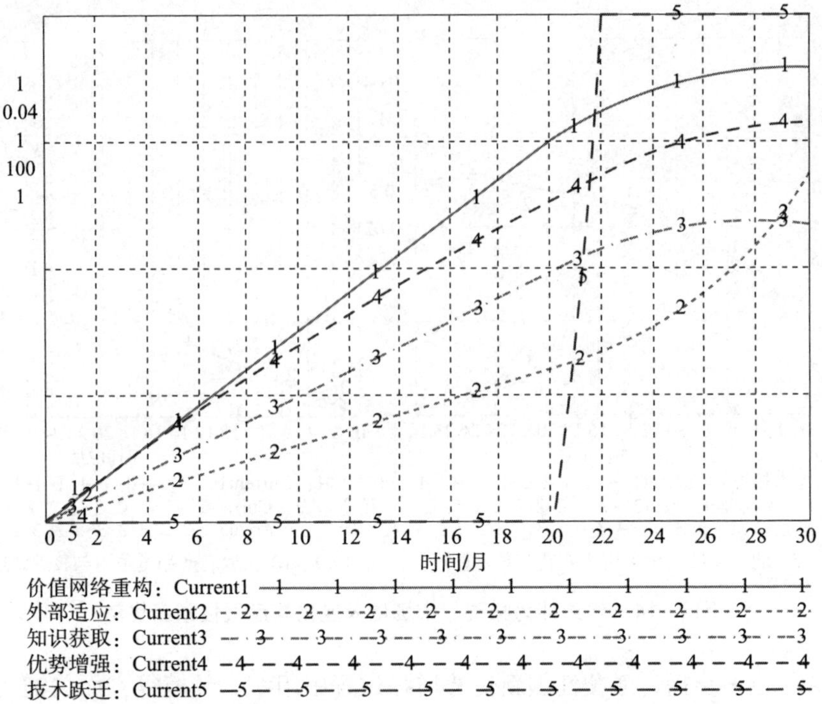

图 7-15　价值网络重构、知识获取与外部适应的流量变化与颠覆性创新

所建立的价值网络及其连接形式快速调整，通过建立技术与组织的柔性衔接以及价值共创机制，增强企业创新动态能力以及环境适应力，以此提升颠覆性创新优势（徐建中等，2020）。为了考察企业价值存量子系统中价值主张创新对价值网络重构、组织能力拓展、市场侵入程度以及颠覆性创新优势增强的影响，对于价值主张创新的模拟分析主要通过设定具体情境，在不对其他变量进行调整的前提下对价值主张创新的参数进行调整，以此来对比观察各关键变量的影响情况。

价值主张创新对价值网络重构子系统的影响作用如图 7-16 所示，将价值主张创新分别提高 30%、20%、10%，得到价值网络重构、组织能力拓展、市场侵入程度以及颠覆性创新优势增强等变量的变化轨迹，可以看出，随着价值主张创新水平的不断提升，价值网络重构快速增加，其波动性增长轨迹也调整为快速增长趋势；同时，更激烈的价值网络重构也使得组织动态能力以及市场侵入程度实现增长，且对组织能力拓展的影响要大于对市场侵入的影响，随着二者的提升，颠覆性创新优势增强的提升速率也在迅速增长，但由于相关前因变量的改变，颠覆性创新优势到达拐点的时间逐步延后。图 7-16 表明，价值主张创新水平高的企业实现价值网络重构的时间点要先于价值主张创新水平低的企业，价值主张创新有利于颠覆性创新优势的积累。

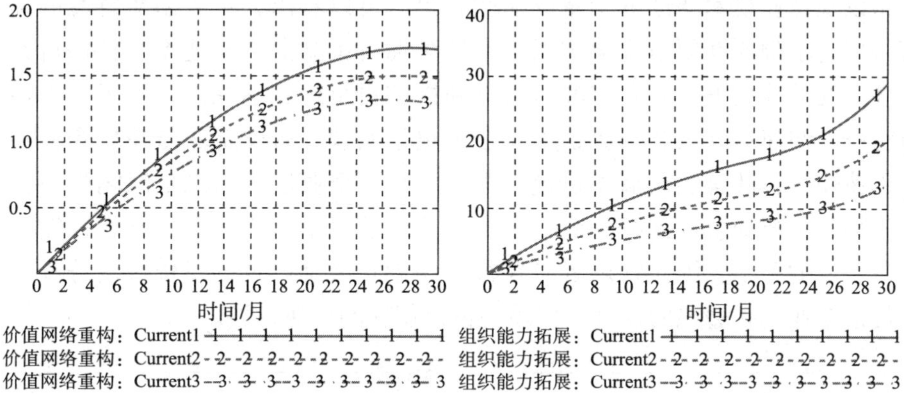

（a）价值主张—价值网络重构　（b）价值主张—组织能力拓展

（c）价值主张—市场侵入程度　（d）价值主张—颠覆性创新优势增强

图 7-16　价值主张变化对企业颠覆性创新的影响分析

（2）企业创新意愿对颠覆性创新优势子系统的影响分析

企业创新意愿包含管理者或组织对前沿领域以及市场变化的接受程度以及创新倾向（李煜华等，2019），若企业拥有较高的创新意愿，则更加关注新技术的前沿变化以及外部需求的重要影响，并主动获取相关信息，对于在产品中运用新技术的态度更加积极，积极发展自身的相关能力且有较强的动机，从而获取更强大的创新优势，可以分为企业管理者层面的创新意愿和组织层面的创新意愿（Miller et al.，1994）。大量文献对创新意愿在企业技术创新尤其是颠覆性技术创新提升过程中的积极作用进行了探讨，因此本章选择企业创新意愿作为变量，用以观察其对颠覆性创新优势子系统中关键变量的影响作用。

企业创新意愿对颠覆性创新优势子系统的影响作用如图 7-17 所示，将企业创新意愿分别提高 30%、20%、10%，分别得到颠覆性创新优势增强、优势差距以及企业技术跃迁等变量的演化轨迹。可以看出，企业创新意愿的提升直接促进了颠覆性创新优势的增强，使其拥有更高的增长速率，在保持其他条件不变的前提下企业实施颠覆性创新能够更早地到达拐点，由于颠覆性创新优势的快速提升以及企业技术跃迁的更早实现，后发企业与在位企业的差距迅速缩小，甚至实现后发赶超。可以看出，企业创新意愿是影响颠覆性创新优势的重要变量，创新意愿更高的企业能够更早地实现技术跃迁，缩小与在位企业的差距，因此管理者应重视组织创新激励以及创新资源的分配，加快促进企业创新意愿的提升以保障颠覆性创新的快速发展。

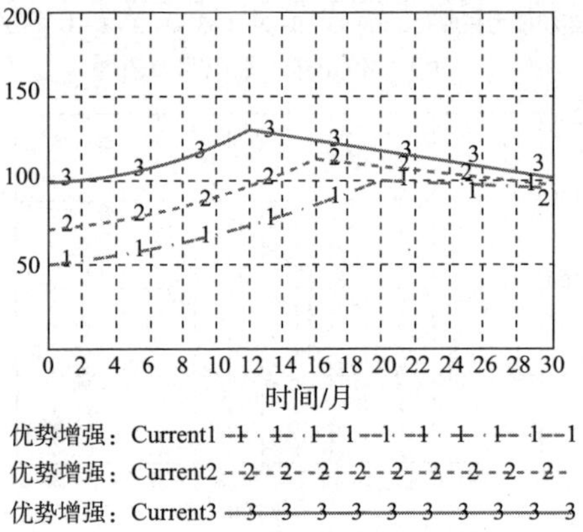

（a）企业创新意愿—优势增强

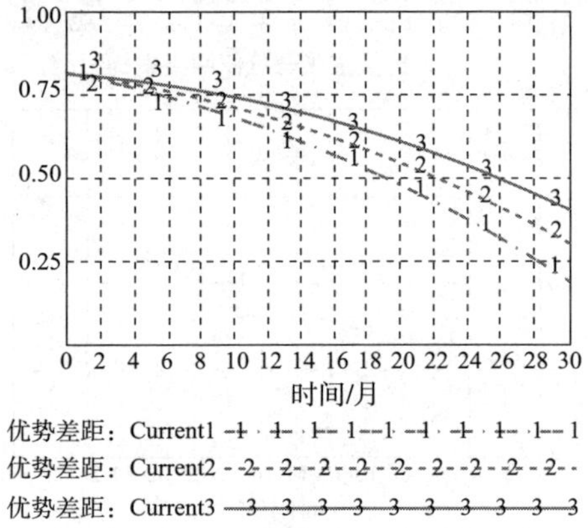

（b）企业创新意愿—优势差距

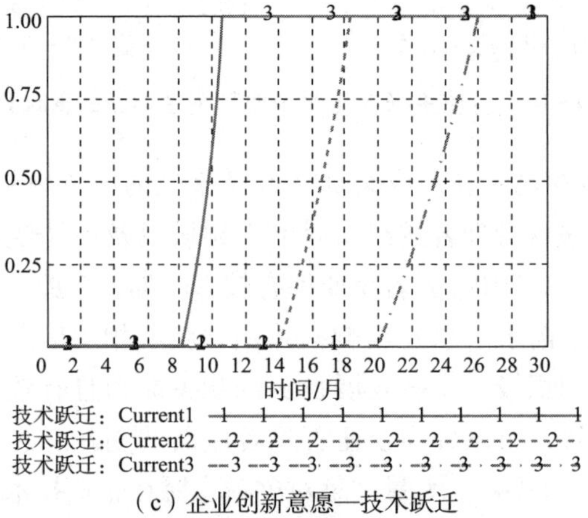

（c）企业创新意愿—技术跃迁

图 7-17　企业创新意愿对颠覆性创新优势的影响分析

7.5　系统运行仿真结果分析

本章以颠覆性创新理论、价值创造理论与复杂系统理论为基础，综合考虑后发企业价值网络重构、组织能力拓展、市场侵入程度、企业能力重构、颠覆性创新优势等概念，梳理其因果关系构建二阶系统动力学模型，通过对系统模型的仿真分析，对不同价值扩散效应中后发企业颠覆性创新优势的形成演化进行模拟仿真。得到以下结论：

后发企业颠覆性创新价值扩散是在系统内诸多要素相互作用下，不断促进企业内部价值存量提升、价值网络重构与价值优势获取等整个价值创造链条变革的动态过程。综合来看，颠覆性创新价值扩散及优势获取是一个由技术、组织和环境等方面关键变量所构成的复杂系统，其价值扩散效应主要基于“价值积累—网络创新—优势增强”的主要脉络进行，研究表明：①系统模型可分为企业价值存量子系统、价值网络重构子系统、颠覆性创新优势子系统。企业价值存量子系统是颠覆性创新优势增强整个流程的逻辑起点，通过对创新机会识别以及潜在市场发现来增加价值，实现企业的价值存量积累。②作为企业价值存量子系统的关键变量，颠覆性创新机会识别是企业挖掘潜在市场价值、保证创新投入有效性的重要方式，与企业优势增强共同对创新投入成本产生推动作用，市场价值、创新投入与企业价值是企业新增价值的主要来源，逐步提升企业价值存量（SEV_t）。③对于价值网络重构（VNR）子系统而言，主要受企业价值存量、创新投入成本以及价值主张创新的影响，随着企业价值网络创新的实现，逐步推进组织能力拓展（OCD_t）与市场侵入程度（MP_t）等重要变量提升。④对于颠覆性创新优势子系统，其优势增强主要受企业创新意愿、组织能力拓展和市场侵入程度等方面的影响，随着颠覆性创新优势（DIA_t）的积累提升，逐步缩小与在位企业的技术势差，由此实现了企业技术跃迁。由此可知，企业创新意愿对于企业颠覆性创新优势的提升具有重要影响，在创新意愿的牵引下，颠覆性创新优势不断增强，使得后发企业缩小了与在位企业的差距，极大地加快了核心技术由“积累”转为“跨越”的向更高层次跃迁的进程，由此后发企业发生蜕变，实现了颠覆性创新，进一步促进其能力重构，在主流市场产生破坏性影响，推动整个市场颠覆。

相关研究结论对于后发企业颠覆性创新战略实施及相关部门政策的制定

也有一定的启示意义。①价值存量的积累主要依靠技术识别与市场挖掘来进行，随着价值存量积累的提升，企业通过价值网络创新影响组织能力拓展与外部市场侵入，连接组织能力与市场能力，进而提升颠覆性创新优势，而颠覆性创新优势受到来自技术、组织和市场方面因素的影响，后发企业只有通过自身优势的不断提升进而缩小与在位企业的差距来实现技术跃迁。②颠覆性创新价值优势的本质是价值积累与扩散，其扩散过程即通过企业对颠覆性创新机会的预先识别，对利基市场进行充分的探索，基于自身优势逐步提升创新投入以实现企业价值的获取与积累，继而对价值网络关系产生影响，但企业价值的积累会受到需求变化与折旧的影响，随着时间的推移逐步流失。③价值网络重构是连接企业技术跃迁与价值扩散等过程的关键环节与纽带，企业通过构建产业链深度合作关系以及平台嵌入等方式促进价值网络的创新，优化知识获取与外部适应等方面的能力，实现动态能力提升与外部市场侵入，由此充分衔接组织创新与市场竞争，有利于提升优势构建的针对性，影响颠覆性创新优势增强速率变量，快速积累和提升颠覆性创新优势。④企业创新意愿对于实现颠覆性创新价值扩散至关重要，一方面，较高的创新意愿使得企业更为关注技术创新本身，愿意并主动对新技术研发及其市场发展前景投入更多的资源；另一方面，创新意愿较高的企业拥有更高的积极性，能够主动收集前沿信息、关注技术发展趋势，从而推动颠覆性创新进程，进一步增强颠覆性创新优势，因此相关部门在制定政策时应重视对重点领域扶持以及配套奖励的落实，充分调动后发企业的创新积极性。

7.6 本章小结

本章围绕“后发企业颠覆性创新价值扩散效应及仿真分析”这一关键问题展开研究，基于颠覆性创新理论、价值创新理论与复杂系统理论，围绕“价值积累—网络创新—优势增强”的演化逻辑构建二阶系统动力学仿真模型，通过引入企业价值存量、组织能力拓展、市场侵入程度和颠覆性创新优势等状态变量，以及价值网络重构、企业创新意愿、知识获取、外部适应等辅助变量，对不同价值扩散效应与颠覆性创新优势演化影响的动态过程进行仿真。仿真研究进一步整合了前文研究，也通过动态仿真分析检验了扎根分析与定性比较分析的研究结果，研究总结了企业驱动以及价值网络驱动颠覆性创新优势增强的效应。

第8章 基于案例比较的后发企业颠覆性创新实现机制

在数字技术赋能与价值创新驱动影响下，以“双碳”目标为导向的战略性新兴产业发展正处于快速变革阶段，逐步构筑产业价值共创模式或创新生态系统的新型组织模式，在动态演化中获取可持续竞争优势。本章以NEWater、明阳智能为典型案例，剖析技术突破与价值创新在颠覆性创新中的推动作用，进而探讨其多维度结构特征及实现机制，由此进一步分析技术突破与价值创新的生态运作过程，加快颠覆性技术动态迭代并实现扩展适应。

8.1 保护空间驱动后发企业颠覆性技术产业化的路径探索：基于 NEWater 的案例分析

培育以颠覆性技术驱动为核心的新兴产业，对于实现绿色技术创新、促进社会经济可持续转型具有重要引擎作用。目前中国正通过大力实施创新驱动发展战略加快培育新兴产业，推进供给侧结构性改革提升新兴产业的竞争力，从而推动经济发展质量变革、效率变革和动力变革。为此，政府制定了一系列重大战略规划，如《关于加快培育和发展战略性新兴产业的决定》《中国落实2030年可持续发展议程创新示范区建设方案》等，旨在通过有效的政府宏观调控和科学的政策组合设计，加快新兴技术产业化的成功培育和可持续发展。然而，以太阳能光伏、风电设备和生物燃料为代表的新技术产业化发展历程表明：颠覆性技术产业化是一个由多主体参与、多要素协同、多阶段衔接的动态复杂过程，一项颠覆性技术克服成长阶段中的众多障碍最终实现产业化且可持续发展绝非易事——颠覆性技术不仅极容易受制于现有主流技术的锁定，而且即使暂时立足主流市场，也会受制于现有“社会—技术”体制中诸如生产消费模式、产业结构和用户偏好等外部要素相互作用形成的路径依赖。因此，准确把握颠覆性技术产业化的发展规律，提高政府实施政策干预的有效性，从而破解当前颠覆性技术产业化发展成功率和贡献度不高、政策扶植效果不大的困境，是当前颠覆性技术产业化管理所面临的重要问题，亟待在准确把握新兴技术产业化培育规律基础上，吸收借鉴国外成功经验，探索符合中国情景的颠覆性技术产业化培育路径。

现有研究集中探讨了技术与体制共同演化视角下颠覆性技术产业化发展和新兴产业集聚的产生机理、动力机制和空间布局等问题，还包括近年来国外不断兴起的从政策组合（Policy Mixes）角度来分析颠覆性技术产业化政策设计及其效率评价的研究。可以看出，国内外新兴技术产业化研究已有一定积累，但仍存在几个理论“缺口”。首先，从技术与体制的协同演化视角探讨了颠覆性技术产业化机理和影响因素，而由于颠覆性技术产业化的长期性与复杂性，其研究内容只涵盖了新技术产业化某个阶段，缺乏全过程的分析视角；其次，颠覆性技术产业化过程不仅关系到新技术自身的变革，还涉及“社会—技术”系统中诸多要素的影响，现有文献较少关注技术创新的内生演化过程以及外部环境的作用机制；最后，探讨政府如何通过政策组合构建颠覆性技术的“保护空间”（Protected Space）、促进颠覆性技术跃迁演化的研究还较为缺乏。总而言之，对于如何把握新兴技术产业化规律以提升产业培育成效，为加快发展新兴技术产业化提供技术支持和决策参考，亟须引入新的理论框架进行更为广泛深入的探索。鉴于此，本节基于可持续转型（ST）这一国际前沿管理理论，基于“社会—技术”系统转型的全过程分析视角构建颠覆性技术产业化的 ST 分析框架，以新加坡新生水（NEWater）为例深入剖析其产业化运作机理，从而揭示政府如何通过科学政策组合设计有效构建保护空间，为我国构建区域产业技术创新体系提供经验借鉴。

8.1.1 理论基础

8.1.1.1 可持续转型

ST 理论是以建立更可持续发展的“社会—技术”系统为目标，针对某项具有发展前景的颠覆性技术建立创新生态位，通过科学设计政策组合构建保护空间，有目的地通过颠覆性技术与市场、产业、政策、文化和消费者等多要素之间的交互作用和协同演化，助力具有发展前景的颠覆性技术在创新生态位中“孕育—发展—涌现”，直至促进现有“社会—技术”体制发生变革，向新“社会—技术”系统转型的管理理论。Kemp（2001）、Schot（2008）和 Geels（2007）等学者利用生态位、技术演化和建构性技术评价等理论，对 ST 理论的核心概念进行新的诠释，逐步完善并拓展了 ST 理论的理论结构。Smith

A. 等（2010）指出，ST 理论拓展了传统技术创新的研究框架，重点阐述了技术创新的演进与技术系统外部的“社会—技术”体制互动关系，侧重探讨“如何在技术创新与‘社会—技术’体制演化初始阶段利用机会，构建并管理颠覆性技术的生态位”，以及“现有‘社会—技术’体制与未来‘社会—技术’体制之间的适应与选择”等基本问题，为技术变革、绿色技术创新等重大现实问题提供理论解释和分析工具。基于此，如何从可持续转型的角度探讨新兴技术产业化的演进过程并对其进行有效管理值得深入探讨。

ST 视角下颠覆性技术演化路径研究主要包括 3 个层面：①“社会—技术”景观。“社会—技术”景观是指影响“社会—技术”体制和创新生态位发展的外部环境，包括政治意识形态、社会价值观、文化信仰和宏观经济趋势等要素，代表的是最深层次的社会经济结构关系。②“社会—技术”体制。“社会—技术”体制是由已形成的技术、产品、知识、期望、用户实践、规则等多维度要素构成的一个连贯且高度相关的稳定结构。“社会—技术”体制通过其内部构成要素之间的交互作用，形成稳定性极强的路径依赖和技术锁定。③创新生态位。生态学视角下的创新生态位是指在一个生态系统中，某个种群在特定时间、空间上所占据的位置以及与其他种群之间的作用关系。借鉴上述定义，Farla J. 等（2012）将其界定为新技术在“社会—技术”系统中特定的时空位置及功能关系。

作为“社会—技术”系统转型过程的关键阶段，创新生态位孕育了变革现有“社会—技术”体制的“种子”，为颠覆性技术成长演化提供“保护空间”。所谓“保护空间”，就是指在转型过程中，针对某项有发展前景但尚未占据主流位置的颠覆性技术，通过采取特定的机制策略，主动为其构建一个试验区域并进行实验，引导和支持其创新生态位的培育与演化。颠覆性技术要具备进入市场参与竞争的初步优势，必须在创新生态位中进行培育和跃迁，其过程分为技术生态位（新技术在原有技术轨道中所处的位置和功能）、市场生态位（新技术形成的新产品在现有主流市场中所占据的位置及其关系，即新技术产品的初始市场）和范式生态位（新技术在现有“社会—技术”体制中形成一种新的技术范式及其在“社会—技术”系统中所处的位置和关系）。

8.1.1.2　ST 视角下颠覆性技术演化基本模型

可持续转型被描述为复杂而长期的过程，从可持续转型的最新研究来看，国外学者综合引入了技术、制度、环境维度等比主流创新研究更广泛的创新观，如 MLP 和 SNM 等，用于研究转型的模型和概念，其简化了对“社会—

技术”系统演化过程的分析。ST 理论将“社会—技术”系统划分为微观创新生态位、中观“社会—技术”体制和宏观“社会—技术”景观等层次，其交互过程可描述为：宏观“社会—技术”景观层面的引导触发了“社会—技术”体制的变革，诱发了创新生态位的出现，创新生态位的“孕育”，也会对现有“社会—技术”体制产生压力促使其进行渐进式调整；在“社会—技术”景观和创新生态位的双重作用下，体制层面的持续性调整加快了创新生态位的“发展”和“涌现”过程，最终逐步形成适应颠覆性技术发展的新“社会—技术”体制，可以考虑撤离保护空间；当创新生态位和体制都实现了与景观的匹配时，就完成了“社会—技术”系统的转型。由此形成 ST 理论视角下的新兴技术产业化的基本模型，如图 8-1 所示。

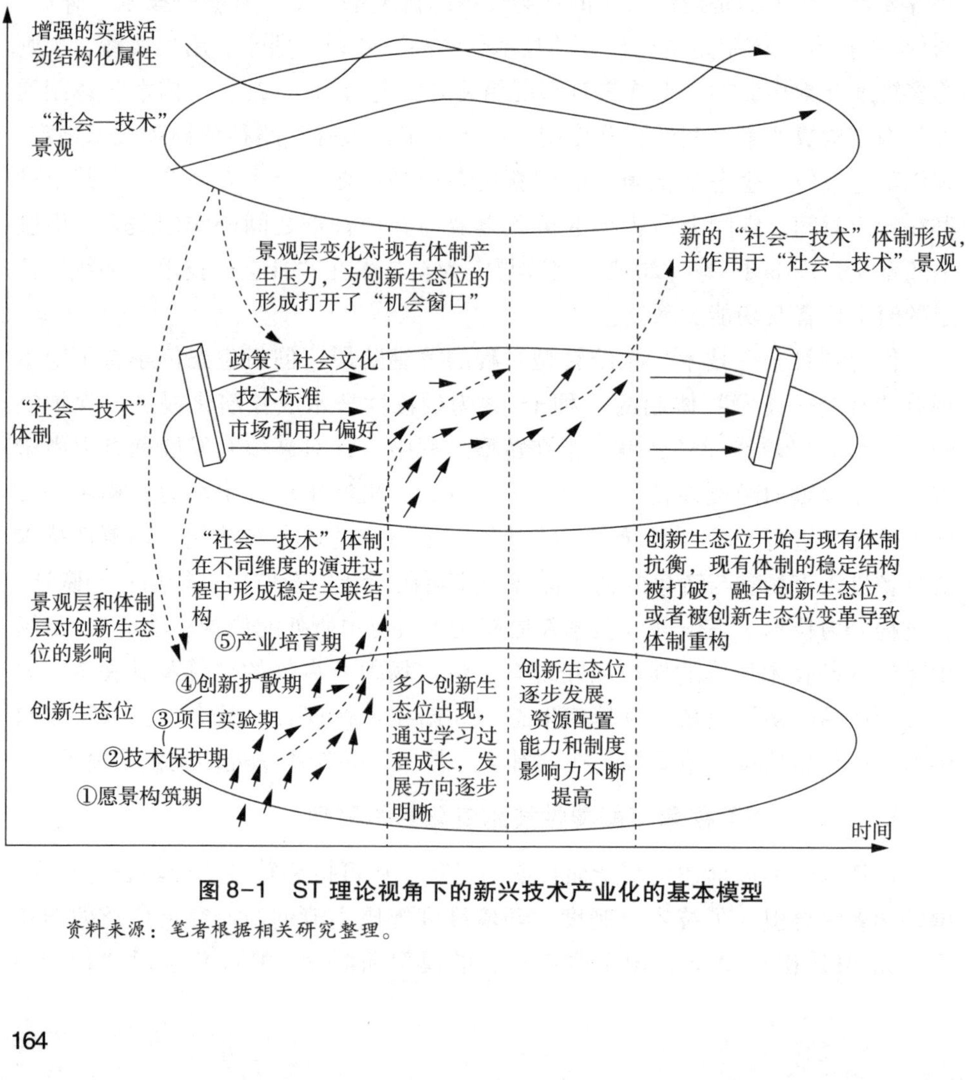

图 8-1 ST 理论视角下的新兴技术产业化的基本模型

资料来源：笔者根据相关研究整理。

该模型表明，ST视角下的新兴技术产业化是一个由多主体参与、多要素协同、多阶段衔接的动态复杂过程。目前国内学者对于相关问题的研究不仅关注到了绿色技术创新过程的问题，也对现有“社会—技术”体制中诸如技术转移、创新意愿、创新效率等问题进行了一定的探索。考虑到新兴技术产业化问题的复杂性以及ST理论对于新兴技术产业化这一长期演化动态过程研究的优越性，笔者认为该框架适用于新兴技术产业化复杂问题研究，并能更为系统地阐释颠覆性技术演化规律，因此本章以ST分析框架为工具，从“社会—技术”系统外部演进及创新生态位内生演化两个过程深入揭示新兴技术产业化的运作机理。

8.1.2　研究设计

8.1.2.1　案例选择依据

本章旨在构建一个新兴技术“外部演进—内生演化”的产业化分析框架，用以分析颠覆性技术与外部环境多层次、多维度、多要素交互作用的过程，就本章研究问题而言，所选案例必须具有以下特征：①企业以颠覆性技术为基础并已形成一定的经济规模；②其产业化应用为社会经济发展带来一系列变革；③颠覆性技术产业化过程中外部因素起到了重要的推动作用。

综合考虑案例企业与研究问题的匹配度，本章认为新加坡NEWater是本案例研究的理想样本。首先，作为世界性水务创新品牌，NEWater工艺将废水处理与用水相结合，实现水资源的循环利用，不仅解决了社会现实问题，其产业发展与科技创新的交互联动还促进了新加坡水科技及产业创新体系形成，引起了世界各国的广泛关注。其次，新加坡位于马来半岛南部，国土面积狭小且自然湖泊缺少，缺乏雨水收集与过滤系统，蓄水能力较弱，缺水现象较为严重，新加坡国内水资源为6亿米^3，人均水资源占有量仅有近200米^3，人民日常生活和工业发展所需淡水资源极度匮乏，NEWater保证了新加坡淡水的持续供应，使其不再成为威胁新加坡国家安全和限制经济发展的核心问题。最后，新加坡将“一切为水让路”定为基本国策，致力于推动水科学技术创新体系的建设，经过近半个世纪的发展，新加坡已经建立起了规模庞大、技术领先的环境与水务产业，形成了多元化的可持续性供水系统，从而逐步摆脱极度缺水的局面。

8.1.2.2 研究方法与资料来源

由于新兴技术产业化过程的长期性与复杂性，目前学界尚未完全掌握对颠覆性技术转移转化的动态过程进行定量化预判和测度的方法。探索性单案例研究方法是基于对复杂现象系统的描述与分析，回答“为什么”和“怎么办”问题的有效方法，同时通过对过程深入细致的分析，能有效保证研究的信效度。因此，本章采用探索性单案例研究方法分析新加坡 NEWater 的产业化过程，以此检验 ST 模型的有效性。

本章以一、二手资料结合的方式进行资料获取。一手资料主要通过半结构化访谈和实地调研获取，笔者团队成员在新加坡访学期间，通过走访新加坡公用事业局（PUB）、NEWater 公众接待中心、南洋理工大学相关研究团队等组织机构，收集了大量的一手数据；二手资料主要通过相关政府机构报告、企业报告、重要媒体相关资讯报道以及相关学术文献等方式，围绕政策、市场、技术等方面进行收集。为保证资料数据的准确性从而提升研究效度，本章将所得资料进行比对分析，对相关问题进行交叉验证。

8.1.2.3 研究框架设计

在研究框架设计方面，本章在 ST 视角下颠覆性技术演化基本模型基础上，对其做了进一步细化和完善：以创新生态位的培育和演化为枢纽，从保护空间助力创新生态位的作用过程角度，设计了一个两阶段相衔接的新兴技术产业化 ST 分析框架，如图 8-2 所示。

该分析框架将新兴技术产业化多维度、多层次、多因素的复杂作用过程抽象为两个相互衔接且相互作用的阶段：

创新生态位的外部演化阶段。该阶段侧重阐述如何通过管理和控制保护空间，促使创新生态位与现有“社会—技术”体制、“社会—技术”景观交互作用而协同发展，逐步形成新兴产业，并变革现有“社会—技术”体制实现可持续发展。国外 ST 学者将“社会—技术”系统划分为微观创新生态位、中观“社会—技术”体制和宏观“社会—技术”景观 3 个层次，并认为创新生态位的“孕育”，对现有“社会—技术”体制产生压力，迫使其进行渐进式调整。来自宏观“社会—技术”景观层面的引导也触动“社会—技术”体制的变革，同时也会诱发创新生态位的出现，在创新生态位和“社会—技术”景观双重压力下，体制层面进行持续性调整，也促使创新生态位“发展”和

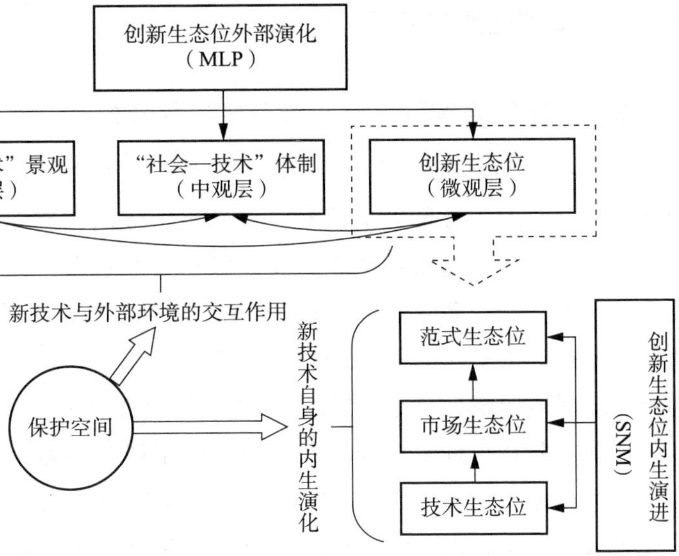

图 8-2　新兴技术产业化 ST 分析框架

资料来源：笔者整理绘制。

“涌现”，最终逐步形成适应颠覆性技术发展的新“社会—技术”体制，这时就考虑保护空间的撤离，当创新生态位和体制都实现了与景观的匹配时，就完成了“社会—技术”系统的转型。

创新生态位的内生演进阶段。该阶段侧重分析如何通过有效构建和管理保护空间，来助力颠覆性技术不同生态位的成功培育，以及从技术生态位到市场生态位，再到范式生态位的顺利跃迁。ST 理论提倡为颠覆性技术主动构建一个保护空间，在这个空间里开展有针对性的社会实验，通过各参与主体所形成的社会网络和提供的学习平台，加强对颠覆性技术的试验和学习，改进其性能和稳定性，同时提升对颠覆性技术期望的一致性，帮助创新生态位更为稳健和成熟，从而提高创新生态位在现有选择环境中的生存力和竞争力，实现创新生态位的成长跃迁过程。所以一般而言，颠覆性技术在创新生态位中的发展分为愿景构筑期、技术保护期、项目实验期、创新扩散期、产业培育期等五大阶段，通过多阶段保护空间的运作来提升颠覆性技术的成熟度，提高技术转化的成功率。

8.1.3 案例描述与分析

8.1.3.1 新加坡 NEWater 外部演进过程分析

“社会—技术”景观层。“社会—技术”景观层是指“社会—技术”体制层和创新生态位发展的外部影响因素，主要包括政治体制、社会文化和社会经济发展等。随着技术创新对产业发展的影响日益加深，社会经济与市场格局正发生着巨大变革，新加坡根据国家的实际需求和未来的社会发展趋势，聚焦颠覆性创新，探索新的经济增长点，不断发展环境技术和清洁能源等技术密集型且高增值的新兴产业。“社会—技术”景观层主要是渐进式变化并且速度十分缓慢，但其一旦发生变化，则会对体制层及创新生态位的动态稳定性产生重大影响并为其提供“机会窗口”。为了解决国内水资源问题，新加坡政府一直致力于培育知识经济、建设国家创新体系，由政府主导投入完善研究设施，积极培育和引进专业人才，旨在进一步推动国内水务产业的创新发展，将新加坡水务产业发展成为国家支柱产业。

“社会—技术”体制层。“社会—技术”体制层是在景观层变化中形成的，由用户偏好、知识存量、技术范式等构成的一个联系紧密的网络，逐渐形成技术锁定和路径依赖效应，从而实现稳定的技术创新路径。新加坡的技术创新体系具有“自上而下”的政府主导特征：最高决策层是一个由总理担任主席的特设机构；贸工部、教育部、卫生部等部门参与相关的预算编制和科技研发资金监督；经济发展局和标新局，以及贸工部下属新科研（A-STAR）、学术研究理事会（AcRC）及医学研究理事会（NMRC）等进行项目评选，形成了以政府部门为主导力量，以私人企业（跨国企业为主，本土企业次之）、高校、医院、下属研究所为执行主体的研发框架体系。之后政府又相继成立了国家研究基金会（NRF）以及研究、创新与企业理事会（RIEC），为科技创新发展提供宏观层面的战略引领。2016 年新加坡政府专门成立未来经济委员会（Committee on the Future Economy，CFE）、未来经济署（Future Economy Council，FEC）等两大机构来负责最新的产业转型蓝图（Industry Transformation Map）的制定与执行。该计划主要以强化国家科技能力为目标进行长期的产业规划，针对提升对新兴产业的资金支持，为战略技术领域研发提供支撑保障以及专门设置“超前部署的产业联合基金”（IAF-PP）与“空白基金”，目的在于培育颠覆性创新并为未来新兴技术的发展做准备。

创新生态位。创新生态位是颠覆性创新的培育场所，通常是以研发实验室、技术示范项目和初始市场等形式来为颠覆性技术提供一个受保护的空间，使其能够避免来自体制层的选择压力，孕育颠覆性创新的“变异种子”。创新生态位通过技术扩散对体制层产生巨大影响，最终实现对其变革作用。新加坡推进新兴技术研发主要依赖“双轨制”研发保障体系，其中一轨是由新加坡贸工部所统筹运作的应用型技术研发，而另一轨则是由教育部主导的基础性研究。两轨各自进行并交汇于创新与企业理事会，由其统一负责两大部门的发展方向制定与战略实施，同时进行研发进度监督与资金配置。

该创新生态位中还有着众多的创新支持主体，新加坡政府通过投资建立风投机构、引入创新风险投资来大力推进技术转移和产业化，20 世纪 90 年代政府下拨 10 亿美元设立科技创业风险投资基金，并实行配额投资计划对企业技术研发进行大额度跟投。例如，新加坡商业局面向创业公司实行商业天使项目（BAS），收到天使投资即可按照 1∶2 的比例适用于政府种子基金的资助，该项目有力地促进了颠覆性技术的研发进程，也使得知识产权的保护增值工作得以推进。同时新加坡知识产权局（IPOS）也被纳入金融科技生态建设体系，2014 年该机构提出“知识产权融资计划”（IP Financing Scheme），以帮助企业通过政府银行分担资本风险的方式获取知识产权和工业价值。

8. 1. 3. 2　新加坡 NEWater 内生演化过程分析

基于 ST 分析框架，新加坡 NEWater 的发展历程大概可分为愿景构筑期、技术保护期、项目实验期、创新扩散期、产业培育期等 5 个阶段，具体发展历程如图 8-3 所示。

（1）愿景构筑期

为缓解用水困境，新加坡将淡水资源纳入国民经济发展规划的刚性约束指标，制定了最为严格的水资源保护法规，设立新加坡公用事业局作为水务管理的专门机构，同时不断完善城市污水排放系统，倡导全民节水意识。PUB 于 1972 年颁布了第一份水资源开发蓝图（1972—1992），提出减少对进口水的依赖、引入非常规水源以及将污水回用作为解决水资源问题的主要理念和愿景。在构筑愿景后 PUB 对污水回用技术路径进行探索，受 1998 年海水淡化项目的影响，PUB 对二级污水处理后水回收利用的可行性进行评估，并

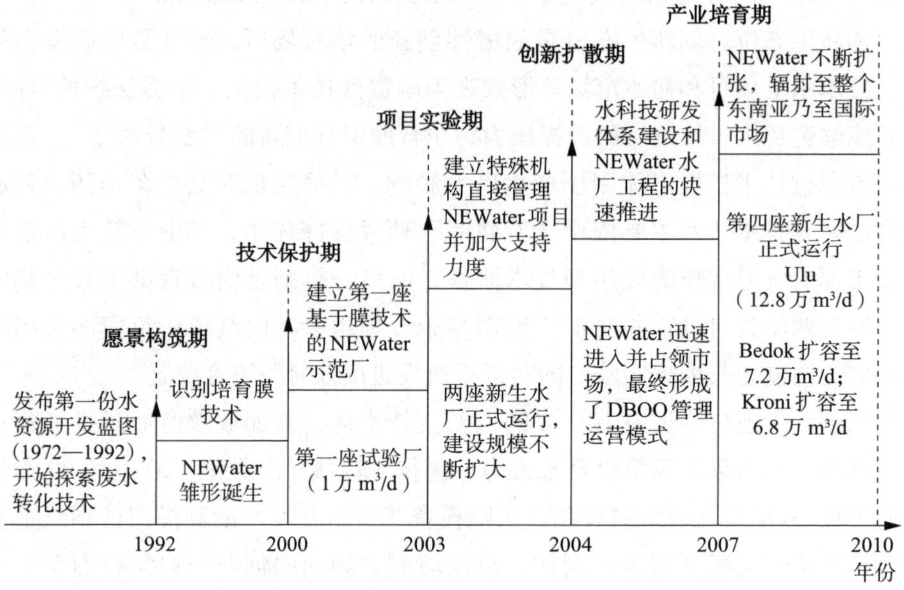

图 8-3　新加坡 NEWater 发展历程

资料来源：PUB 演讲资料、许国栋等。

于 2000 年建立了以 NEWater 出水为主的勿洛污水回用示范厂，其后依据世界卫生组织饮用水标准进行水质安全性和稳定性测试后得知，该厂生产的 NEWater 水质安全性优于常规饮用水，引起社会各界的广泛关注。可见，发展 NEWater 以及环境与水务行业，是基于新加坡对于解决淡水资源匮乏的强烈需求广泛形成的共同愿景。ST 理论强调以现实需求为牵引构筑愿景，选择具有较好发展前景的颠覆性技术进行培育和转化，为实现共同愿景积极探索创新路径。PUB 将污水部门并入环境部，打造环境与水务行业发展委员会（EWI）以全面制订执行一个新的水资源发展计划，并提出“收集每一滴雨水，收集每一滴污水和多次回用每滴水”，至此，新加坡的水资源政策终于从依赖出口全面、坚决地转向 NEWater 的开发利用。新加坡全国对于 NEWater 以及环境与水务行业的认知逐步形成，构筑了清晰明确的共同愿景，对随后 NEWater 产业的技术研发与产业化产生了积极效应。

（2）技术保护期

NEWater 对于膜技术的选择与研发过程长达 30 年，相关研发人员不断探索优化废水处理的创新方法，突破性膜技术创新对于 NEWater 的发展起到了关键作用。最初由于膜技术前期应用较为粗糙且成本颇高，甚至存在膜污染的问题，所以一开始膜技术并未成为新加坡水处理的主导技术。进入 20 世纪 90 年代后，膜技术的材料选择与处理工艺得到突破性发展，工艺成本不断降低，新加坡政府立即派遣相关人员赴美学习膜技术在污水再生利用领域的最新应用，如今 NEWater 已形成完备的工艺流程（如图 8-4 所示）：①对城市污水进行常规处理，通过微滤或者超滤膜技术单元，把污水中的胶质微粒和细菌等杂质过滤，降低水的浑浊度；②初级过滤污水通过高压反渗透膜挤出，过滤掉溶解的盐类、化学物质和病毒，过滤 95%以上的可溶性杂质；③对从膜中渗透出的二次过滤水进行紫外线消毒，消除剩余的杂质，调整酸碱平衡并获得可循环利用的“新生水”。

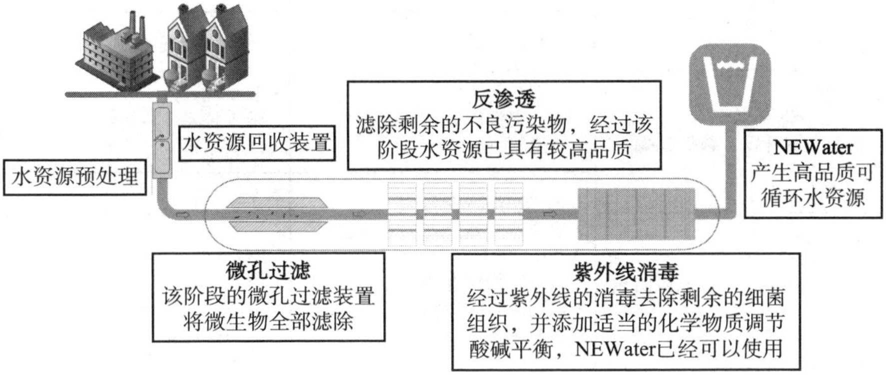

图 8-4　新加坡 NEWater 工艺流程

资料来源：PUB 演讲资料。

新加坡通过该技术路线图、创新政策和研发机制打造了完善的水科技及产业创新体系。在膜技术初步选定后，新加坡通过建立大学、研究机构和企业之间的“产学研”合作，持续优化膜技术的废水净化技术，绘制了水处理解决方案的技术路线。新加坡国立大学的 Neal Chung Tai-Shung 团队与 MICRODYN-NADIR 公司进行合作，成功制备纳滤中空纤维膜以及平板式和中空纤维膜结构的 ABM 膜，大大提高了透水率，并深化与本土企业合作，促进了科学、创新与工程的完美结合，实现了一大批本地膜法水处理企业如 Hyflux、Suntar、Salcon、Keppel 和 Sembcorp 等公司的跨越式发展。在此基础上，政府通过向全球发布技术指南来征集先进技术，极大地丰富了 NEWater 的技术采购目录。该项目由政府提供资金支持、现场服务与咨询监督，筛选出的优秀成果可在水厂进行实验，并由相关专家、企业家和风投机构进行过程指导，通过验收的项目即可获得投资，极大地鼓励了创新型水务企业的兴起（如图 8-5 所示）。

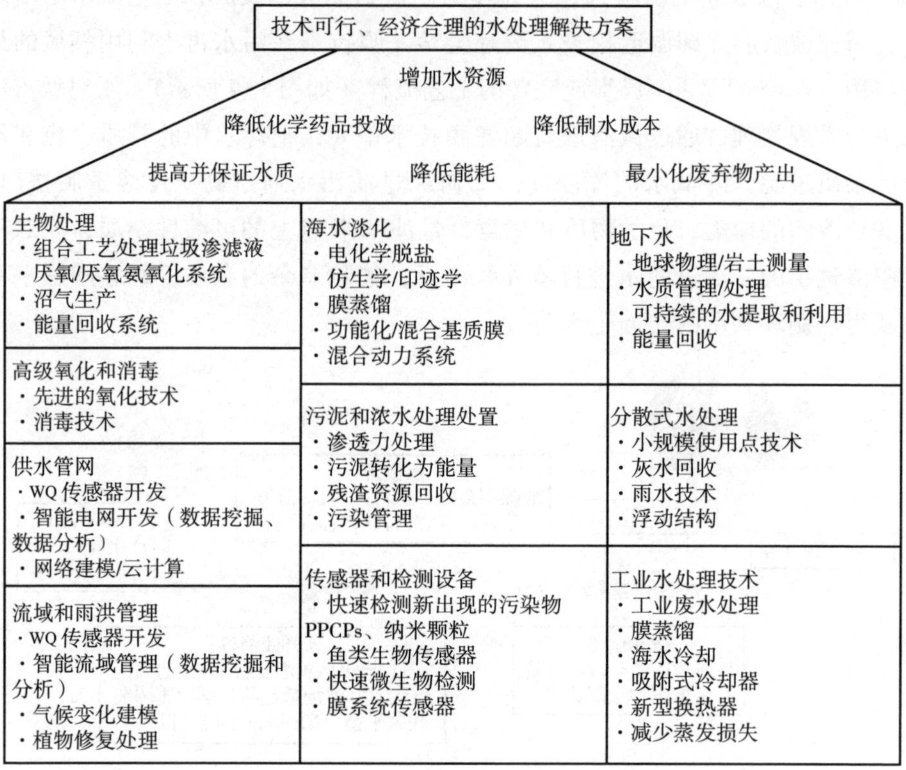

图 8-5　新加坡 NEWater 技术路线

资料来源：PUB 演讲资料。

由此可见，在技术生态位选择培育的过程中，颠覆性技术主要通过技术生态位（保护空间）的实验来构建与市场主体的连接以加快生态位跃迁。对于新加坡来说，其技术生态位的选择培育先是在不断试错中识别培育关键技术并制定技术规范，再以此为依据绘制科学清晰的水处理技术路线图来指导实践。NEWater 最初是作为以膜技术进行水处理为核心的污水回用示范项目，通过结合物理、化学过程分析污水回收的可能性，示范项目的成功促使新加坡正式确立了污水回用战略并将膜技术作为关键技术进行重点研发，其技术培育成功的关键还在于在 20 世纪末即制定了科学清晰的水处理技术路线图，这些在当时的社会背景下具有相当的超前意识与冒险精神。新加坡由此精准且有效地构建了 NEWater 的技术生态位，虽然膜技术最早应用于美国加利福尼亚州地区的“21 世纪水厂”，但只有在新加坡，有赖于国家和人民的现实需求、先进的膜渗透技术和卓越的技术生态位培育体系的完美结合，膜技术才实现了真正的颠覆性发展应用。

（3）项目实验期

对于新加坡而言，如何以膜技术和膜法水处理为主导技术和工艺，实现 NEWater 的规模化生产并满足人们用水需求，仍是一个较为复杂的问题。MBR（膜生物反应器）基于膜技术形成一个集成化程度更高的水资源可持续再生系统，是 NEWater 系统研发的重要基础。实验发现，MBR 反应系统的出水水质等同于甚至优于 NEWater 项目中的原定超滤工序（UF），在有机物的去除方面表现得更加稳定和优秀，反渗透膜的通量更高，所以该技术得到政府的大力支持并进行了快速的市场推广与应用。在经过技术调整和示范项目的测试后，PUB 决定在 Jurong 和 Changi 两个 NEWater 水厂进行全尺寸的 MBR 工程应用与示范推广。Jurong NEWater 水厂主要处理新加坡工业和市政污水，处理能力约 20.5 万 m^3/d，自政府对前端技术进行工艺升级，处理能力提升至 6.8 万 m^3/d，满足工业回用水标准且成本能耗与占地面积大大减少；同时还建成了最大的 NEWater 水厂——Changi，该厂在进行 MBR 升级后水处理能力由原来的 80 万 m^3/d 提升到 92 万 m^3/d，从而有效地缓解了生活污水处理的压力并从此确立了 NEWater 的地位。

为了确保水处理方向的基础研究最终能够投入实际应用，使得有前景的水处理技术成功商业化，新加坡现建立了一大批研发与技术转化机构。其中最著名的是分离技术应用开发和转换中心（START）。START 位于新加坡清洁技术工业园区（新加坡第一个水处理和绿色技术公司的技术工业园区），作为一家国立机构，START 的功能主要包括两个方面：促进技术转移转化和为本国研究机构及水处理公司提供对接。START 中心还会集了多位行业专家，通过在材料、化学品和电气工程领域探寻潜在的颠覆性创新，帮助筛选有前途的突破性技术。新加坡公用事业局与新加坡经济发展局（EDB）还通过邀请全球水行业的技术供应商和研究机构为新加坡的水处理工艺（技术）和运营发展提供了有效的解决方案，努力使新加坡成为蓬勃发展的全球水处理中心。2016 年，PUB 通过水资源竞争研究计划收集了水处理技术创新项目，拨款 2500 万美元资助两类项目：颠覆性技术的开发以及现有实验室规模技术的转化应用。技术供应商还可通过申请资金进一步对颠覆性技术进行开发和商业化，其中成功案例包括压力延迟膜技术（PRO）、仿生膜技术和水处理技术、监测下水道污染物的微生物电化学传感器（MES）系统等。

可见，新加坡在实验项目构建与扩大阶段，针对技术研发及其转化施行了大量的鼓励措施。一项颠覆性技术从 R&D 走向市场，也就是 ST 理论中颠覆性技术从技术生态位成功跃迁到市场生态位阶段，极容易陷入“死亡之谷”而夭折，因此 ST 强调要通过社会实验项目来助力颠覆性技术的跃迁。新加坡通过 NEWater 实验项目构建与推广来确定核心技术，同时建立新型研发机构加强与市场的对接，并以政府为牵引推广颠覆性技术产业化应用，有力促进了 NEWater 产业化发展，提升了新加坡作为水技术商业化者的全球地位。

（4）创新扩散期

为了使民众对其质量安全树立信心，2002 年，时任新加坡总理吴作栋在 37 周年国庆活动序幕上率先饮用了 NEWater，宣布了 NEWater 将正式成为新加坡人的饮用水，此举有效地提升了普通民众对 NEWater 质量安全的信心，也宣告了 NEWater 在新加坡市场的正式确立。新加坡政府 1997—2008 年通过媒体发布了 223 篇相关报道，推出“ABC 水资源学习通道计划”等公共教育计划，还启动了 NEWater 的社会沟通计划，涉及 NEWater 工艺流程介绍、设立 NEWater 接待和体验中心等方式。同时配套设施建设不断完善，集中输送和统一处理的运作方式降低了 NEWater 的工艺要求和技术成本，让 NEWater 的价格始终稳定在大众的可接受范围内，这也是 NEWater 迅速进入并占领市场的原因。

新加坡在促进 NEWater 商业模式形成的过程中，在吸收当时国际流行的 PPP 模式基础上，结合本国实际拓展形成了 DBOO（Design-Build-Own-Operate，设计—建设—拥有—经营）模式（如图 8-6 所示）：采取 PPP 模式进行水处理工程建设，在水处理主导技术和工艺流程形成范式的前提下，再以 DBOO 模式积极引导本地相关企业参与推广。通过前期项目试验和后续水厂的技术集成，新加坡本土企业在工程设计和管理运行上积累了宝贵的运行经验，在 NEWater 工艺的基础上，吸收和整合了国外先进技术，打下了良好的产业基础，NEWater 的供水量继续增加，2006 年达到新加坡总供水量的 10%。然后，政府在同一模型中建造了两个更大的新生水厂，使城市供水量达到了城市用水量的 30%。

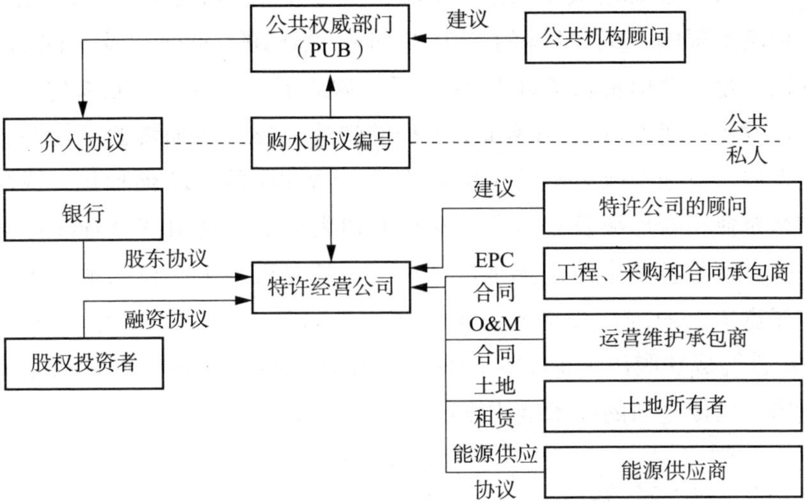

图 8-6　DBOO 建设模式

资料来源：PUB 演讲资料。

由此可见，随着不断培育与成熟，颠覆性技术在市场中得以扩散并占有一定的市场生态位，原有保护空间逐步撤出，如何让颠覆性技术通过自身的发展取代现有产品并建立可持续的技术创新体系，则是市场确立和商业模式形成阶段需要解决的问题。新加坡通过创造各种体验教育引导公众认知、积极扶持和推广环保颠覆性技术，以政府为主导积极促进颠覆性技术商业化，很大程度上改变了新加坡公众对 NEWater 乃至整个水行业的认知，从而对 NEWater 后续商业化运作起到了强有力的支撑作用。同时新加坡政府通过施行“PPP+DBOO”的商业模式加速技术转化，将本地企业限制为投资主体，然后引入国际先进技术，从而保证了技术的标准化和成本质量，也促进了当地企业的快速发展。这种具有新加坡特色的商业模式运作，为 NEWater 技术转化和市场推广提供了强大的支撑，该模式也成为国际水处理行业商业模式的一个典范。

（5）产业培育期

为了保证其产业规划的顺利实施，新加坡政府通过建立 EWI 来制定中长期发展战略并监督实施，先后投入 4.6 亿新元用于资助环境与水务产业创新能力建设以及颠覆性技术产业化发展，形成了具有国家特色的技术研发和产业化模式，有效地保障了环境与水务产业的快速发展和产业集群建设的不断壮大。2015年，新加坡成功引进近180家国际水行业知名企业及26家水研究机构，包括美国的GE、日本的Nitto Denke、德国的Siemens及法国的Veolia等，为国民生产总值贡献了近17亿新元，创造了1.1万个就业岗位。得益于水科技研发体系建设以及NEWater工程的快速实施，新加坡的环境与水务产业快速发展，再加上政府坚持不懈地推进NEWater的品牌国际化，成功吸引全球知名企业在新加坡设立运营公司以及研发中心，使得NEWater产业得以不断扩张，辐射至整个东南亚地区。可见，随着市场生态位的地位逐渐稳固以及市场竞争力的进一步提升，主导产业及相关支持性行业得以快速发展，NEWater已经成功脱离了保护空间而进入了新的发展阶段，即进入主流市场参与竞争，以促进新的技术范式变迁。

8.1.4 研究发现

(1) 主要结论及启示

研究发现，新加坡通过政府主导与市场决定共同发力优势互补，打造了国际一流的创新生态环境，同时充分整合全球创新资源，构建了完善的新兴技术产业化体系，让新加坡实现了从极端缺水国家到世界水务行业领导者、国际水务科技创新中心的跨越，更将NEWater建设成为新加坡的国家品牌和再生水工程领域内的亚洲典范。借鉴新加坡NEWater产业化的成功经验，本书得到的主要启示如下：

首先，只有通过政府部门对技术创新进行政策引导与环境打造，才能促使新兴技术更为高效地进行研发、突破与转化工作。从NEWater案例可以看出，为了保证技术创新行为的持续性，需要政府根据技术研发实际情况完善顶层设计，加大对于新兴技术的政策支持力度，为其构建技术保护空间，使技术的研发转化在一个相对稳定且隔绝的生态位中进行，提升颠覆性创新孕育及发展的可能。地方政府应立足现实需求，成立类似PUB、EWI等技术创新管理机构，定位于前瞻性的颠覆性技术研发管理和超前部署，依托创新政策为颠覆性技术打造政策保护空间，使其在技术领域选择和新概念征集渠道上拥有更多的路径参考与试错机会，有效提升技术研发及产业化的成功率。

其次，创新生态系统内部各成员的合作共同促进了新兴技术的产业化运作。NEWater的成功同样离不开新加坡政府在打造创新生态系统、构建战略保护空间上做出的努力。新加坡以政府部门为核心，连接企业、高校、研究所、银行和风投机构等主体并形成开放型科技创新体系，为 NEWater 的发展提供了全方位的战略指导与创新支持。中国可以借鉴其做法，充分联系“政、产、学、研”各创新主体以整合创新资源，搭建多层次协同创新平台以持续优化创新生态系统从而促进科研成果转化。同时丰富科研成果评价体系，提升对于技术转化实际效果的重视程度，给予科研人员创业咨询、企业兼职方面更大的自主权，形成良好的创新氛围。

最后，核心企业对于颠覆性技术的创新演化起着决定性作用。新兴技术产业化是一个动态的过程，所涉及的资源、要素等更加复杂多样，创新的预判和微调又是孕育技术创新的关键所在。要改变创新研发效能低下的窘境，就必须形成以核心企业为关键的常态化项目运作机制，为其提供包容失败的宽松环境以及长期稳定的经费支持，鼓励研发人员大胆创新、敢于试错。新加坡十分重视科技项目资助体系优化以及提升本土企业的自主创新能力，不仅将 NEWater 招标对象限定为本土企业，通过引进外来企业的方式进行良性竞争，还不断地整合全球创新资源以加快推进关键技术研发。对于我国来说，在特殊科技项目的管理和经费分配方面应当适当简化流程，提升核心企业在遴选识别关键技术及决策方面的自主权，在项目中实施竞争性筛选和过程性评估。提升对初创企业发展的重视程度，灵活运用多种产业政策充分调动全社会创新力量，鼓励中小微企业进行技术研发，同时进一步加强对知识产权的保护，对初创型企业给予税收优惠、创新补贴等政策支持。

（2）理论贡献及研究展望

本节基于 ST 理论，构建了一个针对新兴技术产业化的分析框架，以新加坡 NEWater 为例对其动态演化过程进行案例分析，检验了 ST 模型的有效性。理论贡献如下：

第一，以往 ST 研究大多是从宏观层面对技术演化过程进行分析，主要探讨“技术—环境”下“社会—技术”系统层面的转变，缺乏对微观层面颠覆性技术内部演化的关注。本章运用 ST 理论分析新兴技术产业化过程，不仅分析其在“社会—技术”系统中的外部演化特征，也对微观层级技术在创新生态位中的内部演化进行研究，进一步印证了 ST 理论的核心观点，较好地结合了 MLP 与 SNM 理论在颠覆性技术演化轨迹研究中的运用，为颠覆性技术产业化发展提供了更为广泛的研究视角。

第二，部分学者基于 MLP 框架对技术转型的演化维度进行了层次划分，并从“社会—技术”景观、“社会—技术”体制和创新生态位等空间维度对具体案例进行分析，本章在此基础上对ST分析框架的时间维度进行进一步的划分，将创新生态位划分为愿景构筑期、技术保护期、项目实验期、创新扩散期和产业培育期等阶段，由此对颠覆性技术产业化的ST分析框架进行拓展延伸。

第三，当前国外学者运用ST理论，对各种情境下新兴产业培育和能源系统转换等案例进行深入研究并取得了丰富的成果，但国内对于该理论的关注则相对较少，缺乏对ST理论及其方法的及时跟踪和理论梳理。当前中国正处于绿色低碳转型发展的重要阶段，ST理论为结合现实情景开展新兴技术产业化研究提供了创新的研究视角与科学的分析工具，本章在梳理ST理论和保护空间的核心观点和重要成果的基础上，有效运用ST分析框架分析了世界水科技创新品牌——NEWater的产业化过程，总结其发展过程中的经验启示，就如何实现颠覆性技术产业化可持续发展、加快实现“社会—技术”系统转型等问题进行了有益探索。

本节通过构建ST理论模型对新加坡NEWater进行了单案例研究，初步探讨了颠覆性技术在ST分析框架下的动态演化过程，但由于理论模型的复杂性以及篇幅所限，研究存在一定的局限性。未来研究可从丰富案例样本角度入手，选取国内典型企业或技术作为样本进行ST分析框架下创新演化特征的横向比较；亦可选择一个或数个典型案例进行扎根研究，探索中国情境下颠覆性技术创新演化的特征变量及主要过程，以检验并丰富ST理论模型。

8.1.5 本节小结

本节依据可持续转型理论，在优化ST视角下颠覆性技术演化基本模型的基础上，设计了NEWater产业化的ST分析框架，从“社会—技术”系统外部演进及创新生态位内生演化两大过程揭示了NEWater产业化的培育机理，阐述了新加坡政府如何通过科学的政策组合构建保护空间、助力NEWater创新生态位的培育跃迁和协同演化的过程。本节的研究为把握新兴技术产业化的发展规律和培育成效提供了一种崭新的分析框架，同时为提高政府加快发展新兴技术产业化的施策效果提供了决策参考。新加坡新生水产业的高质量发展，是政府通过设计有效的政策组合构建保护空间，成功实现新兴技术产业化的范例，其独特的培育策略对把握新兴技术产业化培育规律，提高政府施策效力具有重要借鉴意义。

8.2　后发企业颠覆性创新生态系统结构与演化路径：基于明阳智能的探索性案例分析

8.2.1　研究背景

在数智赋能发展背景下，企业生态化发展已成为整个行业乃至国家创新发展的主要范式，创新生态系统已成为企业实施创新战略的重要导向。西方发达国家一直重视创新生态系统的理论与实践，2013年美国提出围绕创新生态系统实施创新政策是构筑国家竞争力的关键手段，随后发布的《美国国家创新战略》中也特别提出了支持创新生态系统建设的相关政策；日本产业结构委员会同样建议基于创新生态系统构筑国家创新政策体系，进一步提升国家综合创新实力（Veugelers et al.，2008）。从当前国内外产业发展实践来分析，传统制造产业发展都需要经历几十年的过程才能走向成熟，且产业体系相对庞杂，从创新生态系统视角出发对其产业发展过程进行研究，必然存在外延相对模糊且影响因素之间的交叉关系难以厘清等问题。我国海洋新能源产业具有一定的典型性，主要表现为发展历史相对较短、产业发展逻辑较为清晰等特征，随着相关文件及规划的逐步出台，我国海洋新能源产业已形成以海上风电产业为主的产业发展格局。以海上风电典型企业为例，探究海洋新能源产业创新生态系统构建与演化等问题，对于加快创新生态系统培育发展、提升新兴企业竞争优势，具有重要的理论意义与实践价值。

新形势下创新生态系统被赋予了新的内涵，不仅在于结合生物学规律揭示其创新演化过程，还在于进一步模拟发现和解决原有创新体系中的扩展适应问题（Mantovani et al.，2015）。在智能化发展的背景下，企业对市场边界及其战略生态位的划分日益模糊，基于用户市场导向的跨领域合作已成为企业发展的重要模式，早期组织化、单一化的创新体系正逐步向生态化、系统化的创新生态系统转型，由此企业的竞争优势不仅源于自身实力，也取决于其所处创新生态系统的综合竞争力（Jacobides et al.，2018）。从整体性视角来看，新兴技术及其产业化发展不仅受到行业内部的技术体系和价值基础的约束，也受到其所在的创新生态位及其创新主体间相互作用的影响（Jiang et al.，2019）。技术突破与价值创新是企业创新生态系统中两大关键核心驱动力，是探索创新生态系统构成与演化机制的关键所在。因此探讨技术和价值如何影响创新生态系统的演进过程具有重要的理论价值，具体来看，本节将在梳理创新生态系统相关概念及过程的基础上，重点探讨企业构建创新生态系统的核心驱动力以及主要路径。

面对世界科技产业革命的浪潮以及人们日益增长的生活需求，尽早掌握海洋新能源产业创新生态系统产生规律并探讨其演化过程，有利于抢夺科技发展与产业变革的战略主动权，对于培育发展突破性创新、加快传统产业转型升级具有重要意义。新兴技术与传统行业的融合创新将对世界格局与社会结构转型产生深刻的影响，是颠覆性创新集中涌现的重要时期，其产生演化过程也反映了企业在构建连接关系中传递和利用创新要素的水平，也是影响企业创新生态系统培育的重要因素。针对现实需求与理论“缺口”，本节通过对典型案例企业的扎根分析，提炼出海洋新能源产业创新生态系统结构维度及其优势形成的演化机制，以期拓展智能技术赋能背景下价值创新理论及其与创新生态系统理论的交叉融合，为企业创新生态系统的培育发展提供理论参考。

8.2.2 研究现状

目前学界对于新兴产业创新生态系统的研究有一定积累，从创新生态系统基础理论到实践应用等方面均有涉及。企业生态系统的概念最早由 Moore 于 1993 年提出，在生物群体之间相互依存和循环演化的共生关系的基础上，进一步结合产业发展特征对其知识和价值转移等概念和现象进行阐释，创新生态系统则与自然生态环境的特征类似，创新主体间存在类似生物链特征的竞合关系，构建生态系统的重要性在企业的战略和实践中日益凸显，在越来越专业化的组织世界中，单个组织通常没有用于开发和实施创新的内部资源（Adner，2006）。因此，组织需要依赖机构内部和外部的不同利益相关者的贡献，在整个生态系统中构建价值主张（Adner et al.，2010；Talmar et al.，2018）。在技术创新视角下，创新生态系统是一个由多元创新主体之间共生耦合、竞争合作从而具备非线性交互关系以及复杂网络特征的典型系统，而由于数字要素的引入，主体间的关联不断发生重组并促使系统行为逻辑发生变化从而形成了新的协同共生关系。

8.2.2.1 创新生态系统结构与关系

创新生态系统由不同的利益相关者组成，包括行业参与者、政府、协会、客户以及相互合作、通过创新分配新价值的其他人（梅亮等，2014；柳卸林等，2022）。在此基础上，Iansiti（2004）提出生态位的概念来阐述创新生态系统，认为创新生态系统由占据不同但彼此相关的生态位的企业组成，一旦其中的一个生态位发生变化，其他生态位也相应会发生变化。企业生态位是指企业在生态系统中所处的环境状态、自身的资源禀赋以及在生态系统中的竞争位置，企业可以通过自身和环境的优化组合在现实生态位和潜在生态位的协调、争夺中找到最优。在后疫情时代全球数字化进程加快，企业技术创新过程乃至多元创新主体间的价值创造逻辑逐步被数字化技术颠覆，创新主体虚拟化、创新要素数字化、创新过程智能化、创新组织平台化使企业内部组织架构发生了适应性改变，进而促进了数字创新生态系统的形成（宁连举等，2021）。有学者提出企业技术战略主要包括技术吸收、技术突围和技术领先等阶段，从而实现技术战略实施的目的（王喆等，2021）。创新主体间的协同共生关系促使创新生态系统形成，进一步推进多元创新主体围绕核心主体实现价值共创，由此不断产生新的技术、产品及解决方案，具备收敛性、可扩展性、模块性和自生长性等特征（张超等，2021）。平台型企业对于创新生态系统的形成起到决定性作用，通过推动企业价值链协同以及全球价值链协同机制保障创新生态系统的良好运转，进一步推动技术裂变与商品化进程（王海军等，2021）。创新生态系统战略的实施主要通过构建企业供给和需求两侧多边交互机制并激发其协同效应，从而形成竞争优势（苏策等，2021）。有学者通过构建“情境—结构—机制”探讨了企业在生态化创新战略转型过程中如何基于创新生态系统的演化进行战略决策以提升竞争优势，并进一步对海尔创新生态系统的结构特征与创新机制进行分析（郑帅等，2021）。企业开放式创新生态系统中的多元创新主体形成协同、竞争、共生等复杂关系，通过与环境相互作用达到动态平衡，其演化过程主要包括初创期、成长期和成熟期等阶段（解学梅等，2021），用户需求驱动、企业营业收入驱动以及政府激励驱动是影响数字创新生态系统价值创造的重要路径（谷斌等，2021）。

8.2.2.2　创新生态系统演化的影响因素

部分学者对创新生态系统的研究以技术标准为纽带构建创新生态系统，探索如何促进系统内协作，优化资源配置，进而构建创新生态系统价值共创的新路径。创新生态系统及其微观活动服务整体系统的演变，因此核心企业可以以适应外部环境为目的，通过调整能力边界及资源边界促进创新生态系统的持续演化（高山行等，2021）。未来商业的竞争形态不是单个企业之间的比拼，而是综合创新生态系统的较量（王庆金等，2021）。但由于新兴产业创新生态系统由多元创新主体构成，如何协调人工智能企业、新型研发机构、政府以及相关战略联盟关系，形成“产学研”协同创新机制成为其发展的关键（刘刚等，2022）。各影响因素间的联动效应共同促进了创新生态系统的高水平可持续运行，因此创新生态系统的可持续运行必须综合考虑要素间的互动与匹配，其中创新种群新颖性以及政策创新投入是影响其发展的重要条件（张妮等，2021）。有学者研究了传统互联网企业向人工智能企业转型升级过程中创新系统演化的主要路径、特征以及内在机理，提出其演化主要遵循“应用型—相互交替型—双元均衡型”路径（丁玲等，2022）。创新生态系统能够推动整体性技术扩展适应，但其系统结构要先于技术应用领域转移从而得到构建，是促进技术实现突破性创新演化的重要前提（李天柱等，2021）。“技术—产品—市场耦合关系”对于整个产业创新生态系统的发展成熟具有重要作用，在其生态系统的演化过程中，企业竞争关系及其对市场响应的能力决定了不同的产业竞争优势和生态位（胡登峰等，2021）。核心企业价值网络演进进一步推动了创新生态系统演化，同时通过整合知识、资源和技术等创新要素实现自身对于动态环境变化的扩展适应（冯立杰等，2021）。创新生态系统是企业跨越组织边界进行价值创新活动的重要方式，核心企业通过“技术网络合作—市场网络包络—耦合网络价值共创”的迭代演进实现跨界技术话语市场接纳，从而实现生态化发展（赵艺璇等，2022）。有学者通过分析海尔集团大量企业创新实践的案例发现，海尔采取开放式资源整合，利用平台战略进行创新，形成核心的企业创新生态系统，不断创造用户价值，证明平台经济是推动经济转型发展的重要引擎（张小宁等，2015；蒋石梅等，2018）。企业通过探索不同领域知识和整合不同领域架构知识，有效实施专利模块化架构战略，有助于企业创新生态系统更好地实现价值创造与价值获取协同耦合（王宏起，2021）。不过，创新生态系统调控方与企业要差异化地制定提升创新绩效的实施方案，营造活跃的创新资源互动氛围，形成并完善系统内生态规范机制（杜丹丽，2020）。

基于上述分析，可以看出：①国内外学者从创新生态系统角度出发对海洋新能源产业的研究缺乏。②已有关于产业创新生态系统的研究大多强调系统结构，多是对创新生态系统内部结构的线性研究，对系统内部的非线性动态演化过程少有探究。③大部分研究偏重企业创新过程，相对于整个创新生态系统的动态运行而言，缺乏产业层面视角的深入研究。④针对产业创新生态系统的效率评价，虽然研究成果较多，但是多从单一角度、层面出发，研究方式较为简单，尚未做到兼顾产业创新生态系统成长周期的生态性特征，未形成多维度、全过程的评价指标体系构建和分阶段开展研究的思路。因此，基于创新生态系统理论对海洋新能源产业演化及治理等相关问题进行探讨，具有一定的研究价值。

8.2.3　研究设计

8.2.3.1　研究方法

扎根理论是一种以案例研究对象相关案例资料及特征数据为基础，梳理总结并归纳提炼为理论模型，从而对现象本质进行深度挖掘并对其内在关系进行进一步质性研究的方法。一方面，基于现实资料的理论探索能够进一步增强理论模型构建的客观性，进一步明确研究问题的内在机理；另一方面，案例研究的纵深化开展为特定情景下研究问题的探索提供了重要的理论探索空间。本节所探讨的“影响企业创新生态系统结构的主要因素是什么”和“企业创新生态系统如何演化才能形成有效的竞争优势”等问题属于“是什么”（What）和“怎么办”（How）的问题，可以采用扎根理论研究方法来进行分析（Yin，1987）。扎根理论分析方法有助于进一步探讨现象背后潜藏的复杂机理并实现理论建构，相较于传统的单案例研究，采用扎根分析更能够保证研究结论的科学性、客观性和普适性（周江华等，2012），并且当前关于海洋新能源产业的发展已形成了相对丰富的现实资料，能够支持对其相关现象进行扎根分析，但从创新生态系统视角出发，阐释海洋新能源产业培育发展的底层逻辑，对其演化过程和特征等进行探讨还有待进一步探索。

8.2.3.2　案例选择

当前对我国海洋新能源产业发展而言，在市场规模以市场占有等方面已形成一定规模，根据 Eisenhardt（1989）案例研究范式的建议，遵循跨案例研究的理论抽样和差别逻辑原则，本节选择明阳智慧能源集团股份公司

（以下简称明阳智能）作为案例研究对象来探讨我国海洋新能源企业创新生态系统演化等相关问题，理由如下：

①考虑到案例的代表性与典型性，案例不仅要能够说明所研究的问题，也需要能够为本土企业发展提供一定程度的指导。随着新一轮科技革命与产业变革逐步深化，海上风电企业作为典型的海洋新能源产业，其关键技术研发转化对于科学突破以及催生新产业具有重要的影响，海洋新能源产业的发展加速培育经济发展新动能，推动产业体系构建。明阳智能于2007年成立，总部位于广东省中山市。明阳智能专注于兆瓦级大风机及核心部件技术研发，坚持核心技术自主创新，是同时具备叶片、齿轮箱、发电机和三大电控系统开发设计及自主配套能力的企业，发展相对成熟，具有较强的代表性与典型性，探讨其产生演化也可以为同类型的新兴技术研发转化提供经验借鉴。

②考虑到案例企业与研究问题的匹配度，海洋新能源企业近年来加速集聚，以明阳智能为主的企业正不断推动实施全方位的战略布局，逐步实现创新生态化发展，与本章的研究问题有重要关联。明阳智能作为全球具有重要影响力的智慧能源企业，主营业务包括新能源高端装备、兆瓦级风机及核心部件的开发设计、产品制造、运维服务、新能源投资运营等，在2021年全球新能源企业500强中居第十八位，在全球海上风电创新排名中稳居第一位，对于探讨企业创新生态系统相关问题具有较好的适配性。

③考虑案例调查的便捷性和数据的可获得性，海洋新能源相关技术群落已基本明晰，具有相对明显的新兴技术特征并实施相关战略，有大量丰富且清晰的技术、市场信息可用于案例分析，同时相关技术都有行业报告以及典型企业网站用于收集最新的业务信息。课题组前期走访了明阳智能总部及相关制造基地，该企业良好的创新生态环境及其成员合作关系网络为本章提供了丰富充盈的案例材料与企业特征数据，有利于进一步分析其产业转化及生态形成等重要过程（见表8-1）。

表8-1　案例企业信息

企业名称	明阳智慧能源集团股份公司（以下简称明阳智能）
成立时间	2007年10月
主要产品	明阳智能专注于兆瓦级大风机及核心部件技术研发，坚持核心技术自主创新，是同时具备叶片、齿轮箱、发电机和三大电控系统开发设计及自主配套能力的企业

续表

发展情况	2021年全球新能源企业500强中居第十八位，稳居全球海上风电创新第一位
案例情况	作为全球化清洁能源整体解决方案提供商，明阳智能致力于能源的绿色、普惠和智慧化，业务涵盖风、光、储、氢等新能源开发运营与装备制造，其成长过程呈现出较为清晰的生态化过程
有利于理论构建的原因	作为典型的后发企业具有代表性、可复制性，有利于理论的推广；有典型的生态发展特征，有利于理论规律的挖掘

资料来源：明阳智能官网，http：//www.myse.com.cn/。

8.2.3.3　数据收集与预处理

本节主要采用一、二手资料结合的方式收集材料，力求保证数据来源的多样性、构成数据的三角验证以保障研究的信度与效度。具体如下：①深度访谈。团队成员选择相关企业高层管理者或具体部门经理进行半结构化访谈，分别就企业创新生态系统发展现状及对企业竞争优势的影响等问题进行探讨。为消除受访者主观影响所产生的误差，访谈提纲主要以该企业发展过程当中的关键事件为研究脉络，并对各组访谈时间及访谈记录整理时间进行统一。②直接观察。团队成员通过深入相关企业进行实地走访、观察和公司讲解的方式记录重要信息，主要用于与其他资料的相互补充和交叉验证。③二手资料。团队成员通过查询相关企业官方网站、产业分析报告、科技研究文献、相关新闻报道以及其他网络信息等，对企业的基本特征、发展动态等信息进行收集整理；在知网、维普和WOS等国内外论文数据库，根据创新生态系统等关键词收集相关文献及资料。通过对多来源的案例资料收集并进一步交叉比对，有效地保证了二手资料数据的可靠性与客观性，形成了8万字左右的案例研究材料。

本节基于扎根理论对原始材料进行编码分析，目的在于从现象提炼关键要素并梳理关键要素，自下而上地建构理论。案例数据分析基本过程为：采用开放式编码（Open Coding）、轴心式编码（Axial Coding）和选择式编码（Selective Coding）的分析范式，逐级编码建构理论来挖掘资料范畴、识别范畴属性和探讨范畴关系，通过对现象的归纳分析进行理论建构以获得解释性理解，由此形成理论研究模型（邢小强等，2019）。为了保障研究工作的高效、科学和客观，本节运用质性分析软件NVivo 11来辅助编码及预分析工作，在过程中不断地对所获资料进行整理与比对，各节点编码一致性百分比均达到80%以上。

8.2.3.4 分析过程

（1）开放式编码

开放式编码是对材料进行提炼的首要步骤，是通过对现象的抽象提炼，厘清逻辑逐步形成范畴的过程。对原始资料的抽象提炼和逐级缩编，得到了自主研发、技术愿景等82个标签，进一步对上述标签比对，重新归纳与整理，反复迭代直至理论饱和，形成35个概念并总结为13个初始范畴，部分编码过程见表8-2。

表8-2 扎根理论编码过程（部分）

关键证据援引	贴标签	概念化	范畴化
自主研发是明阳智能的核心理念，在全球风力发电创新排名中我们公司位居前列，在国内风电龙头企业中也占据一席之地（aa_{11}）	aa_{11}自主研发	a_{10}前沿技术研发	A_1 关键技术培育
实现能源的绿色、普惠和智慧化是明阳智能的使命，公司重点以打造清洁能源全生命周期价值链管理与系统解决方案的供应商为发展愿景（aa_{20}）	aa_{20}技术愿景		
回归国内市场后明阳智能也面临着激烈竞争的困境，通过研究行业发展特征，意识到了大容量的风机重要趋势（aa_{22}）	aa_{22}市场机会识别	a_{21}技术趋势预测	
在陆域、海域风电有着较为深厚的技术积累，MySE紧凑型半直驱技术路线得到了消费市场的广泛认可（aa_{25}）	aa_{25}技术积累		
国内多数地区的风况和气候条件还是比较特殊的，像低温、沙尘和台风等环境对风电场都有很大的影响（aa_{30}）	aa_{30}用户需求识别	a_{32}契合用户需求的场景应用	A_6 明确价值主张
在同一叶轮直径基础上，公司根据不同环境条件推出了常温型、低温型、超低温型、高原型、海岸型、抗台风型、海上型等系列机组（aa_{34}）	aa_{34}多产品布局		
保证了新能源电站的顺利运营，也通过后市场服务进一步保障了发电小时数，提升了运维业务收入（aa_{38}）	aa_{38}业务模块整合	a_{44}提升服务价值	
围绕后期服务提供了完善的业务模块，包含老旧产品改造、高低压改造、核心部件运维、风电站设计、设备优化与更新等内容（aa_{41}）	aa_{41}后期服务优化		

续表

关键证据援引	贴标签	概念化	范畴化
目前公司通过大数据管理中心运营的风电场遍布全国各个区域，业务形态趋于成熟（aa_{50}）	aa_{50}大数据管理平台	a_{52}智能运营管理	A_{13}平台化发展
通过风场智能管理平台，实时监测与分析机组各部件运行质态以及风场运行的实时数据（aa_{58}）	aa_{58}实时数据监测		
公司通过持续推进供应链垂直一体化发展，进一步深化供应链整合，使供应商深度绑定并服务公司技术迭代（aa_{68}）	aa_{68}供应链整合	a_{60}技术赋能下的一体化发展	
全方位深化“极致降本”理念，协同推进全产业链创新和系统降本，提升全业务链条运营效率，打造具有度电成本优势的平价绿色能源（aa_{71}）	aa_{71}全产业链管理		
……	……	……	……
共计 178 个参考点	共计 82 个标签	共计 35 个概念	共计 13 个初始范畴

资料来源：笔者整理。

（2）轴心式编码

轴心式编码基于开放式编码结果对概念间的关系进行凝练。通过“条件—行动—结果”这一编码范式将概念和范畴联系起来，即利用某个现象所发生的条件，综合考虑针对情景采取的行动及其结果，从而掌握现象的本质。本节通过轴心式编码将 13 个初始范畴归纳为 3 个主范畴，即功能跃迁与技术领先、价值导向的商业模式创新、平台优势形成，见表 8-3。

表 8-3　轴心式编码后所得概念与范畴

序号	主范畴	初始范畴
1	功能跃迁与技术领先	关键技术培育、产品集成创新、持续打造技术领先优势、质量和成本控制
2	价值导向的商业模式创新	明确价值主张、融入文化使命的管理创新、全价值链管理、契合用户需求的场景应用、品牌效应形成
3	平台优势形成	平台化发展、产业融合发展、保护空间撤离、可持续发展能力建设

资料来源：笔者整理。

（3）选择式编码

选择式编码是指充分挖掘现有范畴的内涵，以提取可涵盖全部范畴的核心范畴，然后以故事线的方式将核心范畴与其他范畴进行关联，并不断以新资料检验直至理论饱和，最终建立具有较高构念效度的理论。通过对编码所得的概念、初始范畴及主范畴全面的分析，结合原始资料，可以把“海洋新能源企业创新生态系统演化”作为核心范畴。据此可以概括出的故事线为：以明阳智能为代表的海洋新能源企业在其创新生态系统构建及演化过程中，持续打造技术创新优势实现突破，不断实现功能跃迁与技术领先，然后通过新的价值主张与模式变革，以需求为导向促进商业价值创新，最终以平台化优势为关键形成创新生态系统并构筑可持续的竞争优势。本章梳理出的核心范畴所蕴含的逻辑关系如图 8-7 所示。

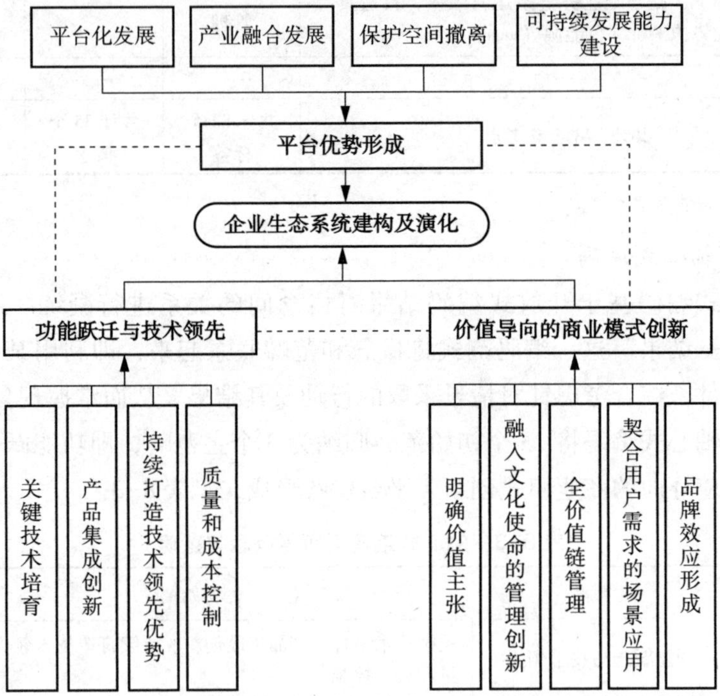

图 8-7　核心范畴逻辑关系

（4）理论饱和度检验

鉴于扎根理论模型构建的要求，本节对另外 3 家新能源企业访谈资料以及二手资料进行交叉验证，以此对所提出的理论模型进行饱和度检验。结果显示，上述模型关于海洋新能源企业创新生态系统构建及演化的相关范畴及概念已经较为丰富，且较为清晰地阐述了企业创新生态系统演化过程的作用流程及影响机理，因此，可以认为上述模型已经达到理论饱和。

8.2.4　模型阐释与研究发现

经过对原始资料逐级缩编、概念提炼、范畴形成等步骤的处理，进一步展开逻辑梳理、理论饱和度检验等步骤后，本节基于功能跃迁与技术领先、价值导向的商业模式创新、平台优势形成等主范畴探讨了海洋新能源企业创新生态系统构建及演化的核心因素，以此打开其内在底层逻辑与演化过程的"黑箱"，归纳形成海洋新能源企业创新生态系统演化路径的理论模型（如图8-8所示）。

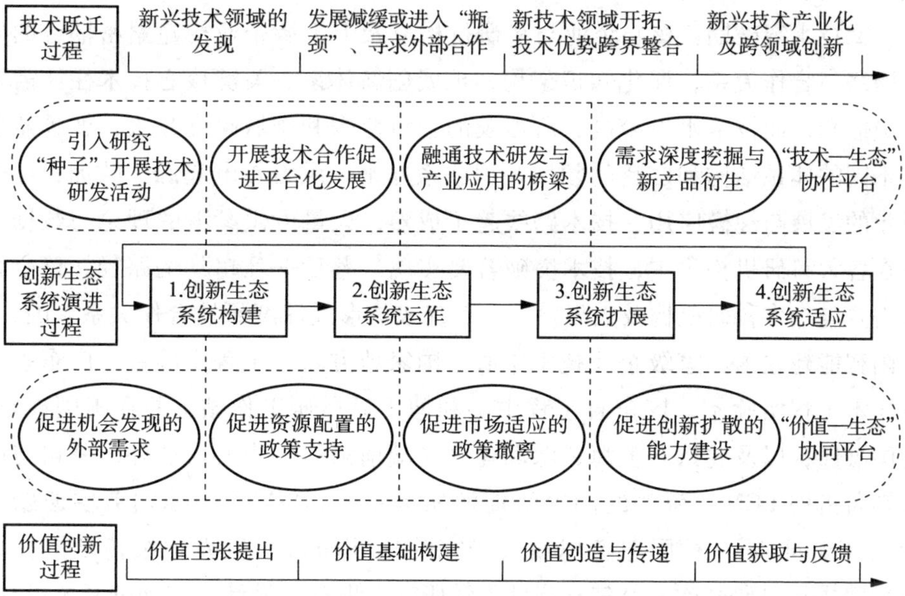

图8-8　明阳智能创新生态系统演进的理论模型

资料来源：笔者整理。

8.2.4.1　技术跃迁与优势形成

关键技术的突破与跃迁是明阳智能企业创新生态系统形成的核心驱动力，通过上述分析发现，企业实现技术跃迁并推动创新生态系统演进主要包括如下5个时期：

①技术研发期：快速进入市场并进行整体布局，形成初期规模与核心创新路径。2005年，《可再生能源法》的通过使得国内风电行业巨头公司开始

崛起。文件中为风电机组国产化率设定了70%的目标，这与当时30%的现状存在着巨大差距，为国产风电设备公司的弯道超车提供了有力支持。2006—2008年，国内风电产业链以惊人速度扩容，伴随明阳智能工厂中我国第一台自主产权的抗台风型风机下线，明阳智能的营收激增；到2007年年底，明阳智能筹措的资金超过了2.7亿元。随后明阳智能依靠广东区位特点，从海上风电的空白切入，迅速占领目标市场。此外，借助Aerodyn的技术合作，明阳智能成为国内最早布局半直驱路线风机的厂商之一，并且考虑下风向的叶片捕风方式的优势，于2008年展开了对漂浮式风电的布局。至此，明阳智能完成了早期核心的创新路径。

②技术突破期：核心企业与科研机构以及上下游企业构建紧密耦合的研发网络与合作关系，深化知识架构，扩展创新体系。关键核心技术往往需要多级嵌套，而技术水平越高，所涉及的学科范围和领域跨度越大，就越需要将不同的体系结构和广泛的领域知识联系起来。风力发电起源于欧洲，经过数年的发展与规模应用，技术路线趋于成熟，大量可供参考的理论与数据掌握在各大科研机构手中，技术突破若要实现“落后—赶超”的路径，核心企业需要与众多科研机构及大规模生态系统成员形成深度研发合作关系。因此，明阳智能建立了国家级企业技术中心、国家地方联合工程实验室、广东省风电技术工程实验室、广东省工程中心和博士后科研工作站，并在美国硅谷、德国汉堡，以及北京、上海、深圳建立高端前沿研发中心。此外，公司与国外知名机构ECN（荷兰的国家级能源实验室）、DNVGL（德国劳埃德船级社）、Fraunhofer（德国弗劳恩霍夫研究院）、Romax（世界顶级传动链设计商）等进行科研合作，在气动弹性力学研究、齿轮箱设计、传动链系统设计、复杂地形风资源测算、先进控制策略开发等风电前沿技术领域有了突破发展，形成了以明阳智能为核心的开放式研发创新生态系统。

③项目实验期：核心企业促进子技术部门协同创新以实现核心技术突破，提高核心企业技术能力与组织能力，形成种群趋于丰富、完备的部件研发部门的核心研发网络。关键核心技术由相互依赖、共存共生的子技术分支构成，核心企业还需与负责各子技术分支的部件研制部门构建研发导向型耦合网络，促进子技术分支之间相互耦合、适配。明阳智能掌握了风力发电装备制造技术，打破了西方国家对重大装备尖端技术的垄断，使东南沿海庞大的风力发电资源开发由不可能变成可能。通过整合全球资源，公司目前拥有国内领先

的叶片设计团队、齿轮箱设计团队、发电机设计团队、核心研发仿真团队、整机研发测试团队、液压润滑冷却系统设计团队、智慧能源研发团队、智能化运维团队，形成了以半直驱技术、大功率机组技术、抗台风技术、超低风速技术、超大叶片技术与漂浮式技术六大技术为核心的技术创新优势，其间通过各部门的相互协调，保证系统技术的可靠性、稳定性与安全性，形成了所有成员协同创新的核心研发网络。

④创新扩散期：产业重构、创新驱动、布局全产业链，形成更为完整的创新生态链。由于创新生态系统中国内上下游企业的数量不足以及涉及商业机密引发的信息传递缺失等问题，加之核心企业的组织与技术能力有限，因此无法满足快速协同的需求。在实际运营中，明阳智能迅速整改，完成私有化上市，布局全产业链，根据深交所官网信息，2022 年 3 月，广东明阳电气股份有限公司（以下简称明阳电气）上市审核受理，冲刺创业板，其主营业务伸向风机产业链上游，还横向扩充到了储能和光伏行业。因此，明阳电气能够联合不同部门成员分别建立研发与商业化网络，并组织上下游部门共同参与，实时监控、及时响应，针对出现的问题协作分析、改进优化，保证“发现问题—分析优化—检验验证—投入运营”的良性循环，同时积累经验、数据等资源，形成更为完整的创新生态链。

⑤产业融合期：构建风、光、储、氢的新能源体系，完善创新生态系统结构。业态一体化、链条一体化的产业融合会带来冗余消除、效率提升和交易成本下降的组织变革与商业模式重构。明阳智能公司公告显示，2021 年公司以做全球清洁能源智慧化、普惠制的领导为愿景，以风电机组制造为主业并进行纵向、横向拓展延伸。纵向上，公司将继续向下拓展电站开发、建设和运维，打造领先的海上、陆上新能源整体解决方案服务提供商，向上垂直整合供应链，降低风机生产制造成本。横向上，公司将布局光伏、储能、氢等相关领域，发挥技术创新和全产业链布局的整体协同优势，实现从服务型制造向全生命周期价值管理与提升的风光储网清洁能源系统提供商转型，打造风、光、储、氢一体化的矩阵式高端装备制造业体系，形成完整的创新生态系统（如图 8-9 所示）。

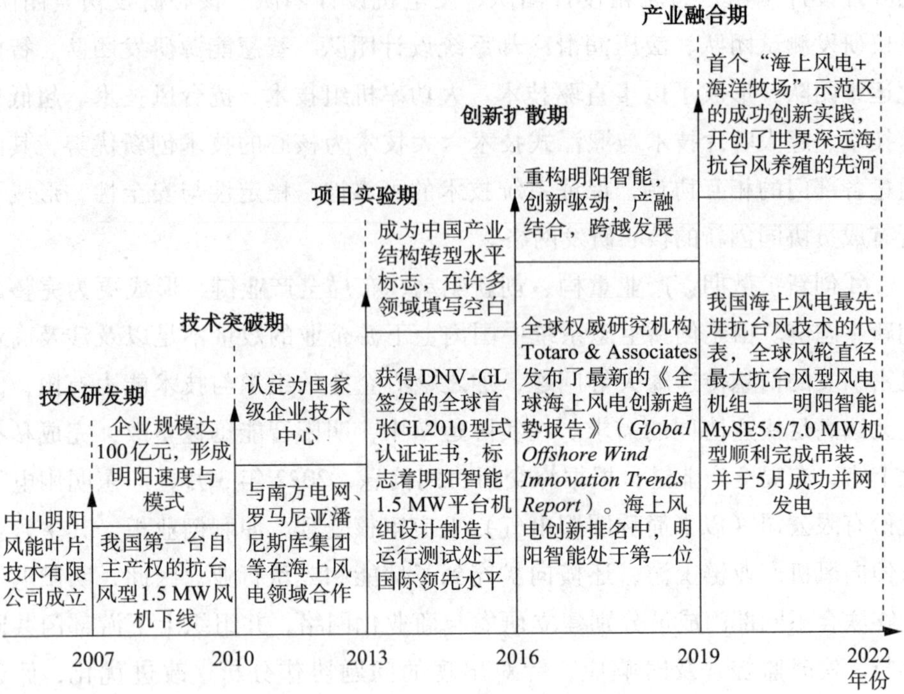

图 8-9　明阳智能技术发展脉络

资料来源：笔者整理。

8.2.4.2　价值创新与平台企业建设

价值创新战略逻辑的核心是从新进入者的角度观察客户价值的变化，其目标是创造新的市场空间。在评估和选择市场机会时，很少受现有资源条件和能力的限制，往往创造性地整合或开发企业的资源条件和能力。对上述案例分析发现，企业实现价值创新并推动创新生态系统演进主要包括如下 4 个方面。

①精准的目标市场与产品定位：定义不同的目标市场创造产品独特价值优势，明确企业生态核心发展方向。明阳智能从海上风电空白入手迅速发展产品优势，而后与风电业务结合，其瞄准的依旧是海上场景，开发“海上风机+制储氢”一体化产品并同步商业化进程。而且明阳智能坚定地走大型化发展道路，通过推动大型化降低度电成本。其背后逻辑是市场需求与技术特质产生的双重作用。机组大型化能够更集约地利用风能资源与土地资源，为风

电更大规模发展打下基础：从项目的视角来看，大型化使一定装机规模下的机组数量减少，能降低基础、运维、吊装等方面的成本；从产品的视角来看，由于机组主控与弱电系统在不同单机容量下的成本差异不大，大型化有利于减少机组使用数量，从而降低主机产品单位千瓦造价。尤其是在海上风电项目中，这表现得更明显，出于对度电成本更低的不懈追求，未来的市场需要更大容量机组已是不争的事实。精准的目标市场与产品定位为企业快速发展奠定了基础，也为企业创新生态系统演化指明了方向。

②安全可靠的供应链：核心企业通过供应链管理提高合作效率以增加产品价值优势，完成企业组织机构重构。围绕供应链运营所有参与主体共同组成价值生态网络，相互之间通过互动共同创造知识，最终实现产业供应链的高效运营。由于明阳智能掌握了超紧凑型半直驱的底层技术逻辑与全套设计能力，与部件商的合作可以更灵活，这使其具备了推动超紧凑型半直驱零部件国产化的实力。目前，明阳智能半直驱机组几乎所有零部件均已实现国产化。通过多年布局，明阳智能对概念化的超紧凑型半直驱技术进行了大量创新优化，并实现产业化落地。例如，对齿轮箱实施大量优化升级；在整机的控制策略智能化水平方面也有了明显提升，对机组进一步降载；目前所采用的发电机，内部磁钢布置方式已经由表贴式改为更可靠的镶嵌式。明阳智能形成了供应链多层级化、与供应链多层级化相关的参与主体多样化、供应链的业务高度集成化的高效供应链生态系统。

③完善的服务体系：核心企业可以通过创新商品组合，包括增加功能、增加服务、改变产品定位达到价值创新，形成全端人员协同参与、及时反馈的价值创新演化路径。首先，面向产品的服务创新主要指与保证产品正常工作、提升产品使用效率、延长产品生命周期有关的服务创新，例如，在安装、调试、维修、维护、培训、回收再利用等方面展开的服务创新。其次，面向客户流程的服务创新主要指供应商通过与客户的紧密沟通和互动，形成对客户业务模式的深入理解，识别客户的关键业务问题和主要业务需求，进而通过向客户提供由高质量产品和高价值服务组成的整体解决方案，来帮助客户实现业务目标，获得个性化价值，并及时反馈以便进行后期调整与改进，推动“内部—外部—内部”形式的创新生态演进。

④前沿的数据平台：核心企业对数据的深度分析提升了企业的服务价值，

形成完备的集控系统。明阳智能以新能源高端设备制造与智能微电网技术为基础，构建智慧能源数据仓库和大数据计算云平台，并通过金融创新与商业模式创新，实现从服务型制造向依托互联网技术的再服务化转型，以及向全生命周期价值管理与提升的风光储网清洁能源系统提供商转型。明阳智能智慧风电场运营管理大数据分析平台实现对分布广、规模大的风、光设备进行实时监控，通过全面信息互联和智能分析，大幅提升风、光运营商对多个新能源场站的管控能力，提高生产和运维效率，帮助企业有效降低运营成本。明阳智能完成了对分散场站的统一监管、调度、决策和指挥，提升了新能源场站的运营管理效率，形成了便捷、高效、透明、互联的风场管理系统。

8.2.4.3 核心企业创新生态系统的演化路径与影响因素分析

基于“技术—价值”视角审视创新生态系统的演化模式，既需要考虑新兴技术研发转化的多重特点，也需要兼顾外部市场动态扩散过程，随着明阳智能技术协作平台与价值协同平台的构建，其平台优势进一步发挥，不仅促进了战略资源合理配置、加快了创新要素扩散，也进一步推动了企业创新生态系统的演进。通过对明阳智能案例的分析发现，其创新生态系统的演化呈现出阶段性的动态演进规律，其发展主线可进一步细化为创新生态系统构建、创新生态系统运作、创新生态系统扩展、创新生态系统适应等，进而进入新一轮的产业变革与机会创造时期，而在创新生态系统不同演进阶段——技术跃迁与价值创新及其平台优势形成过程中也发挥着相应作用。

①生态构建：技术突破与需求引领。在前端，技术突破与需求引领是海洋新能源企业创新生态系统构建的前提。按照创新生态系统发展的基本阶段，生态构建主要源于技术研发转化进一步催生的核心企业及其配套产业，新兴技术的突破将对主流技术范式产生重大的影响，通过新的技术研发引发新的市场思考，不断整合技术的使用价值，继而为挖掘新的需求及其使用场景进行铺垫，进一步探索颠覆性技术及其使用路径，对新创新生态系统的产生进行调控或布局。针对新兴技术本身而言，其技术价值的产生与发展必然要经历对现有技术产品的性能跃迁或跨界整合，其过程需要经历长期的研发投入及多学科多主体的共同配合，才能够有效地推进技术研发优势与应用的良性循环。以海上风电为例，其核心技术组合较为复杂。要完成这些技术集成创

新就必须保证相关技术已经有了较高的成熟度以及可拓展性，使其作为一项延展性技术随着市场需求的不断挖掘而拓展应用场景，所以创新生态系统的构建必须要有核心技术领域的突破与发展。外部需求是创新生态系统构建的重要导向，其表现类型主要包括技术使用需求、使用价值需求和场景应用需求等，主要体现于对不同技术应用或技术集成形式的需要。因此，不同创新生态系统的形成往往是基于外部需求的差异来为用户提供定制化服务或差异性产品以实现自身的价值创新，从而实现自身的培育发展。企业必须在充分利用信息收集以了解用户真实需求的基础上，综合考虑相关企业的成功经验，基于外部需求的差异性提出新的价值主张以拓展市场业务，由产品提供者转向服务提供者，实现对主流市场的侵入。

②生态运作：平台构建与政策支持。就中端而言，平台构建与政策支持是创新生态系统运作的基础。企业创新生态系统的形成及发展与新技术的研发过程基本相似，基本都需要有较高的研发投入强度，并且在发展初期都面临着意料之外的风险，比如难以获得市场认可或被主流技术锁定等。创新生态系统核心优势以及外部支持缺失不仅会威胁到整个行业的发展，而且会影响到国家经济安全，2018 年的中兴事件便是典型事例。因此，就防范和化解国家技术安全潜在风险而言，政府为企业创新生态系统提供必要的政策支持显得尤为重要。政府不仅需要向新兴技术相关领域的研发支持相对倾斜，强调新兴技术产业化发展的未来价值以增强公众认可，充分吸引社会各界的关注并调动其企业以及科研群落对新兴技术的研发积极性，还应建立完善有利于企业发展核心技术知识产权的保护制度，尽快建立与新兴技术发展特征相适应以及与企业发展需求相匹配的财政政策，包括财政补贴政策和税收优惠等。

作为关键技术的研发主体，企业承担着更为复杂的工作，不仅需要及时识别并抓住市场机会，探索新兴技术生长的土壤，还需要充分调动资源，推进核心技术的研发转化进程。从明阳智能的案例可以看出，为了保证技术创新行为的持续性，政府需要根据技术研发实际情况完善顶层设计，加大对新兴技术的政策支持力度，为其构建技术保护空间，使得技术的研发转化在一个相对稳定且隔绝的生态位中进行，同时在企业间形成网络连接，提升颠覆性创新交叉融合与孕育发展的可能。企业应立足现实需求以及新兴技术的阶段性需求，定位于前瞻性的未来技术研发管理和超前部署，依托创新政策为颠覆性技术打造保护空间，使其在技术领域选择和新概念征集渠道上拥有更多的路径参考与试错机会，有效提升技术研发转化成功率。企业主要通过内外部资源的有效整合，以及流程创新与架构创新推进商业模式的创新以契合新兴技术发展的特征与新需求，基于自身的机会发现与探索能力，以较低的成本开发新产品，并侵入利基市场；在成功运作核心产品进入市场后，建立新的技术创新激励机制，鼓励企业研发与市场等部门员工持续关注新兴技术，积极构建新的产品推广模式和创新生态运营模式，带动上下游企业共同发展，实现共赢。

③生态扩展：产业融合与保护撤离。在后端，产业融合发展与保护空间撤离是创新生态系统扩展的关键。企业自身也应充分认识到利用创新合作有利于加快新兴技术研发转化的进程。就明阳智能自身发展而言，其成功发展同样离不开企业在加快产业融合、引入外部资源上做出的努力。以政府部门为核心，连接企业、高校、研究所、银行和风投机构等主体形成开放型科技创新体系，为核心技术的发展提供全方位的战略指导与创新支持。借鉴其经验，可以充分联系"政、产、学、研"各创新主体以整合创新资源，重点推进资源整合与科学研究，不断加快企业颠覆性技术成果的研发与转化，搭建多层次网络协作关系以持续优化创新生态系统，逐步完善新兴技术创新合作服务平台以促进创新生态系统培育发展，共同打造适合新兴技术成长发展的创新环境。

同时，政策保护空间的适时撤离也为企业形成自身优势、进一步适应市场变化提供了新的机会，为创新生态系统成长壮大提供了动力。首先，在保护空间撤离后，企业在自身的市场战略方面有了更强的自主性，应对竞争者或是跨界企业的领先技术、创新经验等进行充分搜集与整合并加以分析利用，同时引导用户参与到产品服务的设计、开发、使用和反馈等环节中，及时调整对市场需求的认识，做好切入新市场的准备；其次，通过与领先用户进行深入对话以掌握市场变化与发掘深度需求，保持市场应用与服务优化的协同性，保证服务设计的准确性；最后，在把握技术潜在市场情况的基础上，尝试开展跨界合作，将自身优势与跨领域在位企业的领先优势结合起来，建立新的商业模式从而实现创新生态系统的快速发展。

④生态适应：范式变革与能力建设。在末端，技术范式变革与可持续能力建设加快了创新生态系统的调整适应，也为企业再次探索新兴技术领域创造了机遇。新兴技术成长是一个复杂的动态过程，所涉及的资源、要素等更加复杂多样，创新的预判和微调又是孕育技术创新的关键所在。要改变创新研发效能低下的窘境，就必须形成以核心企业为主要节点的网络协作关系，提升对平台企业发展的重视程度，灵活运用多种创新政策并充分调动全社会的创新力量，鼓励技术研发合作平台的建设，同时引入第三方参与，充分调动企业研发的积极性，并为其可能面临的技术市场风险提供必要保障。通过建立不同的新兴技术发展路径，进一步提升企业自身的可持续发展能力，这是创新链条的终点，也是下一轮创新机会形成的关键。新兴技术从研发到市场化不是一蹴而就的，往往需要从基础理论到市场应用、从单个企业再到行业的过程，其不确定性往往会伴随其发展的整个过程。企业只有不断地加强稳固自身的可持续发展能力建设，才能够在不断变化的市场需求中抓住技术变革机遇并寻求新的范式变迁。

8. 2. 5　研究结论

8. 2. 5. 1　主要结论与启示

本节围绕“海洋新能源企业创新生态系统结构及演化路径”这一问题展开研究，扎根于明阳智能的发展历程，通过对一、二手材料的提炼与编码，得到了 82 个标签、35 个概念和 13 个初始范畴，最终提炼为 3 个主范畴，构建并阐释了海洋新能源企业创新生态系统的主要结构及其演化路径的理论模型。主要结论为技术跃迁、价值创新与平台优势形成是海洋新能源企业创新生态系统产生演化的关键。以明阳智能为代表的海洋新能源企业在其创新生态系统构建及演化过程中，持续打造技术创新优势以实现突破，不断实现功能跃迁与技术领先，然后通过新的价值主张与模式变革，以需求为导向提升商业价值创新，最终以平台化优势为关键形成创新生态系统并构筑可持续的竞争优势。

本节的管理启示主要包括：①关注企业的技术研发、价值创造以及平台化发展是探讨其创新生态系统培育与发展问题的关键，技术突破与需求引领是企业创新生态系统构建的前提，平台构建与政策支持是创新生态系统运作的基础，产业融合发展与保护空间撤离是创新生态系统扩展的关键，技术范式变革与可持续能力建设加快了创新生态系统的调整适应，也为企业再次探索新兴技术领域创造了机遇。②针对其创新生态系统的演化与发展过程，企业要首先识别细分市场特点及用户痛点，通过准确的目标市场选择与产品定位，把握用户真实需求；其次在技术研发中要重视功能跃迁与跨界整合，同时要根植社区与消费者加强联系，重视服务价值的提升，进一步构建自身的平台优势。

8.2.5.2 理论贡献

本节从整体性视角出发，分析了海洋新能源企业创新生态系统的主要结构以及演化路径，其理论贡献体现在：①本节解释了明阳智能作为海洋新能源企业在回国后实现跨越式发展的特殊现象，并从创新生态系统的视角出发，对其发展过程中的影响因素及演化路径进行了深入分析，进一步拓宽了创新生态系统理论的应用边界；②本节为后发企业在创新生态系统构建及演化的相关研究问题中引入了新的理论视角与方法，采用扎根理论对明阳智能市场发展路径和影响因素进行了理论建构，弥补了以往对于创新生态系统理论研究中对具体路径分析的不足，使得创新生态系统理论更加契合对海洋战略性新兴产业发展问题的解释，起到了一定的补充完善作用；③由于企业发展的独特性，归纳不同企业的发展过程及其阶段性特征较为困难，因此本节主要从系统性角度出发对其演化过程进行分析，找到了技术突破、需求引领和平台化发展等可能对企业创新生态构建产生影响的关键因素，对当前相关理论的发展也做出了有益的补充。

8.2.5.3 研究局限及未来展望

本节也存在一些不足之处：由于选取的案例数量有限，相关研究结论是否能够普遍适用于其他行业仍有待进一步验证，在未来研究中可以增加对相关行业的抽样数量并采用多案例分析，同时也可以采用实证分析方法来对结论的普适性进行检验，进一步结合市场环境及管理实践的变化来不断地完善与丰富理论模型，探讨新兴产业创新生态系统的重构与治理问题。

8.3 章节印证

本章将NEWater、明阳智能等不同领域企业作为颠覆性创新实现机制典型案例作为研究对象，分别采用ST分析框架和扎根理论研究范式对其实现颠覆性创新的发展过程与演化机制进行深入分析。本章分别从保护空间驱动颠覆性技术产业化以及颠覆性创新生态系统构建及演化等内容出发，对前文章节中后发企业颠覆性创新价值形成、价值聚合与价值扩散等过程的相关研究进行了检验与印证，两者结论高度一致，且相关结论也为前文分析提供了一定的支撑（见表8-4）。

①颠覆性创新过程重点强调“技术—价值”层面的动态调整与适应。基于“技术—价值”视角审视创新生态系统的演化模式，既需要考虑新兴技术研发转化的多重特点，也需要兼顾外部市场动态扩散过程，随着颠覆性技术协作平台与价值协同平台的构建，其平台优势进一步发挥，不仅促进了战略资源合理配置、加快了创新要素扩散，也进一步推动了企业创新生态系统的演进。通过对明阳智能案例的分析发现，其创新生态系统的演化呈现出阶段性的动态演进规律，其发展主线可进一步细化为创新生态系统构建、创新生态系统运作、创新生态系统扩展、创新生态系统适应等，进而进入新一轮的产业变革与机会创造时期，而在创新生态系统不同演进阶段——技术跃迁与价值创新及其平台优势形成过程中也发挥着相应作用。

②通过构建战略保护空间能够有效促进颠覆性技术应用以获取价值优势。新加坡新生水产业的高质量发展，是政府通过设计有效的政策组合构建保护空间，成功实现新兴技术产业化的范例，其独特的培育策略对把握新兴技术产业化培育规律，提高政府施策效力具有重要借鉴意义。依据可持续转型理论，在优化ST视角下新技术演化基本模型基础上，设计了NEWater产业化的ST分析框架，从“社会—技术”系统外部演进及创新生态位内生演化两大过程揭示了NEWater产业化的培育机理，阐述了新加坡政府如何通过科学的政策组合构建保护空间、助力NEWater创新生态位的培育跃迁和协同演化的过程。该研究为把握新兴技术产业化的发展规律和培育成效提供了一个崭新的

分析框架，同时为提高政府加快发展新兴技术产业化的施策效果提供了决策参考。

③产业创新生态系统动态迭代是颠覆性创新的重要来源与产生土壤。颠覆性技术与传统行业的融合创新将对世界格局与社会结构转型产生深刻的影响，是颠覆性创新集中涌现的重要时期，其产生演化过程也反映了企业构建连接关系中传递和利用创新要素的水平，是影响企业创新生态系统培育的重要基础。在数字技术赋能与价值创新驱动影响下，以“双碳”目标为导向的海洋新能源产业发展正处于快速变革阶段，逐步构筑产业创新生态系统的新型组织模式，在动态演化中获取可持续竞争优势。以NEWater、海洋新能源企业明阳智能为典型案例，剖析技术突破与价值创新在创新生态系统构建中的推动作用，进而探讨其多维度结构特征及演化机制，由此可进一步分析技术突破与价值创新的生态运作过程，加快产业创新生态系统动态迭代并实现扩展适应。研究发现：产业政策对于海洋新能源产业技术路线即产品路线选择具有积极营销作用；形成“技术—价值”的动态适应是企业构建创新生态系统的重要前提；核心企业作为海洋新能源产业及创新生态系统内的关键创新主体，对企业的竞争优势及生态位具有重要影响。

④核心企业对于引导行业规范的建立与实现颠覆性创新范式转换起主导作用。核心企业对于新技术的创新演化起着决定性作用。颠覆性技术产业化是一个动态的过程，所涉及的资源、要素等更加复杂多样，创新的预判和微调又是孕育技术创新的关键所在。要改变创新研发效能低下的窘境，就必须形成以核心企业为关键的常态化项目运作机制，为其提供包容失败的宽松环境以及长期稳定的经费支持，鼓励研发人员大胆创新、敢于试错。新加坡十分重视科技项目资助体系优化以及提升本土企业的自主创新能力，不仅将NEWater招标对象限定为本土企业，通过引进外来企业的方式进行良性竞争，还不断地整合全球创新资源以加快推进关键技术研发。对于我国来说，在特殊科技项目的管理和经费分配方面应当适当简化流程，提升核心企业在遴选识别关键技术及决策方面的自主权，在项目中实施竞争性筛选和过程性评估。提升对初创企业发展的重视程度，灵活运用多种产业政策充分调动全社会创新力量，鼓励中小微企业进行技术研发，同时进一步加强对知识产权的保护，对初创型企业给予税收优惠、创新补贴等政策支持。

表 8-4　研究结论印证

<table>
<tr><th rowspan="2">对比内容</th><th colspan="3">前文研究结论</th><th colspan="2">本章研究结论</th></tr>
<tr><th colspan="2">主要结论</th><th>对应章节及内容</th><th>主要结论</th><th>研究对象</th></tr>
<tr><td rowspan="10">价值形成</td><td colspan="2">“颠覆性技术应用—价值创造—优势获取”</td><td rowspan="10">第 5 章
基于扎根理论的后发企业颠覆性创新价值形成机制</td><td rowspan="2">“技术—价值”动态适应</td><td rowspan="26">NEWater、明阳智能等典型案例分析</td></tr>
<tr><td rowspan="4">技术范式转变</td><td>技术累积与迭代创新</td></tr>
<tr><td>技术轨道跃迁</td><td rowspan="2">技术功能跃迁</td></tr>
<tr><td>创新机会识别与技术预见</td></tr>
<tr><td>技术风险治理</td><td rowspan="2">生态位跃迁</td></tr>
<tr><td rowspan="2">组织动态演化</td><td>组织结构创新</td></tr>
<tr><td>创新动态能力</td><td rowspan="2">扩展适应</td></tr>
<tr><td rowspan="3">价值网络创新</td><td>新的价值主张</td></tr>
<tr><td>产业链价值创造</td><td rowspan="2">政府主导与市场决定</td></tr>
<tr><td>市场价值实现</td></tr>
<tr><td rowspan="4">价值聚合</td><td colspan="2">“技术驱动组织协同型”路径</td><td rowspan="4">第 6 章
基于 fsQCA 的后发企业颠覆性创新价值聚合路径</td><td rowspan="2">颠覆性技术演化、价值创造与价值创新</td></tr>
<tr><td colspan="2">“技术驱动网络协同型”路径</td></tr>
<tr><td colspan="2">“平台协作价值驱动型”路径</td><td rowspan="2">平台优势形成、后发企业创新生态系统构建</td></tr>
<tr><td colspan="2">“全面协同型”路径</td></tr>
<tr><td rowspan="12">价值扩散</td><td rowspan="4">企业价值存量子系统</td><td>后发企业价值创造</td><td rowspan="12">第 7 章
基于系统仿真的后发企业颠覆性创新价值扩散效应</td><td rowspan="4">价值导向商业模式创新</td></tr>
<tr><td>颠覆性创新机会识别</td></tr>
<tr><td>后发企业创新投入</td></tr>
<tr><td>……</td></tr>
<tr><td rowspan="4">价值网络重构子系统</td><td>组织能力拓展</td><td rowspan="4">核心企业主导作用</td></tr>
<tr><td>创新知识获取</td></tr>
<tr><td>市场侵入程度</td></tr>
<tr><td>……</td></tr>
<tr><td rowspan="4">颠覆性创新优势子系统</td><td>企业能力重构</td><td rowspan="4">构建战略保护空间、社会技术系统转型</td></tr>
<tr><td>企业技术跃迁</td></tr>
<tr><td>企业优势差距</td></tr>
<tr><td>……</td></tr>
</table>

资料来源：笔者整理。

8.4 本章小结

本章以 NEWater、明阳智能为典型案例，剖析价值共创与创新生态系统构建等路径对颠覆性创新产生演化的推动作用，进而探讨其多维度结构特征及演化机制，由此进一步对相关研究结论进行总结梳理，并与前述章节主要结论进行对比印证，为相关章节研究结果提供理论支持。

第9章 研究结论与未来展望

通过对以上研究进行回顾与总结，本书以颠覆性创新理论为基础，从价值创造视角出发，紧密围绕“后发企业颠覆性创新价值创造的内在逻辑与实现过程”这一核心问题，遵循理论研究、模型构建、案例分析等主要研究步骤，在构建后发企业颠覆性创新价值创造理论模型的基础上，分别采用扎根理论、fsQCA 和系统动力学仿真等分析方法对其价值形成、聚合和扩散等过程进行深入研究。本章将在回顾前文研究的基础上进行梳理总结，然后分别从研究的主要结论、创新之处、管理启示以及研究局限与未来展望等 4 个方面进行论述。

9.1 研究的主要结论

本书将颠覆性创新与价值创造理论整合到研究框架中，分别从价值形成、价值聚合和价值扩散等方面探讨后发企业颠覆性创新价值创造的内在逻辑与实现过程，主要包含理论分析、模型构建及案例分析等内容，根据研究安排分别得到以下研究结论：

①价值创造理论为后发企业颠覆性创新的理论探讨与实践探索提供了一种新的分析视角，其理论框架与分析范式的应用进一步揭示了后发企业颠覆性创新价值创造及优势获取的内在逻辑与实现过程。

颠覆性创新是指企业面向利基市场引入满足用户新需求的技术、产品或商业模式，不断促进生产流程、商业模式和价值网络等重要环节的变革，逐步侵入主流市场并破坏在位企业竞争优势，因此为现有技术范式、产业格局和社会生活等带来深远影响。

随着数字经济对产业发展影响的不断加深和不确定情境下后发企业发展所面临的创新阻碍越发复杂，以及新一代以智能泛在为特征的智能技术群落的逐项落地，颠覆性创新被赋予了新的时代内涵，对企业生产制造范式与价值创造模式产生了深刻的影响。

人工智能颠覆性技术应用使技术价值潜力得以开发，价值创造进一步推动颠覆性创新产生演化，因而颠覆性创新成为当前时代背景下后发企业实现跨越式发展的关键路径，探究后发企业颠覆性创新价值创造的内在逻辑与实现过程，有利于企业把握颠覆性创新演化特征，获取颠覆性创新价值优势。

②通过对物联网企业应用颠覆性技术创造价值从而获取优势的探索性分析而归纳出“技术应用—价值创造—优势获取”理论框架，进一步对后发企业颠覆性创新价值创造过程进行深入分析，提炼出“价值形成—价值聚合—价值扩散”这一核心逻辑。

对于“技术应用—价值创造—优势获取”这一理论框架而言，颠覆性技术应用是诱因，主要通过颠覆性技术创新、产品创新和商业模式创新等作用于企业的价值主张来实现；后发企业价值创造是过程，随着企业提出新的价值主张并围绕其配置创新资源，逐步推进价值形成、价值聚合和价值扩散等关键过程；颠覆性创新价值优势获取是结果，随着技术跃迁、组织变革与环境适应等因素的变化，颠覆性创新价值优势也随着价值创造过程而逐步产生、积累与演化。

“价值形成—价值聚合—价值扩散”这一核心逻辑的提炼对于本章后续研究具有重要价值。其中，价值形成的前提在于关键共性技术突破以及新技术跨领域组合应用，物联网技术通过不同的技术融合创新进入不同的应用场景，形成了生产型、消费型和政策驱动型物联网等，继而满足了不同的价值需求，逐步产生价值优势。

价值聚合是颠覆性创新价值优势形成的关键，后发企业根据不同的场景需要以及内外部因素的影响进行价值聚合，融合不同的技术优势以释放不同的价值潜力以积累价值优势。

企业创新战略以及外部环境变化进一步促进了价值扩散，物联网由生产型到消费型再到政策驱动型，从经济价值优势转向生态价值优势，物联网技术的价值潜力不断提高，融合创新不断深化，影响层面也在随之提升，最终促进了价值优势演化。

③构建价值形成机制是后发企业颠覆性创新价值创造的前提。人工智能企业之所以成为颠覆性创新涌现的最佳土壤，原因在于人工智能企业通过加

快技术、组织和环境等方面的创新建立了新的价值形成机制，从而增强了颠覆性创新价值优势。

后发企业颠覆性创新价值形成机制是指企业通过加快技术战略创新与技术范式转变，及时调整组织结构适应外部环境变化并不断打造后发企业的可拓展核心，形成新的价值创造模式与价值形成机制以增强自身的价值优势。

技术范式转变是实现颠覆性创新的前提。企业着眼于创造新的需求增长点，通过挖掘新的技术应用场景来探索市场机遇，而智能技术良好的嵌入性也使企业更善于发现和抢占利基市场，然后通过跨界融合与集成创新、构筑微创新体系等推进技术累积与迭代创新，有效把握和解决技术障碍与技术风险，促进技术轨道跃迁以获取颠覆性创新优势。

组织结构创新是实现颠覆性创新的基础。企业根据环境变化重新定义竞争力、根据环境需求适应整合配置创新资源，市场需求变化、企业家创新意愿及组织创新惯性是组织动态能力提升的重要因素，人工智能企业通过建立与颠覆性创新演化特征相契合的组织结构及能力体系，在创新战略引领、创新惯性及智能化改造的推动下获取竞争优势。

价值网络创新是实现颠覆性创新的关键。智能技术的赋能优势以及市场化应用的精准性使得人工智能企业具备了多路径切入的能力，同时加快产业链深度合作与分工精细化，采用定制化服务突破现有消费惯性障碍创造新的蓝海，进一步转变价值创造与传递模式从而获取颠覆性创新优势。

市场切入是企业颠覆性创新价值实现的重要方式。低端颠覆性创新在低端分离市场引入新的产品服务、满足用户细分需求并逐步侵蚀主流市场；高端颠覆性创新以较高的产品性能、不断降低的成本价格和建立新的价值网络切入主流市场，以此促进颠覆性创新的实现。

④形成价值聚合路径是后发企业颠覆性创新价值创造的基础。后发企业颠覆性创新价值聚合路径来源于内外部因素对颠覆性技术应用所产生的组态影响，通过促进技术演化、组织变革和环境变化等不同维度因素的创新聚合可以推进颠覆性创新的实现。

后发企业颠覆性创新价值聚合路径是指后发企业通过促进技术演化、组织变革和环境变化等不同维度因素的组态作用，对技术产品的功能属性进行重新组合与定义，使其在满足主流用户需求的基础上提供边缘价值，从而有效提升相对竞争优势，通过技术价值的聚合进一步促进颠覆性创新的实现。

现如今知识与数据在价值创造中发挥的作用越发显著，使得原本依赖资本、物质的传统价值链逐步延伸为依赖知识、服务的无形价值链，传统的以企业为主要价值来源的垂直集中式创新模式，正逐步向价值共创、多元分散的全产业链整合式创新模式转变。

技术演化、组织变革和环境变化等相关因素会对颠覆性创新价值聚合产生重要影响：技术跃迁为后发企业带来核心技术优势并使其跻身行业领先行列，同时通过识别创新机会来保证对利基市场需求的探索和把握；管理创新为技术突破与模式变革提供有效支撑，并利用外部合作实现功能拓展，为技术创新整合跨界资源、稳固培育空间；外部适应旨在获取创新资源及社会认同，同时通过深化网络主体间的合作关系，围绕颠覆性技术转移转化建立稳定渠道并形成集聚优势，重点培育面向社会的颠覆性创新。

从技术、组织和环境等维度出发所选取的关键因素对颠覆性创新产生演化存在组态影响，通过分析得到技术驱动组织协同、技术驱动网络协同、平台协作价值驱动以及全面协同等四类创新效应；由于后发企业在技术创新、组织管理及环境应对等方面的能力存在差异，使之匹配更为合理的组态策略更有利于颠覆性创新的形成扩散。

⑤实现价值扩散效应是后发企业颠覆性创新价值创造的关键，其价值扩散与优势获取可以构成一个由技术、组织和环境等方面关键变量组成的复杂系统，其价值扩散效应主要基于“价值积累—网络创新—优势增强”的过程而实现。

后发企业颠覆性创新价值扩散是指在系统内外部诸多要素相互作用下，逐步实现企业内部价值存量提升、价值网络重构与价值优势获取等整个价值创造链条变革的动态过程。作为企业价值存量子系统的关键变量，颠覆性创新机会识别是企业挖掘潜在市场价值、保证创新投入有效性的重要方式，与企业优势增强共同对创新投入成本产生推动作用，市场价值、创新投入与企业价值是企业新增价值的主要来源，能逐步提升企业价值存量。

价值网络重构是衔接企业技术跃迁与价值扩散等过程的关键环节与纽带。企业通过构建产业链深度合作关系以及平台嵌入等方式促进价值网络的创新，优化知识获取与外部适应等方面的能力，实现动态能力提升与外部市场侵入，由此充分衔接组织创新与市场竞争，更有利于提升优势构建的针对性，对颠覆性创新优势增强速率变量产生影响，快速积累和提升颠覆性创新优势。

企业创新意愿对于企业颠覆性创新优势的提升具有重要影响，一方面较高的创新意愿使得企业更为关注技术创新本身，愿意并主动对颠覆性技术研发及其市场发展前景投入更多的资源；另一方面创新意愿较高的企业拥有更高的积极性，能够主动搜集前沿信息、关注技术发展趋势从而推动颠覆性创新进程，进一步增强颠覆性创新优势。

9.2　研究的创新之处

本书在对“后发企业颠覆性创新价值创造的内在逻辑与实现过程”这一核心问题进行探讨的过程中，基于“技术应用—价值创造—优势获取”的逻辑主线，构建了颠覆性创新价值创造的理论模型，在此基础上进一步对颠覆性创新价值创造过程展开研究，分别采用扎根理论、fsQCA 和系统动力学仿真等方法分析问题。通过对目前学界颠覆性创新及价值创造相关理论的研究分析发现，本书具有以下特色与创新性：

①在研究选题与视角方面，将企业价值创造这一管理研究领域的前沿理论与颠覆性创新这一重要的创新实践有机地、紧密地联系在一起，探索颠覆性创新与价值创造的理论耦合点，有较强的创新性。

本书通过对颠覆性创新理论研究的系统梳理，结合本土情境下后发企业颠覆性创新管理的现实情境与主要问题，重点探讨价值创造的内在逻辑与实现过程等问题。目前学界对价值创造理论的研究主要是在企业战略管理、市场营销及商业模式创新等研究领域（Kaihara et al.，2019），对于结合颠覆性创新管理与价值创造的理论研究还相对缺乏（Govindarajan et al.，2006）。随着以数字化、智能化发展为特征的新一轮科技革命的到来，企业生产制造范式正不断由规模化向定制化转变，颠覆性技术逐步拓展应用至更多场景，其技术演进与优势演化出现了更多的新特征与新内容（蔡春花等，2020），不仅在企业供给侧促进了产业链深度合作与网络协同，在用户需求侧也拥有更强的满足特定及个性化需求的能力，因此引入价值创造视角对颠覆性创新的培育发展问题进行深入研究，将颠覆性创新不连续性的技术标准转化为连续的价值跃变，更有利于完善本土情境下颠覆性创新理论，进一步推进颠覆性创新理论走向纵深。

②在理论框架与内容方面，在构建后发企业颠覆性创新价值创造过程模

型的基础上，围绕“价值形成—价值聚合—价值扩散”这一核心逻辑进行深化，进一步完善了本土情境下颠覆性创新管理研究，增强了颠覆性创新研究的系统性并拓展了其深度。

结合产业特征从后发企业价值创造过程角度出发探讨颠覆性创新价值的形成。本书基于对颠覆性创新现有研究的全面梳理以及后发企业在发展中存在的实际问题探索，从颠覆性创新理论发展与企业创新实践发展中提炼科学问题，并采用扎根理论深入分析 14 家人工智能企业及其相关机构，目的在于以问题为导向以及将理论与实际紧密结合。在以往研究中，多数学者主要从颠覆性创新概念内涵及经验证据的角度着手（Christensen et al.，2003），也有部分学者意识到了在不同方面关键因素的影响下颠覆性创新演化状态的区别（Chen et al.，2016），但由于相关企业实践的理论建构缺失，相关研究“缺口”仍有待弥补（Danneels，2004）；本书采取扎根理论分析了后发企业颠覆性创新价值形成机制，在一定程度上弥补了颠覆性创新理论研究的不足。本书关注的研究问题源于实践并面向应用，将为其进一步发展提供理论指导与借鉴。

本书基于 TOE 框架与组态视角对后发企业价值聚合路径进行探讨，分析其颠覆性创新影响因素的潜在价值组合，根据不同因素的组合构型探索形成对后发企业颠覆性创新的作用路径。虽然已有不少学者从不同层面出发探讨了颠覆性创新的影响因素（张枢盛等，2013；陈思睿等，2019），但对于具体产业差异及要素影响的理论研究还较为缺乏，对不同层面关键因素是否存在组合影响的综合研究还有待进一步深入。本书基于 fsQCA 探讨颠覆性创新价值聚合路径，不仅验证了部分文献对于影响因素维度的观点（Guo et al.，2019），也是对颠覆性创新理论本土化研究的一次尝试，有利于聚焦于产业颠覆性创新演化，促进颠覆性创新识别培育研究的丰富与发展。

本书模拟关键因素对后发企业价值扩散与优势演化的影响机制与作用程度。本书以后发企业价值存量与优势存量为核心构建了二阶系统动力学仿真模型，重点探讨颠覆性创新价值扩散与优势演化的交互关系，以及具体因素对其作用的方式与程度。以往学者对于颠覆性创新大多从静态视角探讨其内部关系（Christensen，2015；Nagy et al.，2016），基于具体情境分析企业颠覆性创新动态演化过程的相关研究还有待加强。本书基于宝贵的基础资料与一、二手数据，构建颠覆性创新价值扩散与优势演化的理论框架，拓展延伸颠覆性创新价值创造与获取，相关理论研究是对颠覆性创新理论研究与分析方法的有益补充，有助于进一步完善颠覆性创新理论体系。

③在研究方法方面，围绕后发企业颠覆性创新价值创造的内在逻辑与实现过程等问题，分别采用扎根理论、fsQCA 和系统动力学仿真等方法对价值形成机制、价值聚合路径及价值扩散过程等进行分析，保证了研究结论的科学性与可靠性。

本书采用探索性案例研究方法对后发企业颠覆性创新价值创造及价值形成机制进行探讨。以往研究者通过理论研究与案例分析等对颠覆性创新具体实践进行分析，但从问题导向而言，当前颠覆性创新相关研究大多属于后验研究，对于当前背景下的企业发展实践的理论指导意义不足（Kilkki et al.，2018）。从管理的角度来看，探索性案例分析是最为贴近颠覆性创新价值创造模式和企业创新实践的研究方法，本书在进行模型构建的基础上进一步扩大样本规模，采用扎根理论分析范式对相关企业颠覆性创新价值形成机制进行理论建构，加深了研究与现实情境的理论联系，可进一步丰富颠覆性创新相关理论研究。

本书采用 fsQCA 分析探讨后发企业颠覆性创新价值聚合路径。现有研究主要是从颠覆性创新概念内涵、技术演化及市场扩散等方面展开，较少从组态视角入手讨论颠覆性创新价值聚合影响因素及综合影响等问题（Wan et al.，2015），对颠覆性创新产生与演化的影响因素及关联性问题的探讨也相对缺乏（Markides，2006）。当前 QCA 组态分析方法在国内逐步兴起，区别于以往的线性或权变思维，组态视角对于分析不同因素的组合构型影响具有较显著的优越性（杜运周等，2017）。本书从“技术—组织—环境”等维度出发分析相关因素对后发企业颠覆性创新价值聚合的组态影响，对于探讨优势积累的多重演化条件等问题更具典型性与针对性，为企业发展提供了理论借鉴与启示。

本书采用系统动力学仿真分析后发企业颠覆性创新价值扩散效应。部分学者从内外部情境因素出发探索后发企业颠覆性创新产生与形成过程，揭示颠覆性创新优势演化过程的动力因素与影响机制（Reinhardt et al.，2015），但目前来看大多数研究还停留于静态层面探索其因素影响，鲜有探讨多类型因素作用下颠覆性创新价值过程动态演化规律的（Yu and Hang，2011）。因此本书采用系统动力学仿真技术分析颠覆性创新价值扩散的影响因素，通过构建颠覆性创新价值创造过程的二阶动态模型，对前文 TOE 框架下各前因变量的影响效应进行研究，进而回答不同因素对于企业优势增强影响的作用机制与程度等问题，希望能够为相关部门制定发展策略提供一定理论指导。

9.3 研究的管理启示

当前我国正处于人工智能与实体经济融合创新赋能的关键阶段，颠覆性创新已成为后发企业“变轨超车”的核心驱动力，本书为相关领域的企业发展也提供了一定理论借鉴与启示。

①颠覆性创新价值形成是培育后发企业颠覆性创新价值优势的前提。后发企业颠覆性创新的培育与发展应重点推进价值创造与传递模式的创新变革，重视衔接技术创新、组织变革与外部适应等因素并构建颠覆性创新价值形成的关键机制。

智能技术创新对颠覆性创新价值形成过程具有显著的正向作用。研究发现，后发企业通过提升研发投入、构筑微创新体系推进技术累积与迭代创新，重点防范技术风险与解决技术障碍，旨在实现降低技术门槛或去技术化、促进技术轨道跃迁以获取颠覆性创新优势。外部创新环境与市场需求、企业家创新意愿及组织创新惯性是面向技术创新的组织结构优化的重要推动因素，因此，企业应重视培养与颠覆性创新演化特征相契合的组织形态及能力体系，从而具有颠覆性创新的组织优势。后发企业实施颠覆性创新活动应着眼于推进产业链深度合作与分工精细化，采用定制化服务以突破现有消费惯性障碍并创造新的蓝海，进一步通过价值创造模式的创新进行市场切入，从而获取颠覆性创新价值优势。

②颠覆性创新价值聚合有利于增强后发企业颠覆性创新价值优势。在颠覆性技术开发过程中，处于竞争劣势的后发企业应以用户或场景需求为导向，充分发挥培育和融通等功能作用，通过持续发挥颠覆性创新技术价值潜力来推进企业价值创造。

多类型的条件因素组合影响效果要优于单独的某类因素，通过组态研究发现，后发企业在实施颠覆性创新价值聚合的过程中应关注技术、组织和环境等条件因素的组合效用，避免过于依赖单一优势而难以保持长期的领先地位。这意味着，后发企业管理者应在准确评估自身技术潜力、组织优势以及网络水平的基础上，着眼于多重条件的适应匹配与动态组合，“因时制宜”地制定创新战略，探索符合自身特征的颠覆性创新发展路径。技术、组织和环境等条件因素及组合影响的存在揭示了颠覆性创新的长期性与复杂性。企业发展特征以及创新环境不同，其创新阻碍也会有所差异。因此，在实施战略合作或创新网络部署的过程中，应从能力建构角度聚焦于核心优势及创新资源的兼容性与互补性，按照内部知识基础及阶段需求精准选择合作伙伴，保障创新资源的持续供给，加快技术研发落地与价值创造模式构建，并通过跨领域合作提升企业机会识别和风险应对能力，重构企业竞争优势，推进颠覆性创新培育发展。

③颠覆性创新价值扩散及优势获取受到内外部诸多要素的相互影响与作用，后发企业应基于价值网络创新进一步拓展组织能力与市场能力，逐步加快颠覆性创新价值扩散，通过重点加强企业创新意愿与创新动态能力来增强后发企业颠覆性创新价值优势。

通过仿真分析可知，后发企业的颠覆性创新价值优势增强主要受到企业创新意愿、组织能力拓展等方面的影响，随着企业价值存量以及创新优势的积累提升，逐渐缩小与先发企业的技术势差从而实现后发赶超。在实践中，后发企业创新意愿对于颠覆性创新优势的提升具有重要影响。首先，较高的创新意愿使得相关人员更为关注技术创新与未来发展趋势，主动了解分析颠覆性技术研发及其市场发展前景并乐于投入更多的资源；其次，较高的创新意愿使后发企业拥有更高的创新积极性，能够主动搜集前沿信息、关注技术发展趋势从而推动颠覆性创新进程，进一步增强颠覆性创新优势。颠覆性创新优势的增强使得后发企业缩小了与在位企业的差距，极大加快了核心技术由“积累”转为“跨越”的向更高层次跃迁的进程，由此后发企业发生蜕变实现了颠覆性创新，进一步促进了能力重构，不断对主流市场产生破坏性影响以完成整个市场颠覆的过程。

9.4　研究局限与未来展望

本书从价值创造视角出发，围绕“后发企业颠覆性创新价值创造的内在逻辑与实现机制”这一问题，对本土后发企业展开研究，在研究视角、研究内容及研究方法等方面具有一定的创新性，但在研究过程中亦发现受视角及样本等诸多因素的制约，相关研究仍存在一定局限性，现将各部分局限性及未来展望列举如下：

首先，本书严格遵循扎根理论分析范式，对后发企业颠覆性创新价值形成机制进行研究，但由于颠覆性创新的复杂性及篇幅所限，所建构的理论模型及结论是否具有普适性，还需要进一步的检验。未来研究可从以下两点展开：第一，扩大样本规模，进一步探索外部影响因素对颠覆性创新的组合效用，使所建构的理论更加完备、成熟；第二，从人工智能技术群落中选择一项或数项技术作为研究对象，并结合不同技术层级的划分标准对颠覆性创新演化机制的异质性进行分析，推动颠覆性创新理论走向纵深。

其次，本书从“技术—组织—环境”等维度出发分析后发企业颠覆性创新价值聚合路径，对于探讨具有多重演化条件的问题更具典型性与针对性，但仍可对不同颠覆性创新演化阶段的组态变化做进一步探索。未来研究可从以下两点考虑：一是本书着重探讨现阶段后发企业颠覆性创新价值聚合及其组态作用，未来可以继续扩大样本规模，分析不同时期条件变量组合对企业颠覆性创新产生演化的影响；二是本书所选取的样本是人工智能企业，其技术演化特征及网络关系相对明显，所得结论对于其他行业是否具有普适性，可在未来研究中结合其他行业进一步检验。

最后，本书通过引入企业价值存量、组织能力拓展、市场侵入程度和颠覆性创新优势等状态变量，以及价值网络重构、企业创新意愿、知识获取、外部适应等关键变量，对不同价值跃变过程与颠覆性创新优势演化影响的动态过程进行仿真。但由于模型构建与指标选择的相关依据主要来自相关理论研究及访谈材料，对于相关参数的设定难免存在一定的主观性偏差，可能会对研究模型及相关路径的效度产生影响。后续研究将进一步通过实证分析方法检验所选指标的合理性，以提升本书结论的客观性。另外，对于企业创新意愿以及价值网络创新等因素如何影响颠覆性创新优势形成的核心过程和实证检验，将在未来研究中进行深化。

总而言之，本书通过对后发企业颠覆性创新价值创造过程的理论与案例分析，深入探讨了后发企业通过颠覆性创新创造价值从而获取价值优势的内在逻辑与实现过程，弥补了本土情境下企业颠覆性创新价值创造与优势形成方面研究的不足，增强了颠覆性创新理论体系的系统性并拓展了其深度。从颠覆性创新理论的整体框架来看，本书重点聚焦于“是什么”与“为什么”，即后发企业颠覆性创新价值创造的逻辑与实现过程，以及不同阶段颠覆性创新演化的关键因素及机制、路径和效应。但就目前而言，学界对于后发企业如何锁定在位企业的“价值盲区”从而提出足以改变市场格局的价值主张、如何构建后发企业颠覆性创新的识别培育机制，以及如何把握后发企业颠覆性创新价值创造过程的“临界态”和“引爆点”等相关研究仍相对缺乏。由于笔者学术水平及精力有限，未对以上问题进行进一步探讨，希望在未来工作中能够对其进行更为深入的研究。

参考文献

[1] ACHTENHAGEN L, MELIN L, NALDI L. Dynamics of business models—strategizing, critical capabilities and activities for sustained value creation [J]. Long Range Planning, 2013, 46 (6): 427-442.

[2] ACKERMAN M H, GIULIANO K K, MALLOCH K. The novation dynamic: clarifying the work of change, disruption, and innovation [J]. Nurse Leader, 2020, 18 (3): 232-236.

[3] ANSOFF H I. Corporate strategy [M]. New York: McGraw-Hill, 1965.

[4] AGRAWAL A K, RAHMAN Z. Roles and resource contributions of customers in value co-creation [J]. International Strategic Management Review, 2015, 3 (12): 144-160.

[5] BOWER J L, CHRISTENSEN C M. Disruptive technologies: catching the wave [J]. Harvard Business Review, 1995, 73 (1): 43-53.

[6] BRADY T, DAVIES A, GANN D M. Creating value by delivering integrated solutions [J]. International Journal of Project Management, 2005, 23 (5): 360-365.

[7] CARLSEN H, DREBORG K H, GODMAN M, et al. Assessing socially disruptive technological change [J]. Technology in Society, 2010, 32 (3): 209-218.

[8] CASADESUS-MASANELL R, ZHU F. Business model innovation and competitive imitation: the case of sponsor-based business models [J]. Strategic Management Journal, 2013, 34 (4): 464-482.

[9] CAO X, BRECHTEL C Z. Institutional perspective on emerging industry development: foreign experiences and policy implications for China [J]. Journal of Science and Technology Policy in China, 2011, 28 (5): 255-276.

[10] CHAN S. Strategy development for anticipating and handling a disruptive technology [J]. Journal of the American College of Radiology, 2006, 3 (10): 778-786.

[11] CHEN C, ZHANG J, GUO R. The D-day, V-day, and bleak days of a disruptive technology: a new model for exante evaluation of the timing of technology disruption [J]. European Journal of Operational Research, 2016, 251 (2): 562-574.

[12] CHEN J, ZHU Z, ZHANG Y. A study of factors influencing disruptive innovation in Chinese SMEs [J]. Asian Journal of Technology Innovation, 2017, 25 (1): 140-157.

[13] CHENG Y, HUANG L, RAMLOGAN R, et al. Forecasting of potential impacts of disruptive technology in promising technological areas: elaborating the SIRS epidemic model in RFID technology [J]. Technological Forecasting and Social Change, 2017 (117): 170-183.

[14] CHESBROUGH H, ROSENBLOOM R S. The role of the business model in capturing value from innovation: evidence from Xerox Corporation's technology spin-off companies [J]. Industrial and Corporate Change, 2002, 11 (3): 529-555.

[15] CHESBROUGH H. Business model innovation: opportunities and barriers [J]. Long Range Planning, 2010, 43 (2/3): 354-363.

[16] CHESTER K, JOE S, KAN C. Uncovering business model innovation contexts: a comparative analysis by FsQCA methods [J]. Journal of Business Research, 2019, 3 (101): 783-796.

[17] CHRISTENSEN C M, ROSENBLOOM R S. Explaining the attacker's advantage: technological paradigms, organizational dynamics, and the value network [J]. Research Policy, 1995, 24 (2): 233-257.

[18] CHRISTENSEN C M. The innovator's dilemma: when new technologies cause great firms to fail [M]. Boston: Harvard Business Review Press, 1997.

[19] CHRISTENSEN C M, BAUMANN H, RUGGLES R, et al. Disruptive innovation for social change [J]. Harvard Business Review, 2006, 84 (12): 94-98.

[20] CHRISTENSEN C M, RAYNOR M, MCDONALD R. What is disruptive innovation? [J]. Harvard Business Review, 2015, 93 (12): 44-53.

[21] CLAUSS T. Measuring business model innovation: conceptualization, scale development, and of performance [J]. R&D Management, 2017, 47 (3): 385-403.

[22] COSENZ F, NOTO G. Fostering entrepreneurial learning processes through dynamic start-up business model simulators [J]. The International Journal of Management Education, 2018, 16 (3): 468-482.

[23] COUGHLAN P, FERGUS M A. Defining the path to value innovation [J]. International Journal of Manufacturing Technology and Management, 2009, 16 (3): 234-249.

[24] CRILLY D, ZOLLO M, HANSEN M T. Faking it or muddling through? Understanding decoupling in response to stakeholder pressures [J]. Academy of Management Journal, 2012, 55 (6): 1429-1448.

[25] DANNEELS E. Disruptive technology reconsidered: a critique and research agenda [J]. Journal of Product Innovation Management, 2004, 21 (4): 246-258.

[26] DASILVA C M. Understanding business model innovation from a practitioner perspective [J]. Journal of Business Models, 2018, 6 (2): 19-24.

[27] De OLIVEIRA D T, CORTIMIGLIA M N. Value co-creation in web-based multisided platforms: a conceptual framework and implications for business model design [J]. Business Horizons, 2017, 60 (6): 747-758.

[28] DIJK M, WELLS P, KEMP R. Will the momentum of the electric car last? Testing an hypothesis on disruptive innovation [J]. Technological Forecasting and Social Change, 2016, 105 (1): 77-88.

[29] DOSI G. Technological paradigms and technological trajectories [J]. Research Policy, 1982, 11 (3): 147-162.

[30] DOTSIKA F, WATKINS A. Identifying potentially disruptive trends by means of keyword network analysis [J]. Technological Forecasting and Social Change, 2017 (119): 114-127.

[31] DROEGE S, JOHNSON N B. Limitations of low-end disruptive innovation strategies [J]. The International Journal of Human Resource Management, 2010, 21 (2): 242-259.

[32] DUNNING J H. The future of the multinational enterprise [J]. Journal of Marketing, 2010, 41 (9): 137-144.

[33] EISENHARDT K M. Building theories from case study research [J]. The Academy of Management Review, 1989, 14 (4): 532-550.

[34] EISENHARDT K M, GRAEBNER M E. Theory building from cases: opportunities and challenges [J]. Academy of Management Journal, 2007, 50 (1): 25-32.

[35] FERREIRA J, COELHO A, MOUTINHO L. Dynamic capabilities, creativity and innovation capability and their impact on competitive advantage and firm performance: the moderating role of entrepreneurial orientation [J]. Technovation, 2020 (92/93): 102061.

[36] FISSP C. A set-theoretic approach to organizational configurations [J]. Academy of Management Review, 2007, 32 (4): 1180-1198.

[37] GABA V, BHATTACHARYA S. Aspirations, innovation, and corporate venture capital: a behavioral perspective [J]. Strategic Entrepreneurship Journal, 2012, 6 (2): 178-199.

[38] GAVETTI G, LEVINTHAL D. Looking forward and looking backward: cognitive and experiential search [J]. Administrative Science Quarterly, 2000, 45 (1): 113-137.

[39] GLASER B G, STRAUSS A L. The discovery of grounded theory: strategies for qualitative research [M]. Chicago: Aldine Publishing Company, 1967.

[40] GEELS F W. Technological transition as evolutionary reconfiguration processes: a multi-level perspective and a case-study [J]. Research Policy, 2007 (36): 1088-1099.

[41] GEUM Y, LEE S, PARK Y. Combining technology roadmap and system dynamics simulation to support scenario-planning: a case of car-sharing service [J]. Computers & Industrial Engineering, 2014 (71): 37-49.

[42] GOVINDARAJAN V, KOPALLE P K. The usefulness of measuring disruptiveness of innovations ex post in making ex ante predictions [J]. Journal of Product Innovation Management, 2006, 23 (1): 12-18.

[43] GUO J, PAN J, GUO J, et al. Measurement framework for assessing

disruptive innovations [J]. Technological Forecasting and Social Change, 2019 (139): 250-265.

[44] HANG C C, CHEN J, YU D. An assessment framework for disruptive innovation [J]. Foresight, 2011, 13 (5): 4-13.

[45] HANG C C, GARNSEY E, RUAN Y. Opportunities for disruption [J]. Technovation, 2015 (39/40): 83-93.

[46] HANNIBAL M, KNIGHT G. Additive manufacturing and the global factory: disruptive technologies and the location of international business [J]. International Business Review, 2018, 27 (6): 1116-1127.

[47] HARMAAKORPI V, MELKAS H. Knowledge management inregional innovation networks: the case of Lahti, Finland [J]. European Planning Studies, 2005, 13 (5): 641-659.

[48] HITT L M, BRYNJOLFSSON E. Productivity, business profitability, and consumer surplus: three different measures of information technology value [J]. MIS Quarterly, 1996, 20 (2): 121-142.

[49] HINE D, RYAN N. Small service firms-creating value through innovation [J]. Managing Service Quality: An International Journal, 1999, 9 (6): 411-422.

[50] HODGKINSON G P. Cognitive inertia in a turbulent market: the case of UK residential estate agents [J]. Journal of Management Studies, 1997, 34 (6): 921-945.

[51] HUANG Y, WANG Z. Demand disruptions, pricing and production decisions in a closed-loop supply chain with technology licensing [J]. Journal of Cleaner Production, 2018 (191): 248-260.

[52] HWANG J, CHRISTENSEN C M. Disruptive innovation in health care delivery: a framework for business-model innovation [J]. Health Affairs, 2008, 27 (5): 1329-1335.

[53] JOHNSON M W, CHRISTENSEN C M, KAGERMANN H. Reinventing your business model [J]. Harvard Business Review, 2008, 86 (12): 57-68.

[54] KAMOLSOOK A, BADIR Y F, FRANK B. Consumers' switching to disruptive technology products: the roles of comparative economic value and technology type [J]. Technological Forecasting and Social Change, 2019, 140 (1):

328-340.

[55] KEMP R, SCHOT J, HOOGMA. Regime shifts to sustainability through processes of niche formatiaon: the approach of strategic niche management [J]. Technology Analysis and Strategic Management, 1998, 10 (2): 175-196.

[56] KEMP R, RIP A, SCHOT J. Constructing transition paths through the management of niches [J]. Path Dependence and Creation, 2001, 10 (2): 269-299.

[57] KILKKI K, MÄNTYLÄ M, KARHU K, et al. A disruption framework [J]. Technological Forecasting and Social Change, 2018, 129 (1): 275-284.

[58] KIRSCHBAUM R. Open innovation in practice [J]. Research - Technology Management, 2005, 48 (4): 24-28.

[59] KIVIMAA P, KERN F. Creative destruction or mere niche support? Innovation policy mixes for sustainability transitions [J]. Research Policy, 2016, 45 (1): 205-217.

[60] KLENNER P, HÜSIG S, DOWLING M. Ex-ante evaluation of disruptive susceptibility in established value networks—when are markets ready for disruptive innovations? [J]. Research Policy, 2013, 42 (4): 914-927.

[61] KOSTOFF R N, BOYLAN R, SIMONS G R. Disruptive technology roadmaps [J]. Technological Forecasting and Social Change, 2004, 71 (1): 141-159.

[62] KROTOV V. Predicting the future of disruptive technologies: the method of alternative histories [J]. Business Horizons, 2019, 62 (6): 695-705.

[63] LARSEN E, LOMI A. Representing change: a system model of organizational inertia and capabilities as dynamic accumulation processes [J]. Simulation Modelling Practice & Theory, 2002, 10 (5): 271-296.

[64] LINTON J D, WALSH S T. Roadmapping: from sustaining to disruptive technologies [J]. Technological Forecasting and Social Change, 2004, 71 (1): 1-9.

[65] LI M, PORTER A L, SUOMINEN A. Insights into relationships between disruptive technology/innovation and emerging technology: a bibliometric perspective [J]. Technological Forecasting and Social Change, 2018, 129 (1): 285-296.

[66] LIU Y X, OU C Y, ZHANG G Y, et al. Research on the effect evaluation of protected space driving new technologies industrialization from the perspective

of ST [J]. Journal of Systems Science and Complexity, 2020, 33 (2): 475-509.

[67] LOMI A, LARSEN E R. Dynamics of organizations: computational modeling and organization theories [M]. Cambridge: Mit Press, 2001.

[68] LOPOLITO A, MORONE P, TAYLOR R. Emerging innovation niches: an agent based model [J]. Research Policy, 2013, 42 (6): 1225-1238.

[69] LUI A K H, NGAI E W T, LO C K Y. Disruptive information technology innovations and the cost of equity capital: the moderating effect of CEO incentives and institutional pressures [J]. Information & Management, 2016, 53 (3): 345-354.

[70] MARCH J G. Footnotes to organizational change [J]. Administrative Science Quarterly, 1981, 26 (4): 563-577.

[71] MARKIDES C. Disruptive innovation: in need of better theory [J]. Journal of Product Innovation Management, 2006, 23 (1): 19-25.

[72] MATTHYSSENS P, PAUWELS P, VANDENBEMPT K. Strategic flexibility, rigidity and barriers to the development of absorptive capacity in business markets: themes and research perspectives [J]. Industrial Marketing Management, 2005, 34 (6): 547-554.

[73] MARTINS L L, RINDOVA V P, GREENBAUM B E. Unlocking the hidden value of concepts: a cognitive approach to business model innovation [J]. Strategic Entrepreneurship Journal, 2015, 9 (1): 99-117.

[74] MCGRATH R G. Business models: a discovery driven approach [J]. Long Range Planning, 2010, 43 (2/3): 247-261.

[75] MELE C, RUSSO SPENA T, COLURCIO M. Co-creating value innovation through resource integration [J]. International Journal of Quality and Service Sciences, 2010, 2 (1): 60-78.

[76] MEZGER F. Toward a capability-based conceptualization of business model innovation: insights from an explorative study [J]. R&D Management, 2014, 44 (5): 429-449.

[77] MILLAR C, LOCKETT M, LADD T. Disruption: technology, innovation and society [J]. Technological Forecasting and Social Change, 2018, 129 (2): 254-260.

[78] MILLER D, CHEN M J. Sources and consequences of competitive inertia: a study of the US airline industry [J]. Administrative Science Quarterly, 1994, 39 (1) 1: 1-23.

[79] NAGY D, SCHUESSLER J, DUBINSKY A. Defining and identifying disruptive innovations [J]. Industrial Marketing Management, 2016 (57): 119-126.

[80] OBAL M. Why do incumbents sometimes succeed? Investigating the role of interorganizational trust on the adoption of disruptive technology [J]. Industrial Marketing Management, 2013, 42 (6): 900-908.

[81] PAAP J, KATZ R. Anticipating disruptive innovation [J]. Research-Technology Management, 2004, 47 (5): 13-22.

[82] PALMIÉ M, WINCENT J, PARIDA V, et al. The evolution of the financial technology ecosystem: an introduction and agenda for future research on disruptive innovations in ecosystems [J]. Technological Forecasting and Social Change, 2019 (151): 1-10.

[83] PANDIT D, JOSHI M P, SAHAY A, et al. Disruptive innovation and dynamic capabilities in emerging economies: evidence from the Indian automotive sector [J]. Technological Forecasting and Social Change, 2018, 129 (1): 323-329.

[84] POHLE G, CHAPMAN M. IBM's global CEO report 2006: business model innovation matters [J]. Strategy & Leadership, 2006, 34 (5): 34-40.

[85] RAVEN R, KERN F, VERHEES B, et al. Niche construction and empowerment through socio - political work. A meta - analysis of six low - carbon technology cases [J]. Environmental Innovation and Societal Transitions, 2016 (18): 164-180.

[86] RAGIN C C, STRAND S I. Using qualitative comparative analysis to study causal order comment on Caren and Panofsky [J]. Sociological Methods & Research, 2008, 36 (4): 431-441.

[87] RANTA V, AARIKKA-STENROOS L, VÄISÄNEN J. Digital technologies catalyzing business model innovation for circular economy-multiple case study [J]. Resources, Conservation and Recycling, 2021 (164): 1-11.

[88] RAYPORT J F, SVIOKLA J J. Exploiting the virtual value chain [J].

Harvard Business Review, 1995, 73 (6): 75-88.

[89] REINHARDT R, GURTNER S. Differences between early adopters of disruptive and sustaining innovations [J]. Journal of Business Research, 2015, 68 (1): 137-145.

[90] SCHMIDT A L, SCARINGELLA L. Uncovering disruptors' business model innovation activities: evidencing the relationships between dynamic capabilities and value proposition innovation [J]. Journal of Engineering and Technology Management, 2020 (57): 1-16.

[91] SCHMIDT G M, DRUEHL C T. When is a disruptive innovation disruptive? [J]. Journal of Product Innovation Management, 2008, 25 (4): 347-369.

[92] SCHMIDTHUBER L, MARESCH D, GINNER M. Disruptive technologies and abundance in the service sector-toward a refined technology acceptance model [J]. Technological Forecasting and Social Change, 2020 (155): 119328.

[93] SCHOT J, GEELS F W. Strategic niche management and sustainable transport innovation journeys: theory, findings, research agenda, and policy [J]. Technology Analysis & Strategic Management, 2008, 20 (5): 537-554.

[94] SCHUELKE-LEECH B. A model for understanding the orders of magnitude of disruptive technologies [J]. Technological Forecasting and Social Change, 2018, 129 (1): 261-274.

[95] SHENG M L. Foreign tacit knowledge and a capabilities perspective on MNEs' product innovativeness: examining source-recipient knowledge absorption platforms [J]. International Journal of Information Management, 2019, 44 (2): 154-163.

[96] SINKOVICS N, SINKOVICS R, YAMIN M. The role of social value creation in business model formulation at the bottom of the pyramid-implications for MNEs? [J]. International Business Review, 2014, 23 (4): 692-707.

[97] SMITH A, VOB J, GRIN J. Innovation studies and sustainability transitions: the allure of the multi-level perspective and its challenges [J]. Research Policy, 2010, 39 (4): 435-448.

[98] SMITH A, KERN F, RAVEN R, et al. Spaces for sustainable innovation: solar photovoltaic electricity in the UK [J]. Technological Forecasting and

Social Change, 2014, 81 (9): 115-130.

[99] SONG K, KIM K, LEE S. Identifying promising technologies using patents: a retrospective feature analysis and a prospective needs analysis on outlier patents [J]. Technological Forecasting and Social Change, 2018, 128 (1): 118-132.

[100] SUSHIL. Strategic flexibility: the evolving paradigm of strategic management [J]. Global Journal of Flexible Systems Management, 2015, 16 (2): 113-114.

[101] TEECE D J. Business models, business strategy and innovation [J]. Long Range Planning, 2010, 43 (2/3): 172-194.

[102] TEECE D J. Dynamic capabilities and entrepreneurial management in large organizations: toward a theory of the (entrepreneurial) firm [J]. European Economic Review, 2016, 86 (2): 202-216.

[103] THOMPSON J D. Organizations in action: social science bases of administrative theory [M]. New Jersey: Transaction Publishers, 1967.

[104] VAN HORNE C, FRAYRET J M, POULIN D. Creating value with innovation: from centre of expertise to the forest products industry [J]. Forest Policy and Economics, 2006, 8 (7): 751-761.

[105] VARGO S L, LUSCH R F. Evolving to a new dominant logic for marketing [M]. The Service-Dominant Logic of Marketing. Routledge London, 2014.

[106] VECCHIATO R. Disruptive innovation, managerial cognition, and technology competition outcomes [J]. Technological Forecasting and Social Change, 2017, 116 (1): 116-128.

[107] VELU C. Business model innovation and third-party alliance on the survival of new firms [J]. Technovation, 2015 (35): 1-11.

[108] VISNJIC I, WIENGARTEN F, NEELY A. Only the brave: product innovation, service business model innovation, and their impact on performance [J]. Journal of Product Innovation ManaGement, 2016, 33 (1): 36-52.

[109] VOJAK B A, CHAMBERS F A. Roadmapping disruptive technical threats and opportunities in complex, technology-based subsystems: the SAILS methodology [J]. Technological Forecasting and Social Change, 2004, 71 (1):

121-139.

[110] WALSH S T. Roadmapping a disruptive technology: a case study: The emerging microsystems and top-down nanosystems industry [J]. Technological Forecasting and Social Change, 2004, 71 (1): 161-185.

[111] WALSH S T, BOYLAN R L, MCDERMOTT C, et al. The semiconductor silicon industry roadmap: epochs driven by the dynamics between disruptive technologies and core competencies [J]. Technological Forecasting and Social Change, 2005, 72 (2): 213-236.

[112] WAN F, WILLIAMSON P J, YIN E. Antecedents and implications of disruptive innovation: evidence from China [J]. Technovation, 2015 (39/40): 94-104.

[113] WEBER M, HOOGMA R. Beyond national and technological styles of innovation diffusion : a dynamic perspective on cases from the energy and transport sector [J]. Technological Analysis & Strategic Management, 1998, 4 (1): 545-566.

[114] WESSEL M, CHRISTENSEN C M. Surviving disruption [J]. Harvard Business Review, 2012, 90 (12): 56-64.

[115] WINTER S G. Four Rs of profitability: rents, resources, routines, and replication [M]. Resource-Based and Evolutionary Theories of the Firm: Towards a Synthesis. Springer US New York, 1995.

[116] YAMAGATA-LYNCH L C, COWAN J, LUETKEHANS L M. Transforming disruptive technology into sustainable technology: understanding the front-end design of an online program at a brick-and-mortar university [J]. The Internet and Higher Education, 2015, 26 (1): 10-18.

[117] YIN R K. Case study research: design and methods [J]. Journal of Advanced Nursing, 2010, 44 (1): 108.

[118] YU D, HANG C C. A reflective review of disruptive innovation theory [J]. International Journal of Management Reviews, 2010, 12 (4): 435-452.

[119] YU D, HANG C C. Creating technology candidates for disruptive innovation: generally applicable R&D strategies [J]. Technovation, 2011, 31 (8): 401-410.

[120] ZHANG Y, ZHOU X, PORTER A L, et al. Triple helix innovation in China's dye-sensitized solar cell industry: hybrid methods with semantic TRIZ and technology roadmapping [J]. Scientometrics, 2014, 99 (1): 55-75.

[121] ZHOU K Z, WU F. Technological capability, strategic flexibility, and product innovation [J]. Strategic Management Journal, 2010, 31 (5): 547-561.

[122] ZOTT C, AMIT R. Business model design: an activity system perspective [J]. Long Range Planning, 2010, 43 (3): 216-226.

[123] ZOTT C, AMIT R, MASSA L. The business model: recent developments and future research [J]. Journal of Management, 2011, 37 (4): 1019-1042.

[124] 保海旭，陶荣根，张晓卉．从数字管理到数字治理：理论、实践与反思 [J]. 兰州大学学报（社会科学版），2022，50（5）：53-65.

[125] 陈红花，尹西明，陈劲，等．基于整合式创新理论的科技创新生态位研究 [J]. 科学学与科学技术管理，2019，40（5）：3-16.

[126] 陈劲，陈红花，尹西明，等．中国创新范式演进与发展：新中国成立以来创新理论研究回顾与思考 [J]. 陕西师范大学学报（哲学社会科学版），2020，49（1）：14-28.

[127] 丛林．基于技术、应用、市场三个层面的我国物联网产业发展研究 [D]. 沈阳：辽宁大学，2016.

[128] 陈力田，许庆瑞，吴志岩．战略构想、创新搜寻与技术创新能力演化：基于系统动力学的理论建模与仿真研究 [J]. 系统工程理论与实践，2014，34（7）：1705-1719.

[129] 曹平，陆松．信息技术产业创新社群网络研究和模拟仿真 [J]. 管理现代化，2020，40（4）：29-39.

[130] 程鹏，柳卸林，李洋，等．本土需求情景下破坏性创新的形成机理研究 [J]. 管理科学，2018，31（2）：33-44.

[131] 陈思睿，杨桂菊，王彤．后发企业的颠覆性创新机理模型：基于小米公司的探索性案例研究 [J]. 管理案例研究与评论，2019，12（4）：365-382.

[132] 曹兴，马慧．新兴技术创新网络下多核心企业创新行为机制的仿真研究 [J]. 中国软科学，2019（6）：138-149.

［133］蔡霞，宋哲，耿修林．先发企业的崛起与后进企业的逆袭：基于小世界网络的创新扩散仿真研究［J］．南开管理评论，2017，20（6）：42-49.

［134］蔡霞，宋哲，耿修林．稠密人际网络中的竞争创新扩散机制研究：以双寡头同时竞争扩散市场为例［J］．科学学与科学技术管理，2019，40（11）：125-137.

［135］陈衍泰，孟媛媛，张露嘉，等．产业创新生态系统的价值创造和获取机制分析：基于中国电动汽车的跨案例分析［J］．科研管理，2015，36（S1）：68-75.

［136］储节旺，吴蓉，李振延．数智赋能的创新生态系统构成及运行机制研究［J］．情报理论与实践，2022，24（2）：1-10.

［137］陈江，张晓琴．颠覆性技术创新的成长过程、关键要素及基本逻辑［J］．科学管理研究，2021，39（5）：8-12.

［138］曹阳春，张光宇，欧春尧，等．颠覆性创新的技术演进特征分析：基于锂离子电池案例［J］．中国科技论坛，2022（2）：68-76.

［139］陈国青，任明，卫强，等．数智赋能：信息系统研究的新跃迁［J］．管理世界，2022，38（1）：180-196.

［140］窦超，代涛，李晓轩，等．DARPA 颠覆性技术创新机制研究：基于 SNM 理论的视角［J］．科学学与科学技术管理，2018，39（6）：99-108.

［141］杜靖宇．颠覆性创新视角下后发企业价值网络演变路径研究［D］．郑州：郑州大学，2019.

［142］杜运周，贾良定．组态视角与定性比较分析（QCA）：管理学研究的一条新道路［J］．管理世界，2017（6）：155-167.

［143］丁雪辰，柳卸林．大数据时代企业创新管理变革的分析框架［J］．科研管理，2018，39（12）：1-9.

［144］戴翔，杨双至．数智赋能、数字投入来源与制造业绿色化转型［J］．中国工业经济，2022（9）：83-101.

［145］冯立杰，杜靖宇，王金凤，等．颠覆性创新视角下后发企业价值网络演变路径［J］．科学学研究，2019，37（1）：175-183.

［146］冯立杰，吴敏，王金凤，等．面向低端市场颠覆性创新的技术机会识别路径研究［J］．软科学，2019，33（4）：91-98.

[147] 冯立杰，闵清华，王金凤，等．颠覆性创新视阈下后发企业商业模式创新路径研究：以拼多多为例［J］．管理现代化，2021，41（6）：52-56.

[148] 郭朝晖，李永周，马金平．高绩效工作系统、战略柔性与企业成长：基于恒大集团的案例研究［J］．管理案例研究与评论，2019，12（4）：349-364.

[149] 郭韬，丁小洲，乔晗，等．价值网络对科技型创业企业商业模式创新影响机制的系统动力学仿真分析：基于系统管理与 CET@ I 方法论视角［J］．管理评论，2020，32（7）：41-53.

[150] 韩晨，高山行．战略柔性、战略创新和管理创新之间关系的研究［J］．管理科学，2017，30（2）：16-26.

[151] 黄海洋，陈继祥．颠覆性创新的扩散过程与中小企业的竞争策略［J］．工业工程与管理，2011，16（1）：123-129.

[152] 黄海昕，苏敬勤，杨松，等．中国本土企业内部情境的内涵解构与交互系统逻辑建构［J］．管理学报，2019，16（3）：325-332.

[153] 黄鲁成，成雨，吴菲菲，等．关于颠覆性技术识别框架的探索［J］．科学学研究，2015，33（5）：654-664.

[154] 黄鲁成，蒋林杉，吴菲菲．萌芽期颠覆性技术识别研究［J］．科技进步与对策，2019，36（1）：10-17.

[155] 胡畔．企业技术跨越过程中的创新能力演化机理研究［D］．哈尔滨：哈尔滨工业大学，2017.

[156] 胡畔，王刚毅，于渤．技术跨越过程中本土制造企业创新能力演化的系统动力学建模与仿真分析［J］．工业技术经济，2018，37（8）：68-77.

[157] 胡卫卫，申文静．技术赋能乡村数字治理的实践逻辑与运行机制：基于关中 H 村数字乡村建设的实证考察［J］．湖南农业大学学报（社会科学版），2022，23（5）：61-67，75.

[158] 韩蓉，林润辉．基于自组织临界性理论的知识创新涌现分析［J］．科学学与科学技术管理，2014，35（4）：74-79.

[159] 黄子洋，余翔，尹聪慧．颠覆性技术的政策保护空间研究：基于战略生态位管理视角［J］．科学学研究，2019，37（4）：607-616.

［160］黄燕娟．“数智”赋能下公共图书馆空间建设新动向：IFLA 2021 年度公共图书馆奖研究与启示［J］．图书馆学研究，2021（23）：20-26.

［161］霍影．从具象反思到破坏实践：颠覆性创新理论演进脉络梳理［J］．中国科技论坛，2021（11）：12-20.

［162］贾旭东，衡量．基于“扎根精神”的中国本土管理理论构建范式初探［J］．管理学报，2016，13（3）：336-346.

［163］蒋振威，盖文启．技术创新、产业创新系统与价值创造：基于中国光伏产业视角［J］．中南大学学报（社会科学版），2017，23（2）：111-119，140.

［164］靳宗振，罗晖，曹俐莉．发展颠覆性创新的导向策略研究［J］．中国软科学，2017（9）：168-174.

［165］金姝彤，王海军，陈劲，等．模块化数字平台对企业颠覆性创新的作用机制研究：以海尔 COSMOPlat 为例［J］．研究与发展管理，2021，33（6）：18-30.

［166］孔晓丹，张丹．面向集群创新网络异质企业的知识扩散建模及仿真研究［J］．运筹与管理，2020，29（10）：173-182.

［167］刘安蓉，李莉，曹晓阳，等．颠覆性技术概念的战略内涵及政策启示［J］．中国工程科学，2018，20（6）：7-13.

［168］林春培，余传鹏，吴东儒．探索式学习与利用式学习对企业破坏性创新的影响研究［J］．研究与发展管理，2015，27（6）：19-28.

［169］林春培，沈鹤，余传鹏．企业外部社会联系对破坏性创新的影响研究［J］．科研管理，2019，40（5）：80-89.

［170］卢光松，卢平．企业颠覆性技术路线图制定研究［J］．科技进步与对策，2011，28（11）：81-86.

［171］吕乐娣，张昊民，徐书会．数智赋能：企业自组织管理的演化逻辑和实践机制［J］．商业经济研究，2022（19）：120-123.

［172］刘海兵，许庆瑞．后发企业战略演进、创新范式与能力演化［J］．科学学研究，2018，36（8）：1442-1454.

［173］李海舰，李燕．企业组织形态演进研究：从工业经济时代到智能经济时代［J］．经济管理，2019，41（10）：22-36.

［174］李双路．面向企业技术创新的竞争情报服务研究［D］．哈尔滨：

黑龙江大学，2016.

［175］柳卸林，孙海鹰，马雪梅．基于创新生态观的科技管理模式［J］．科学学与科学技术管理，2015，36（1）：18-27.

［176］柳卸林，高雨辰，丁雪辰．寻找创新驱动发展的新理论思维：基于新熊彼特增长理论的思考［J］．管理世界，2017（12）：8-19.

［177］李晓莉，于渤．面向技术跨越的后发企业技术创新战略与技术创新能力动态演化仿真研究［J］．科学学与科学技术管理，2017，38（11）：83-100.

［178］李晓莉．面向技术跨越的后发企业技术创新战略与技术创新能力交互作用研究［D］．哈尔滨：哈尔滨工业大学，2018.

［179］李亚婷．知识聚合研究述评［J］．图书情报工作，2016，60（21）：128-136.

［180］李煜华，荣爽，胡兴宾．基于系统动力学的汽车产业技术创新能力影响因素研究［J］．工业技术经济，2017，36（2）：50-56.

［181］李煜华，刘橙泽，胡瑶瑛．基于扎根理论的企业颠覆性技术创新行为驱动因素研究［J］．科学技术哲学研究，2019，36（3）：76-81.

［182］刘贻新，张光宇，邓晓锋．战略生态位管理（SNM）与技术创新：理论背景及其研究框架［J］．系统科学学报，2015，23（4）：92-96.

［183］刘贻新，张光宇，谭蓉娟，等．国外可持续转型理论的研究脉络及热点探测：基于科学知识图谱视角［J］．华南师范大学学报（社会科学版），2017（5）：86-97，190-191.

［184］刘贻新，谭蓉娟，张光宇，等．可持续转型理论研究综述及展望［J］．科技进步与对策，2018，35（18）：152-160.

［185］刘贻新，冯倩倩，张光宇，等．基于ST理论的国家视角下颠覆性创新管理机制研究［J］．广东工业大学学报，2021，38（1）：21-31.

［186］梁中，徐函．颠覆式追赶窗口的识别逻辑与响应范式［J/OL］．科学学研究：1-11［2021-01-31］．https：//doi.org/10.16192/j.cnki.1003-2053.20200817.001.

［187］梁玲玲，李烨，陈松．数智赋能对企业开放式创新的影响：数智双元能力和资源复合效率的中介作用［J］．技术经济，2022，41（6）：59-69.

［188］罗仲伟，任国良，焦豪，等．动态能力、技术范式转变与创新战略：基于腾讯微信“整合”与“迭代”微创新的纵向案例分析［J］．管理世界，2014（8）：152-168.

［189］刘祺．从数智赋能到跨界创新：数字政府的治理逻辑与路径［J］．新视野，2022（3）：73-80.

［190］李颖，贺俊．数字经济赋能制造业产业创新研究［J］．经济体制改革，2022（2）：101-106.

［191］李华军，曹阳春，张光宇，等．颠覆性创新理论25年：国内研究的知识框架与未来展望［J］．中国科技论坛，2021（11）：1-11.

［192］赖红波．数字技术赋能与“新零售”的创新机理：以阿里犀牛和拼多多为例［J］．中国流通经济，2020，34（12）：11-19.

［193］马佳，徐雨森，孙福全．后发企业基于科学的创新过程研究［J］．科学学与科学技术管理，2019，40（5）：52-69.

［194］梅亮，陈劲，刘洋．创新生态系统：源起、知识演进和理论框架［J］．科学学研究，2014，32（12）：1771-1780.

［195］孟溦，宋娇娇．新型研发机构绩效评估研究：基于资源依赖和社会影响力的双重视角［J］．科研管理，2019，40（8）：20-31.

［196］马文聪，叶阳平，徐梦丹，等．“两情相悦”还是“门当户对”：产学研合作伙伴匹配性及其对知识共享和合作绩效的影响机制［J］．南开管理评论，2018，21（6）：95-106.

［197］明星，胡立君，王亦民．跨界高端颠覆性创新模式研究：理论与案例验证［J］．科技进步与对策，2020，37（15）：11-17.

［198］苗争鸣，尹西明，许展玮，等．颠覆性技术异化及其治理研究：以“深度伪造”技术的典型化事实为例［J］．科学学与科学技术管理，2020，41（12）：83-98.

［199］欧春尧．基于SNM理论的广东省海洋战略性新兴产业创新系统研究［D］．湛江：广东海洋大学，2018.

［200］欧春尧，刘贻新，张光宇．新加坡新生水（NEWater）产业化分析及启示：基于ST视角［J］．科技进步与对策，2020，37（9）：39-48.

［201］欧春尧，刘贻新，戴海闻，等．人工智能企业颠覆性创新的影响因素及其作用路径研究［J］．软科学，2021，35（4）：55-60，111.

[202] 欧忠辉，朱祖平，夏敏，等．创新生态系统共生演化模型及仿真研究［J］．科研管理，2017，38（12）：49-57.

[203] 彭伟，郑庆龄，唐康丹，等．社会创业企业资源拼凑行为的驱动机制研究：基于模糊集的定性比较分析［J］．南方经济，2019（10）：90-101.

[204] 潘越，谢玉湘，宁博，等．数智赋能、法治化营商环境建设与商业信用融资：来自“智慧法院”视角的经验证据［J］．管理世界，2022，38（9）：194-208.

[205] 苏敬勤，刘建华，王智琦，等．颠覆性技术的演化轨迹及早期识别：以智能手机等技术为例［J］．科研管理，2016，37（3）：13-20.

[206] 石俊国，郁培丽，孙广生．颠覆性创新行为、消费者偏好内生与市场绩效［J］．系统管理学报，2017，26（2）：287-294.

[207] 寿柯炎，魏江，刘洋．后发企业联盟组合多样性架构：定性比较分析［J］．科学学研究，2018，36（7）：1254-1263.

[208] 苏鹏，苏成，潘云涛．基于历史案例的颠覆性技术特征分析［J］．中国科技论坛，2019（8）：1-9.

[209] 苏秦，杨阳．3D 打印颠覆性创新应用及商业模式研究［J］．科技进步与对策，2016，33（1）：9-15.

[210] 斯晓夫，刘婉，巫景飞．克里斯坦森的破坏性创新理论：本源与发展［J］．外国经济与管理，2020，42（10）：125-138.

[211] 施萧萧，张庆普．基于共词分析的国外颠覆性创新研究现状及发展趋势［J］．情报学报，2017，36（7）：748-759.

[212] 苏屹，林周周，欧忠辉．基于突变理论的技术创新形成机理研究［J］．科学学研究，2019，37（3）：568-574.

[213] 孙永福，王礼恒，孙棕檀，等．引发产业变革的颠覆性技术内涵与遴选研究［J］．中国工程科学，2017，19（5）：9-16.

[214] 孙永福，王礼恒，陆春华，等．国内外颠覆性技术研究进展跟踪与研究方法总结［J］．中国工程科学，2018，20（6）：14-23.

[215] 沈梓鑫．美国的颠覆性技术创新：基于创新型组织模式研究［J］．福建师范大学学报（哲学社会科学版），2020（1）：91-100，172.

[216] 单宇，许晖，周连喜，等．数智赋能：危机情境下组织韧性如何

形成？——基于林清轩转危为机的探索性案例研究［J］. 管理世界，2021，37（3）：84-104，7.

［217］宋博文，栾春娟，梁丹妮 . 新兴技术创新模式及创新发展路径［J］. 科技管理研究，2022，42（18）：1-7.

［218］束超慧，王海军，金姝彤，等 . 人工智能赋能企业颠覆性创新的路径分析［J］. 科学学研究，2022，40（10）：1884-1894.

［219］仝自强，李鹏翔，陶建强 . 后发企业如何从颠覆性技术中获取价值？［J］. 科学学研究，2019，37（6）：1053-1061.

［220］唐方成，顾世玲，马晓楠，等 . 后发平台企业的颠覆性创新路径：以拼多多为例［J］. 南开管理评论，2022，20（12）：1-24.

［221］王超，许海云，方曙 . 颠覆性技术识别与预测方法研究进展［J］. 科技进步与对策，2018，35（9）：152-160.

［222］王超，马铭，张伟然，等 . 颠覆性技术关注方向演化研究［J］. 科技进步与对策，2022，39（8）：19-29.

［223］王晨筱，周洋，陆露，等 . 颠覆性创新四阶段扩散过程模型：基于液晶电视机与山寨手机案例［J］. 科技进步与对策，2018，35（22）：1-7.

［224］吴菲菲，童奕铭，黄鲁成 . 组态视角下四螺旋创新驱动要素作用机制研究：基于中国 30 省高技术产业的模糊集定性比较分析［J］. 科学学与科学技术管理，2020，41（7）：62-77.

［225］王俊娜，李纪珍，褚文博 . 颠覆性创新的价值系统分析：以广东省 LED 照明行业为例［J］. 科学学研究，2012，30（4）：614-621.

［226］吴佩，姚亚伟，陈继祥 . 后发企业颠覆性创新最新研究进展与展望［J］. 软科学，2016，30（9）：108-111.

［227］吴晓波，付亚男，吴东，等 . 后发企业如何从追赶到超越？——基于机会窗口视角的双案例纵向对比分析［J］. 管理世界，2019，35（2）：151-167，200.

［228］王其藩 . 系统动力学（2009 年修订版）［M］. 上海：上海财经大学出版社，2009.

［229］王寅，孙毅，王丹丹，等 . 创新生态系统的双元能力判别及其演化路径分析：基于 1998—2018 年的跨案例研究［J］. 华东经济管理，2020，34（11）：29-42.

［230］温雅婷，靳景，刘佳丽，等．深度数字化如何重塑服务创新［J］．清华管理评论，2018（9）：50-54.

［231］王秉．数智赋能推进国家安全体系和能力现代化：一个研究框架［J］．情报理论与实践，2022，20（1）：1-7.

［232］魏想明，刘锐奇．服务生态系统视角下可持续性价值共创模式构建：基于拼多多平台的案例研究［J］．学习与实践，2022（4）：93-100.

［233］王海军，金姝彤，束超慧，等．为什么硅谷能够持续产生颠覆性创新？——基于企业创新生态系统视角的分析［J］．科学学研究，2021，39（12）：2267-2280.

［234］徐建中，李奉书，黄婧涵．齐美尔连接、知识密度与企业颠覆性技术创新［J］．科研管理，2020，41（1）：79-89.

［235］薛澜，姜李丹，黄颖，等．资源异质性、知识流动与产学研协同创新：以人工智能产业为例［J］．科学学研究，2019，37（12）：2241-2251.

［236］许庆瑞，李杨，刘景江．结合制造与服务逻辑发展企业创新能力：基于海尔集团的纵向案例研究［J］．科研管理，2020，41（1）：35-47.

［237］邢小强，周平录，张竹，等．数字技术、BOP 商业模式创新与包容性市场构建［J］．管理世界，2019，35（12）：116-136.

［238］熊焰，孙红军，周钟．全球创新网络的多重嵌套与企业动态学习能力的协同演进：基于系统动力学的仿真研究［J］．科技管理研究，2020，40（17）：210-219.

［239］许泽浩．颠覆性技术的选择及管理对策研究［D］．广州：广东工业大学，2017.

［240］许泽浩，张光宇．基于技术进化理论的颠覆性技术创新方向选择研究：以电动汽车技术为例［J］．中国科技论坛，2018（7）：37-44.

［241］许泽浩，张光宇，黄水芳．颠覆性技术创新潜力评价与选择研究：TRIZ 理论视角［J］．工业工程，2019，22（5）：109-117.

［242］许泽浩，周甜甜，张玉磊，等．颠覆性创新演化和实现过程：基于腾讯微信纵向单案例［J］．科技管理研究，2022，42（9）：8-14.

［243］杨芳娟，梁正，薛澜，等．颠覆性技术创新项目的组织实施与管理：基于 DARPA 的分析［J］．科学学研究，2019，37（8）：1442-1451.

［244］杨桂菊，陈思睿，王彤．本土制造企业低端颠覆的理论与案例研

究［J］. 科研管理，2020，41（3）：164-173.

［245］杨蕙馨，张金艳．颠覆性技术应用何以创造价值优势？——基于商业模式创新视角［J］. 经济管理，2019，41（3）：21-37.

［246］郁培丽，石俊国，Bert Sadowski，等．考虑技术体制和需求结构下破坏性创新与产业演化［J］. 系统管理学报，2019，28（3）：485-493，509.

［247］郁培丽，刘沐洋，潘培尧．颠覆性创新合法性与企业家战略行动：研究述评与展望［J］. 外国经济与管理，2019，41（3）：111-125，152.

［248］余谦，朱锐芳．多维邻近创新网络中知识扩散模型与仿真研究［J］. 情报科学，2020，38（5）：65-72.

［249］张爱萍，林晓言，陈小君．网约车颠覆性创新的理论与实证：以滴滴出行为例［J］. 广东财经大学学报，2017，32（2）：31-40.

［250］张成，唐方成．创客组织的组织协同机制及仿真研究［J］. 管理学报，2020，17（7）：1033-1042.

［251］张驰，郑晓杰，王凤彬．定性比较分析法在管理学构型研究中的应用：述评与展望［J］. 外国经济与管理，2017，39（4）：68-83.

［252］朱桂龙，蔡朝林，许治．网络环境下产业集群创新生态系统竞争优势形成与演化：基于生态租金视角［J］. 研究与发展管理，2018，30（4）：2-13.

［253］张光宇，谢卫红，胡仁杰，等．颠覆性创新：SNM 视角［M］. 北京：科学出版社，2016.

［254］张光宇．颠覆性创新：政府推动与市场选择［N］. 中国社会科学报，2018-10-19（7）.

［255］张光宇，欧春尧，刘贻新，等．人工智能企业何以实现颠覆性创新？——基于扎根理论的探索［J］. 科学学研究，2021，39（4）：738-748，757.

［256］张光宇，崔今天，欧春尧，等．海外情境下本土后发企业颠覆性创新演化路径研究：价值创新视角［J］. 科技进步与对策，2022，39（22）：103-112.

［257］张光宇，曹会会，刘贻新，等．基于知识转化模型的颠覆性创新过程解构：知识创造视角［J］. 科技管理研究，2022，42（7）：10-17.

［258］张光宇，周甜甜，曹阳春．跨界颠覆性创新的演化路径：基于硬

盘行业案例［J］. 科技管理研究，2022，42（4）：20-28.

［259］张慧，谷勇杰，饶湖广．创新合作伙伴资源异质性对创新绩效的影响研究：基于系统动力学的建模与仿真［J］. 中南大学学报（社会科学版），2020，26（6）：130-139，182.

［260］张军，许庆瑞．企业知识积累与创新能力演化间动态关系研究：基于系统动力学仿真方法［J］. 科学学与科学技术管理，2015，36（1）：128-138.

［261］张军，阮鸿鹏，许庆瑞．节俭式创新：面向新兴市场的创新新范式［J］. 科学学与科学技术管理，2017，38（3）：30-43.

［262］周江华，仝允桓，李纪珍．基于金字塔底层（BoP）市场的破坏性创新：针对山寨手机行业的案例研究［J］. 管理世界，2012（2）：112-130.

［263］周江华，李纪珍，刘子諝．双重机会窗口下管理认知模式与创新追赶路径选择：以中国风电产业的后发企业为例［J］. 中国工业经济，2022（3）：171-188.

［264］张路蓬，薛澜，周源，等．战略性新兴产业创新网络的演化机理分析：基于中国 2000—2015 年新能源汽车产业的实证［J］. 科学学研究，2018，36（6）：1027-1035.

［265］张鹏，王子真，赵博园，等．颠覆性创新理论研究综述［J］. 机械设计，2018，35（12）：1-6.

［266］张庆普，周洋，王晨筱，等．跨界整合式颠覆性创新内在机理与机会识别研究［J］. 研究与发展管理，2018，30（6）：93-105.

［267］张庆强，孙新波，钱雨．双元能力视角下微创新实现过程及机制的单案例研究［J］. 管理学报，2021，18（1）：32-41.

［268］周洋，张庆普．高端颠覆性创新的技术演进轨迹和市场扩散效应［J］. 研究与发展管理，2017，29（6）：99-108.

［269］周洋，张庆普．市场导向对跨界整合式颠覆性创新的影响：基于战略选择的调节作用［J］. 科学学与科学技术管理，2019，40（2）：99-113.

［270］张艳丽，王丹彤．创新生态系统视角下基于 SD 模型的企业知识创新研究［J］. 科学管理研究，2020，38（4）：90-97.

［271］郑彦宁，袁芳．颠覆性技术研发管理研究［J］. 科研管理，2021，

42（2）：12-19.

［272］张延平，冉佳森．创业企业如何通过双元能力实现颠覆性创新：基于有米科技的案例研究［J］．中国软科学，2019（1）：117-135.

［273］张辽，王俊杰．颠覆性技术创新及其产业化：理论追溯、趋向研判与研究启示［J］．经济体制改革，2021（6）：106-111.

［274］邹坦永．数字颠覆理论基础与机理研究［J］．技术经济与管理研究，2022（9）：20-25.

［275］赵云，张立伟，乔岳，等．颠覆性创新在中国的理论探索与政策实践［J］．中国科技论坛，2022（6）：57-67.

附　录

附录 A　人工智能企业访谈提纲

一、访谈设计

访谈对象：人工智能技术领域的后发企业及相关机构。

访谈目的：本调研旨在收集颠覆性技术对于企业技术创新的价值和重要性程度等信息，并了解被调查企业在颠覆性技术领域的战略行动及创新绩效。

概念解释：颠覆性创新（Disruptive Innovation）旨在描述新技术对主流技术范式产生替代性变革的过程，即后发企业面向利基市场引入满足低端或新用户需求的技术产品或商业模式，逐步破坏现有规则乃至占据主流市场（Christensen，1997）。

二、访谈内容

（一）基本情况描述

1. 请简要介绍贵公司主营业务以及创新产品。

2. 请简要介绍贵公司核心技术服务及行业发展趋势。

（二）技术创新情况描述

1. 贵公司的核心技术的主要来源，进行技术创新的过程、成果和目标等。

2. 贵公司是否有特别关注潜在的技术机会及市场威胁？通过何种方法或机制进行预测？

3. 贵公司是否有特殊方式或机制及时跟进行业发展前沿以及未来可能产生重大影响的新兴技术？

4. 贵公司如何看待在位企业未关注到或未重视的底层市场及新兴市场客户需求？

（三）组织创新情况描述

1. 贵公司高层管理人员对行业最新前沿技术的态度以及转型成本的思考。

2. 贵公司是否关注客户需求并尝试探索细分市场，围绕客户价值开展创新？

3. 目前贵公司对行业前沿技术的把握程度，以及与主流技术的差距与差异。

4. 目前贵公司是否与高校、科研机构等建立了合作网络？

（四）外部创新情况描述

1. 贵公司是否了解颠覆性创新？贵公司与在位企业是否存在以及存在何种直接竞争关系？贵公司希望采取怎样的措施应对？

2. 在进入新市场时是否选择与该领域的领先企业进行合作以拓展业务？

3. 贵公司对于前景良好的未来产品/业务、竞争对手不够重视的细分市场，以及新的商业模式带来的市场机会的关注程度。

附录 B 条件变量赋值标准

人工智能企业颠覆性创新价值聚合及其组态作用的调查问卷

尊敬的先生/女士：

您好！

首先非常感谢您能在百忙之中抽空填写本问卷。本问卷旨在探讨人工智能企业颠覆性创新价值聚合及其组态作用等问题。请您请根据贵公司的实际情况，在满足的题项后勾选即可。本问卷所调查的内容将完全保密且仅供学术研究，请放心填写。

再次感谢您对我们研究工作的支持！

请根据贵公司的实际情况勾选符合的内容		满足则在框内打“√”
条件变量		
技术跃迁（9）	①核心技术源于简单模仿、模仿再创新、购买引进和技术入股等	□
	②采取独立研发、合作开发和委托开发等方式开展基础研究，实现技术领先	□
	③核心技术包括主流技术的性能跃迁	□
	④核心技术包括主流技术与其他技术的跨界融合	□
	⑤核心技术通过功能简化（或去技术化）提高了客户的满意度	□
	⑥核心技术以更低的成本和价格而实现了现有功能、服务或产品	□
	⑦核心技术相关配套设施及平台依托已发展相对成熟	□
	⑧核心技术具有较强的发展潜力，能够催化技术群落发展	□
	⑨核心技术通过进入底层市场或在位企业未关注到的市场空间而进行发展	□
	该项赋值（达到 7 条及以上赋值为 1；达到 4~6 条赋值为 0.67；达到 2~3 条赋值为 0.33；达到 1 条及以下赋值为 0）	

续表

	请根据贵公司的实际情况勾选符合的内容	满足则在框内打“√”
机会识别（9）	①关注到对未来产业格局可能产生影响的新兴技术及产品应用	□
	②关注到周边行业有一定应用价值的新兴技术	□
	③关注到在位企业未关注到或未重视的底层市场及新兴市场客户需求	□
	④识别对当前及未来仍对产业格局产生影响的原始创新	□
	⑤识别技术竞争热点、技术空白点、核心技术领域，识别潜在竞争对手	□
	⑥把握未来所处技术环境，识别未来不确定因素，预见未来技术发展情境	□
	⑦对技术生命周期及技术成熟度有较为清晰的把握	□
	⑧跟踪目标技术领域及机构的专利成果、研究进展和方向、技术变化趋势	□
	⑨持续跟踪本领域的研究热点、发展前沿和重要突破	□
	该项赋值（达到7条及以上赋值为1；达到4~6条赋值为0.67；达到2~3条赋值为0.33；达到1条及以下赋值为0）	
管理创新（9）	①管理者对使用核心技术非常感兴趣	□
	②管理者在解决问题时强调跨部门合作	□
	③管理者重点考虑核心技术给公司带来的利益	□
	④管理者对利基市场（新的市场机会）具有较高的敏感性	□
	⑤管理者能够为核心技术的开发和运营分配足够的财务和其他资源	□
	⑥管理者致力于技术研发突破提升创新优势	□
	⑦管理者常常了解行业前沿技术的最新信息并加强沟通	□
	⑧管理者评估企业与竞争对手的技术竞争力、技术投入/产出情况	□
	⑨管理者识别自身的竞争优势、劣势以及全面的机会、威胁以调整技术战略	□
	该项赋值（达到7条及以上赋值为1；达到4~6条赋值为0.67；达到2~3条赋值为0.33；达到1条及以下赋值为0）	
功能拓展（9）	①企业与高校、研发机构等知识群落建立了合作关系	□
	②企业通过与知识群落的合作关系建立了稳固的技术转移转化机制（平台）	□
	③企业能够及时获得技术发展趋势及前沿动态等相关信息	□
	④企业能够及时识别新产品吸引客户的关键属性，并与领先用户建立完善的反馈沟通渠道	□
	⑤企业能够及时掌握行业内部的发展动态，对于新进企业或新的应用场景的开拓能够获得准确信息	□
	⑥企业能够科学地开展创新项目评审以及实验，能够为具有较大创新性与风险的项目提供试错机会	□
	⑦企业能够综合评估新兴技术的产品竞争力、商业吸引力、未来发展路径、政策红利及其对主流市场的潜在影响	□
	⑧企业具备围绕新产品进行情景分析，综合考虑内外部风险因素而对新产品市场推出风险进行合理评估的能力	□
	⑨捕捉利用新的趋势或理念，提出新的研发构想，建立研发构想的筛选和扫描标准（吸引力、适合性），对提出的构想进行市场评估（市场潜力与生存能力）	□
	该项赋值（达到7条及以上赋值为1；达到4~6条赋值为0.67；达到2~3条赋值为0.33；达到1条及以下赋值为0）	

续表

请根据贵公司的实际情况勾选符合的内容		满足则在框内打“√”
外部适应（11）	①企业对宏观经济形势对技术创新发展和实施的社会影响有深刻了解	□
	②企业较为了解对所在行业技术创新造成影响的创新政策、行业管制级许可规定及相关内容、竞争对手可能采取的应对措施	□
	③企业为政府部门及相关事业单位提供技术服务	□
	④企业经常了解环境保护、社会责任等方面给企业技术创新活动带来的潜在机会、威胁及风险，并为之制订了计划与付出行动	□
	⑤关注新产品的生态影响程度、节能环保程度等绿色创新水平	□
	⑥企业常常主动与行业领先者和竞争对手的产品组合与市场定位进行比较	□
	⑦企业持续保持对新兴技术或产品的市场规模与发展、未来潜力与竞争力、发展动态、市场战略等方面的关注度	□
	⑧企业与领先客户建立了紧密联系，通过领先用户调整自身的价值主张以及市场战略计划	□
	⑨企业调查分析个体客户的特点与偏好（地理位置、人群、个性、行为等方面）、企业客户的业务流程，按客户需求进行产品市场细分	□
	⑩企业对价值网络中的合作者有充分的了解，形成了对合作者综合实力进行比较的评估档案	□
	⑪企业关注前景良好的未来产品/业务、关注竞争对手不够重视的细分市场，以及新的商业模式带来的市场机会	□
	该项赋值（达到7条及以上赋值为1；达到4~6条赋值为0.67；达到2~3条赋值为0.33；达到1条及以下赋值为0）	
网络创新（11）	①企业将客户价值作为出发点，重视客户价值对自身产品技术创新的导向性	□
	②企业主动连接价值创新主体构建网络合作关系	□
	③企业树立以消费者为中心的价值主张，主动分析进而引导客户的潜在需求	□
	④企业通过价值网络创新打破了组织结构边界，形成集聚优势	□
	⑤企业通过网络化结构大幅节省运行成本并提高联结效率	□
	⑥企业通过网络化节点降低了单个节点的依赖度，有效提升了抗风险能力	□
	⑦网络内主体间的深度合作加快了产品或服务创新以及商业模式创新	□
	⑧政府政策、行业标准等对企业价值创造起导向作用，间接参与了价值创造	□
	⑨价值不局限于传统的线性传递，而是在网络主体间呈网络化交叉有效传递	□
	⑩企业能够利用对利基空间的探索创造新的市场份额	□
	⑪企业关注到产品和服务中的社会价值和文化价值	□
	该项赋值（达到7条及以上赋值为1；达到4~6条赋值为0.67；达到2~3条赋值为0.33；达到1条及以下赋值为0）	

续表

请根据贵公司的实际情况勾选符合的内容		满足则在框内打“√”
结果变量		
颠覆性创新优势（5）	①核心技术产品准确地进行市场细分与需求识别，并提出新的价值主张	□
	②核心技术产品有一定的不确定性与技术风险，前期发展态势难以评估	□
	③核心技术产品通过更低的价格或技术成本吸引不同的客户群体	□
	④核心技术产品的组织管理转换成本较低，实际利润超过预期	□
	⑤核心技术产品有取代主流技术产品的趋势，能够对主流市场造成影响	□
	该项赋值（达到 5 条赋值为 1；达到 4 条赋值为 0.67；达到 2~3 条赋值为 0.33；达到 1 条及以下赋值为 0）	

重要术语索引

后 记

一月霜未落，二月草木新，新正将近，羊城春还。余自戊戌之秋进学于广工管院，草树云山如故，俯仰三度寒暑。钟灵毓秀，见贤达于南山；踵事增华，负雅志于高云。学问一途虽艰难曲折，然亦有寸进之欢喜，而今拙论甫成、柳暗花明，心甚慰也。饮其流者，常怀其源，鼎助相伴，感铭心切，借此片纸，聊表谢忱。

余早时即得望门庭，益慕此道，幸而拜于恩师张光宇教授门下。先生德高望重，博学笃行，寓情怀于学术，寄初心于育人，文无巨细皆倾囊相授，事无大小均悉心指导，不仅传道授业解惑，更对吾等衣食关怀备至，求学三载，累受师恩。余自浅薄，言讷文疏，不明挈领至理之要，蒙先生不弃，循循相教，幸承良示，茅塞顿开。时值冬月，天寒气清，每思及此则意暖情怀。既得师长之助，尝游访于京苏浙川及企业属类甚众。听院士专家之论，明产业之兴替；集大小企业之言，问创新之得失。天柱巍峨，晓学问之无穷；地阔无涯，惜旦夕之苦短，愿“怀瑾握瑜，朝乾夕惕”，持身立业，躬耕践行，长忆师恩，敬祈康宁。

余才本疏浅，念及初入团队之时，初学寡闻，徨徨而不得之。得遇众贤，何其幸也！先遇刘贻新师兄示以通途，引之所行，论文之写改投发，均得其悉心指点。既见归处，数度其难，望山空回，不得其法，而后戴海闻师姐援之所疑，鼎力相助，集思广益，乃成此文。案牍盈累，难能周全，幸得马文聪师兄、陈修德老师、许泽浩师兄、李飞星老师、杨诗炜师兄、张玉磊师姐等师长同门之关心指导，曹阳春师弟、范明明师弟等同门之齐心同力，急我之所需，助我之所难，扶助之情，往来之谊，弗敢忘焉。更兼评阅、答辩教授专家之谆谆教导，学院辅导员之帮扶关照，祈恕不具，尽致谢意，言辞有尽，不胜感激。

余生于黔城而碌碌数地，求学于东北而辗转岭南，十余年，南北风尘千里，最难如常。虽得见山高海阔，然同门同窗多已相偕，余终未尽赡老成家之责，念及父母长辈之慈颜关切萦绕不绝，心难安也，唯愿家人身心康泰、喜乐平安，此后早日安居，尽孝膝前。世事多变，如常则安矣，愿平安顺遂，皆得所愿。

日月既往，不可复追。三载研学，埋首故纸，俯仰间如涓河入海，虽曰陈迹，自成清欢。曾子曰："士不可以不弘毅，任重而道远。"然则学术一道余始行于此，非弘达无以博观，非坚毅无以致远，愿以终为始，长风破浪，惟是勉之。

敢竭鄙怀，谨此奉闻，敬谢万千，不知所言。

忆进巍门云涛上，骋怀游目愈苍茫。
功名稷黍方寸外，此心安处即吾乡。
莫道前行多歧妄，晚翠孤松自郁长。
而今回首寒窗路，但将寸言进酒觞。

欧春尧

庚子年腊月廿六于广州